図書館員の未来カリキュラム

未来の図書館研究所〔編〕

青弓社

図書館員の未来カリキュラム　目次

第1部　図書館のDX

第2部　新たな図書館・情報サービスの展開

第3部　地域への貢献

装丁――Malpu Design［清水良洋］

まえがき

▼永田治樹

日本のジェンダーギャップ指数がまた下がった。ダボス会議で有名な世界経済フォーラムが発表するもので、以前のわが国は百四十六カ国中八十位あたりだったが、二〇二三年はなんと百二十五位、過去最低だ。教育や健康の分野では健闘しているものの、政治・経済分野での格差が響いているという。

図書館はどこも女性職員の割合が高い。図書館職員は英米ではピンクカラーワーカー（プロフェッション）の代表格といわれてきたし、国内でも、以前から先導的職位に就いている女性が比較的多い。とはいえ、日本図書館協会が毎年発行する『日本の図書館――統計と名簿』によると、現在、図書館職員の七〇％は非正規職員が占めていて、またその九〇％以上が女性である（同協会の「非正規雇用職員に関する委員会」による神奈川県での調査結果〔二〇一九年四月〕）。社会全般でいえば非正規雇用者の割合は四〇％弱なのに、図書館ではその割合がきわめて高く、またそれをジェンダーギャップが拡大している格好だ。

多くの人にとっては、わずかずつではあるが男女の不平等が是正されているのに、日本の順位がなぜここまで低下するのかという思いもある。たぶんその理由は、ほかの国々で様々な改善が進展しているなかで、日本の状況にあまり変化がないせいだろう。

序章「図書館員に今後求められる知識とスキル」でも述べるように、二〇〇七年と一九年を比較すると、わが国の公共図書館数は百九十二館（約六％）増えたのに対して、総職員数は八千三百五十七人（約二六％）も増えている。その原因は、開館時間の増大などのためカウンターまわりの仕事が非正規職員増員にあてられているためだと容易に想像できる。実は、この図書館のカウンターの状況については、貸出システム導入後も人手（女性職員が多い）を必要とする対応が続いている。サービス向上は望ましいが、ジェンダーギャップが再生産されているのだ。

それに対して、多くの国々ではセルフ化を徹底し、予約資料も含めて人々はカウンターに頼らずに自ら処理する。駅の改札や銀行のＡＴＭだけでなく、いまやスーパーマーケットのレジでさえも自分でチェックアウトする時代である。こうした状況変化にもかかわらず、図書館は男性を稼ぎ主にする旧弊なジェンダーモデルと、人手を必要とするカウンター至上モデルに寄りかかっているといっていい。

事態が変化するなかで、人々にとって大切なことを見いだして、ソーシャルイノベーションを実現していかなくてはならない。そのために必要なのは、これまでのあり方を再検討して、改善点の発見、そして余裕を作るための新たな取り組みであり、なかでも欠かせないのが、新たな工夫を実現する人である。

未来の図書館研究所では、今後の図書館を担う人々を対象に、「図書館員の未来準備」と題したワークショップを二〇一七年以来毎年実施してきた。七、八科目を週二回程度、三日から六日間にわたり、少人数で講師と参加者、あるいは参加者間での議論を深め、未来への準備をしようというものである。これまでの参加者は百人ほどで、あまり知られていない。このワークショップでどのようなことをしているのか広く公表してみてはという話が青弓社からあった。そこで、その目指すところと展開している事例を、ワークショップで講師を務めた人々を中心に執筆してもらったのが本書である。

本書の構成は、序章として「図書館員に今後求められる知識とスキル」を置き、第1部「図書館のDX」は図書館のデジタルトランスフォーメーション（DX）を目指すための四つのテーマを収めている。第1章「ウェブ技術の深化とサービスの可能性」（川嶋斉／牧野雄二）は、このワークショップで一貫して追求してきたテーマで、ウェブの時代に図書館員は何ができるかについて語っている。また、第3章と第4章では、AIのような新たな動向や、図書館での文献到達可能性についての議論も入れた。デジタルメディア・アーカイブに関する議論はワークショップで取り上げたことはなかったが、この種のまとめが必要だと考え、第2章「デジタルメディア・アーカイブ」（牧野雄二）を追加した。

第2部「新たな図書館・情報サービスの展開」は、メーカースペースの試みを筆頭に、公衆送信サービスの開始もあり喫緊の課題であるデジタルネットワーク時代の著作権問題と、取り組みが遅れたままの情報リテラシー支援を一歩先に進める論考を掲載した。

また、第3部「地域への貢献」には、まちづくりと図書館という視点から、実際にまちづくりに取り組んでいる図書館活動、また図書館と学校との連携を盛り込んだ。

以上、基本的にワークショップで展開された内容をもとにしているが、一部、当研究所のほかの催しや調査結果も含めた。

補章「学び直しの機会と新たな試み」（木村瞳）では、図書館員の研修機会と未来準備ワークショップについて報告している。また、付録として、二〇二三年に公表されたアメリカ図書館協会（ＡＬＡ）のコア・コンピテンスの翻訳を許諾を得て所収した。これは、図書館員には不可欠な専門的な知識・スキルという力量だけでなく、社会的公正、公平性、多様性、包摂性という考え方も取り入れたものだ。

なお、この構成は必ずしも順序づけしたものではないので、関心がある部分からお読みいただければと思う。みなさまのご感想・ご意見などをお寄せくださると幸いである。

序章

図書館員に今後求められる知識とスキル

▼永田治樹

1　図書館で働く

図書館員と司書

図書館には、図書館サービスに携わる職員もいれば、それを支える管理業務にあたる事務職員、ときに情報技術を担当する職員などの様々な人が働いている。その人々を一括して「図書館職員」と呼んだりするが、もっぱら図書館サービスに携わる者を、図書館員と呼ぶ。あらためていうまでもないが、図書館で働くすべての人が図書館員というわけではない。

図書館の専門的な職務を担う図書館員を「司書」とも呼称する。司書とは、その職務を表す名称である。また、図書館の専門的職務を遂行できるという資格でもあり、図書館職員には司書の資格を保持する者とそうでない者とが存在する。国内では、司書の資格を定めた図書館法が公共図書館を対象にしているため、この司書の資格は公共図書館だけに通用するものだ。とはいえ、ほかの館種でも図書館員を伝統的に司書と呼ぶことがある。また、国立国会図書館では職名としての「司書」が存在する。ただし、ここでは図書館法で定めた司書の資格が必要とされるわけではない。そして、学校図書館には、「司書教諭（資格）」と「学校司書」が存在している。欧米などでは、図書館員（Librarian, Bibliothécaire, Bibliothekar）とは、おおかたの種類の図書館にわたる専門職資格であり、そうでない者は非専門職という区分になる。これが図書館専門職の雇用条件にもなっている。アメリカ（合衆国）の公共図書館では、現在職員の四〇%程度がこの専門職の位置づけにある。(1)

司書・図書館専門職の養成

司書という職名は、国内でも戦前から用いられていたが、現在のように図書館のカリキュラムを履修した資格として設定されたのは、一九五〇年に制定された図書館法による。この資格を取得するには、原則として大学を卒業し、「図書館法施行規則」で定める科目の単位（表1）を修得する必要がある。

わが国の図書館法が倣ったアメリカの制度では、図書館専門職資格の要件は大学（院）認証されたライブラリー・スクール（図書館情報学大学院。医師や法曹界で働く人など高度な実務者養成の教育をおこなうプロフェッショナル・スクールの一つ）で図書館情報学修士（MLIS：Master of Library and Information Science）などを取得することである。大学卒業資格を前提とする教育という点では両者は類似しているが、わが国の資格はおもに学士課程で取得するものであり、アメリカでは基本的に専門職大学院の修士課程で取得するものである。

なお、第2節の数値でみるように、アメリカでは図書館情報学修士を有する者は専門職として雇用され、職責や給与と連動する職階に位置づけられる。ちなみに、わが国の公務員制度では司書の資格に対する職階制度は確立しなかった。

図書館専門職養成のゆらぎ

アメリカのライブラリー・スクールの専門職養成システムは、二十世紀の前半に確立されたもの

表1　図書館に関する科目と単位数

群	科目	単位
甲群	生涯学習概論	2
	図書館概論	2
	図書館制度・経営論	2
	図書館情報技術論	2
	図書館サービス概論	2
	情報サービス論	2
	児童サービス論	2
	情報サービス演習	2
	図書館情報資源概論	2
	情報資源組織論	2
	情報資源組織演習	2
乙群	図書館基礎特論	1
	図書館サービス特論	1
	図書館情報資源特論	1
	図書・図書館史	1
	図書館施設論	1
	図書館総合演習	1
	図書館実習	1

である。しかしその後、複製技術（電子複写やマイクロ化）や新たなメディア（オーディオ・ビデオ媒体など）、さらに電子計算機（コンピューター）の出現などがあって、図書館業務の近代化が進んだ。アメリカ議会図書館は一九六〇年代にすでにコンピューターの実験的な導入を始めている。ハードウエア、ソフトウエアの急速な進展のあと、単体で用いられていたコンピューターが情報ネットワークでつながると、八〇年代以降その影響範囲は格段に広がった。さらにインターネットとともにワールド・ワイド・ウェブが出現するに至って、デジタル情報が容易にやりとりできるようになった。また、ネット上に膨大な情報が集積され、デジタル出版も始まった。

これを受けて、図書館による情報提供や図書館情報学教育が時代遅れになってしまうという懸念が広がり、学生の減少が引き金になって、ライブラリー・スクールの一部にはこの専門職大学院に将来はないと早々に閉校に踏み切るところが現れた（一九八〇年代にはシカゴ大学やコロンビア大学のような伝統あるライブラリー・スクールが閉鎖している）[2]。この機に対応するため、ケロッグ財団がミシガン大学などのライブラリー・スクールにカリキュラム改革をはたらきかけ、これまでの枠にこだわらず、計算機科学・工学、管理情報システムなどの領域を含めた改定案を作成させた。それとともに、図書館員の養成制度について広く検討するために、図書館情報科学教育協会（ＡＬＩＳＥ：Association for Library and Information Science Education）に依頼し、一九九八年から二〇〇〇年までＫＡＬＩＰＥＲ（Kellogg-ALISE Information Profession and Education Reforms Project）[3]というプロジェクトも組織した。このプロジェクトでは、五十六校のライブラリー・スクールのサーベイ（回答率八四％）と二十六校の研究科長などへのインタビューによるケーススタディーがおこなわれ、

表2　新たな図書館情報学研究のカテゴリー表

情報技術	情報／知識（コンテンツ）	情報システム	人間の情報行動	複数の領域にまたがる分野
技術の可能性と限界 歴史的側面（情報技術の様々な革新を含む） 問題点：法律上の問題 情報技術の影響 情報技術の見極めと選択 技術における人的要素 インターネットやウェブ技術のような特定の情報技術 サイバー・インフラストラクチャ	情報の本質と価値の定義 情報のライフサイクル 出版（電子的なものも含む） 物理的・仮想的コレクション 情報の経済学 情報および情報サービスの原価計算と価格付け 付加価値機能 計量書誌学：ウェブメトリックス	情報の蓄積と検索 コンピューター化された情報システム 利用者中心の情報システム設計 知識／情報の組織化の手法 システム性能の向上 検索モデル データベースとファイルの構造 コンピューターと人間のインターフェース エキスパートシステム&インテリジェント・エージェント システムないし情報源の利用研究	情報ニーズ、情報探索および探索プロセス 情報利用者の特性 情報利用 人間と情報の相互作用 情報リテラシー 情報利用の影響（成果） 意思決定に及ぼす情報の影響 情報へのアクセスを増大させる通信手段および専門的実践（サービス開発も含む）	歴史的側面 マネジメントの手法および関心事 評価の手法および問題点 情報政策 研究手法

（出典：Joan C. Durrance, "Crisis as Opportunity: The Shaping of Library and Information Science Education in the United States", *Journal of Japan Society of Library and Information Science,* 49(3), Japan Society of Library and Information Science, 2004.〔https://www.jstage.jst.go.jp/article/jslis/49/3/49_KJ00003391238/_article〕［2023年9月24日アクセス］、Joan C. Durrance「危機を機会に転ずる――米国における図書館情報学教育の再構築」三浦太郎／石田香訳〔http://old.jslis.jp/50th/durrance_2.html〕［2023年9月24日アクセス］）

報告が取りまとめられている。

ＫＡＬＩＰＥＲ報告によれば、図書館情報学教育ではこの時期、①施設としての図書館やその機能を取り上げるだけではなく、情報がもたらす問題をより広い視野で扱うようになり、②ほかの分野の視点を取り入れながらも、利用者中心という図書館情報学分野の立場を維持し、③情報技術の開発と導入を組み込んで、その改革を進めたという。ジョアン・Ｃ・デュランスは、その状況を表2のように、図書館情報学研究やカリキュラムを整理したカテゴリー表に取りまとめている。

ライブラリー・スクールは、カリキュラム再構成のなかで、これまで主として図書館に当てていた焦点を情報に変更するというパラダイム転換を果たした。また、前述のミシガン大学のように、もっとラディカルに改革を進め、図書館情報学以外の領域を加えた情報学のスクールを模索した動きもあった。これは情報資源、情報技術、人やコミュニティを一体にして教育・研究をおこなうとしたもので、アイスクール（iSchools）と称した。現時点では、アイスクールは全世界で百二十以上あり（国内二）[4]、ライブラリー・スクール由来のところだけではなく、計算機科学由来、あるいはビジネス・スクール由来のところもある。

なお、図書館専門職としての修士号を授与する機関に対する大学認証はアメリカ図書館協会（ＡＬＡ）が引き続きおこなっていて、ライブラリー・スクールとともに、アイスクールと称する大学も、すべてではないがその認証を受けている。

ＬＩＰＥＲと「図書館法施行規則」改正

日本でも類似の状況が生じたことで、国内の司書養成カリキュラムは、日本図書館情報学会が二〇〇三年から〇六年にかけて手がけた「情報専門職の養成に向けた図書館情報学教育体制の再構築に関する総合的研究」[5]（ＬＩＰＥＲ：Library and Information Professional and Education Renewal）でも検討された。その報告書は、司書課程がなお印刷媒体を中心に展開されている問題などを指摘したうえで、図書館情報学カリキュラムは、各種の図書館に広く共通するコア領域（図書館情報学基礎、情報利用者、情報資源組織化、情報メディア、情報サービス、情報システム、経営管理、デジタル情報）を設定し、またそれらを学んだ学生に対する検定試験を設けて水準を維持するといった提言をおこなった。

とはいえ、わが国の司書の資格は、大学認証によるアメリカとは違って「図書館法施行規則」に定める科目履修によるため、その改正が関係者の間で強く待たれた。その結果、ようやく二〇一二年に表1に示した科目と単位数が示されたのである（司書補の履修科目もある）。ただＬＩＰＥＲによる調査でも示されたように、当時の国内の情報化に関する公共図書館員の知識・技術として上位に挙げられたのは「情報検索」くらいなもので、図書館の情報化がさほど進展しておらず[6]、抜本的な改正は見通しにくかった可能性がある。しかし改正前のものに比べてみれば、図書館情報技術論が導入され、科目選択の自由度も少し上がり、必須単位数も四単位増加した。また、「司書資格取得のために大学において履修すべき図書館に関する科目の在り方について[7]（報告）」が公表されている。

2 図書館職員の位置づけ――日米の現状

新たな技術と図書館職員

コンピューター処理が高度化するなかで、図書館に関する様々な未来像が描かれた。Information society という和製英語を世界に流布させた増田米二は、「二十一世紀に向けて構築される図書館システムは、従来の知識・情報体系を超えて構築されるダイナミックでフレキシブルな情報の宝庫となる。そして新しい知識・情報の体系から構成される図書館システムは、時間・空間の制約を超えてアクセスが容易となり、利用者にいっそう近いシステムとなるものと期待される[8]」と、図書館の将来を肯定的に描いた。一方、同時代の計算機科学者らは、コンピューターによる「インテリジェント・エージェントが図書館員を含む仲介者を中抜きにし[9]」、情報ネットワークを通じてコンテンツへのアクセスを提供するようになると断言した。どちらの予測でも、図書館の機能そのものは必要とされ続けるが、後者の場合は、図書館員の職務はほぼなくなるものとみていた。

新しい革新技術が導入されれば、社会はその影響を受けて次第に産業・職業構造を変化させる。技術の普及と高度化にしたがって機械に置き換えられる領域が拡大し、個人の職業キャリアという観点では職がなくなってしまうこともある。またときにはそこに新たな職務が生まれることもあるが、いずれにせよ、そうしたことがどの領域で起き、どのようなシナリオで進展するかを想像することは難しい。図書館の世界に生じる変化は技術的要因だけではなく社会的な環境によるところもあり、多角的に事態の進展を見据えておくことが必要である。

図書館での自動化の受容

コンピューターなどによる自動化が、容易に導入される部分からまとまった作業に拡大されて、図書館員の仕事を少しずつ代替してきた。図書館で最初に取り組まれたのは機械可読目録（MARC）で、その理由はこのデータが図書館間で共有でき、かつ資料を判別するための基本情報だったからである。一方、個々の図書館でもっと手軽だったのは資料の貸出業務だった。資料と利用者を識別するIDを付与すれば、容易に機械処理に置き換えられ、（OCRやバーコードなどを経て）ICタグによる貸出・返却システム、そしてセルフサービスによる無人化の実現まで一気に進める。

モノとしての資料管理については、貸出業務から拡大し、書架からの取り出しや配架、そして配送を自動書架システムや搬送ロボットなどを使って、IoT（モノのインターネット）として扱う図書館も出現している。昨今ではこれらの展開を「スマート・ライブラリー」と呼んだりする。[10] デジタル資料に関していえばもっと容易だ。ファイルへの蓄積と検索、通信によって、利用者の要求に即座に応え、個人のスマートフォンなどにダウンロードできる仕掛けを実用化している図書館もある。

他方、そうこうしているうちに書誌データベースの整備とともに、電子ジャーナルや電子図書などコンテンツのデジタル化が進展し、それを活用して出版社やデータベース・プロデューサーなどが、MARCのような外形情報にとどまらず、全文を活用してナレッジ・ベース（概念からタイトルやその文献の所在を検索できるデータベース）を作成する動きが始まった。そして、その探索サービスがウェブスケール（インターネットの範囲）でおこなわれるようになり、知識・情報の探索にはすでにこれが不可欠なものになっている。この分野は学術図書館員が先行しているが、早晩、公共図書館員もこれに取り組む必要が生じる。

図書館員の職務を利用者と彼らが求める情報とをつなぐ作業者（エージェント）とみた計算機科学者が予測した将来像の現在地は、このあたりである。図書館サービスのプロセスが、水準の高いインテリジェントシステムやロボットシステムで代替され、さらにナレッジ・ベースなども統合されることで、より洗練されたサービスが提供できるようになるだろう。しかしながら、情報の伝達・流通という任務を人の介在なしで適切に実現し、図書館員の職務全体を置き換えるという地点までにはなお相当の距離がある。社会的な容認（例えば、情報の真正性の根拠の提示、知的所有権の保護など）といったにわかに解決しにくい問題もあるだろうし、またそれだけではなく、図書館にはコミュニティの社会機関として、人々の活動を知的・社会的に鼓舞するはたらき（知識を共創したり、地域社会を育んだりする）もあり、これらにはさらに別の解法が必要である。

ところで、少し身近なところに話を戻すと、ICタグを使った貸出・返却サービスの自動化に関して、わが国ではなおそれが徹底されてはいない状況がある。日本のカウンターのような光景が欧米の図書館でみられないわけではないが、あちらでは多くの利用者は自ら機械に向かって処理をしていて、人から機械への切り替えが円滑に推進されたといえる（図書館無人化を実現したデンマーク

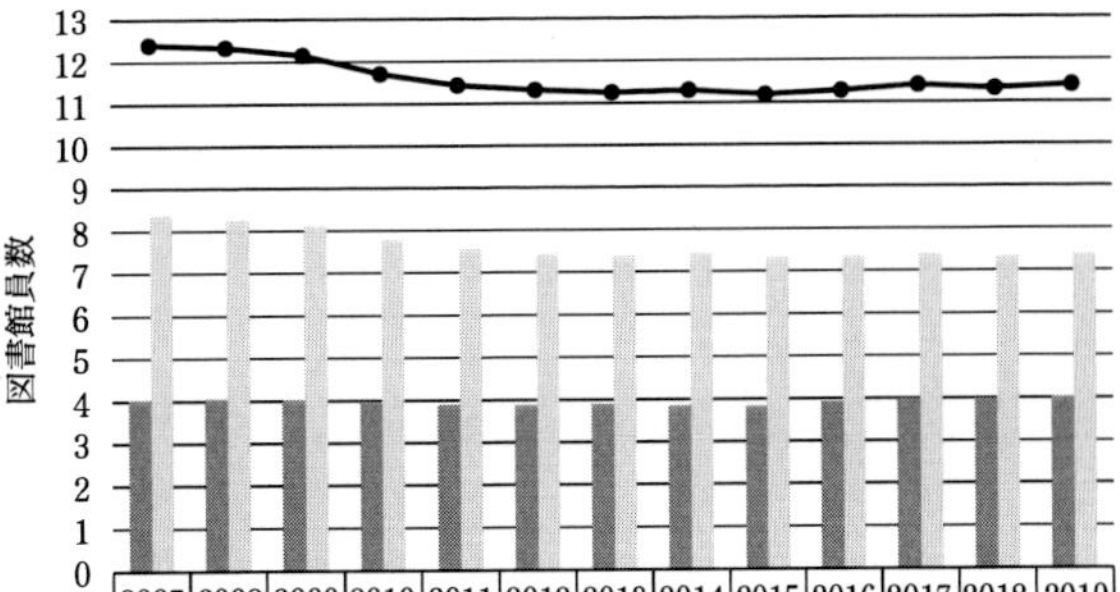

	2007	2008	2009	2010	2011	2012	2013	2014	2015	2016	2017	2018	2019
図書館員(専門職等)	4.04	4.06	4.04	3.93	3.89	3.87	3.89	3.84	3.83	3.92	4.0	4.0	4.02
その他の職員	8.36	8.26	8.11	7.77	7.54	7.44	7.36	7.44	7.34	7.35	7.4	7.32	7.38
全職員	12.40	12.33	12.15	11.71	11.43	11.31	11.25	11.29	11.19	11.27	11.40	11.32	11.40

図1　アメリカの人口2万5,000人あたりの図書館職員の推移（2007—19年度）
ここでの数値は、すべて “Public Library Survey,”“Institute of Museum and Library Services”（https://www.imls.gov/research-evaluation/data-collection/public-libraries-survey）［2023年9月24日アクセス］の「FY 2007-2021」による

の「オープンライブラリー」[11]。それに対してわが国では、カウンターは図書館員が利用者と接触できる大切な場所という観念が強く、完全な自動化には至っていない。新たな技術や機器の導入を通じて、どのように業務プロセスを作り変えていくか、どのような人をどこに配置していくかという問題である。

アメリカの図書館職員の推移

図書館職員の現状をみておこう。まず、職務との関係が明確なアメリカの統計である。二〇一九年の統計では、全米の公共図書館の職員数（一部はフルタイム換算、週四十時間）は、約十四万三千八百八十三人である。単純に比較すればわが国の三・五倍だが、人口比にすれば約一・四倍である。

図1の、人口二万五千人あたりの雇用職員数の推移をみると、二〇一九年時点では十二人を少し切って十一・四人になっている（各図書館の数値

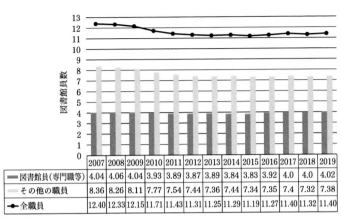

をまとめたもの)。〇八年のリーマンショックや一九年以降の新型コロナウイルス感染症の流行の影響もあって、長期趨勢は追いにくいが、図書館職員数は、不況前に比べて実数ベースで数千人減少し、その後わずかに戻ってはいるものの、漸減の傾向にあるといえる。ちなみに、図書館への来館者数、貸出数、レファレンス数などの利用数も、年度によって若干の増減があるが逓減している。ただし、図書館経費は増え続けているし、デジタル資料の利用などは急速に伸びている。プログラム活動も三百四十万件(二〇〇八年)が五百九十万件(二〇一九年)に増えていて、活動が落ち込んでいるとはいえない。

注目すべきは、近年の職員の減少が「その他の職員」の部分でほぼ吸収されることである。「その他の職員」は、非専門職の職員を指す。「図書館員(専門職等)」は安定している。技術革新などによる影響はどの層にも及ぶものだが、来館者数などの減退とともに「その他の職員」の減少が進行する一方で、新たな状況への対応策を講じる「図書館員(専門職等)」の数は維持されたと解釈できるようだ。

わが国の図書館職員の推移

わが国の公共図書館職員数の推移を表しているのが図2である。棒グラフは総職員数を示し(右の軸)、ほかの四つの折れ線は雇用形態別の人数を示す(左の軸)。総職員数はなお大きな増加が続いている。アメリカと年度を合わせれば、二〇一九年の図書館員数は四万四百三十八人であり、〇七年は三万二千八十一人だから、十年あまりで八千三百五十七人も(二〇%以上)増加したことに

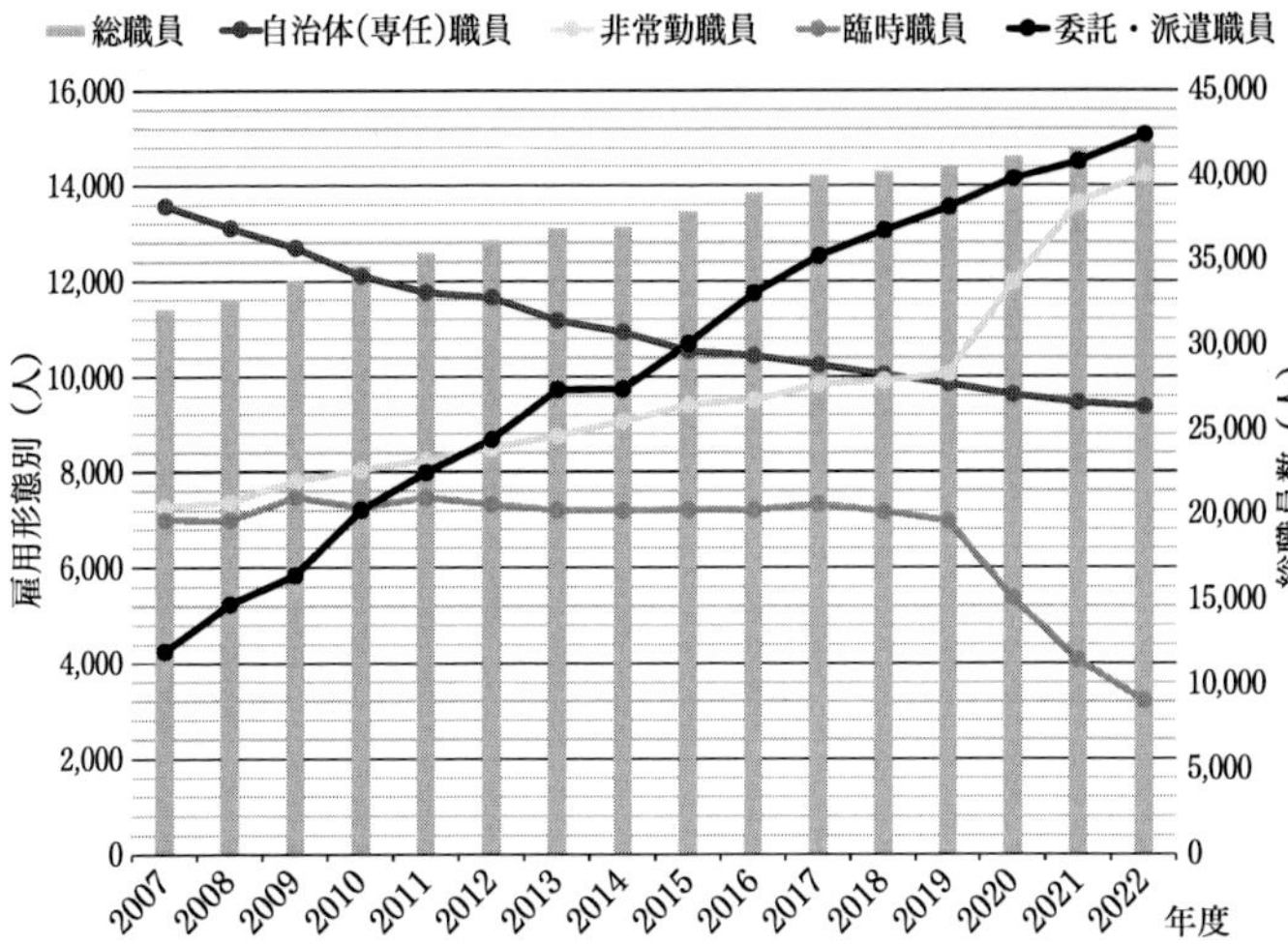

図2　わが国の図書館職員数の推移（2007―22年度）
（出典：日本図書館協会『日本の図書館（2007-2022）』〔日本図書館協会、2008-2023〕に掲載の「公共図書館集計」から作成。「日本の図書館統計」「日本図書館協会」〔https://www.jla.or.jp/library/statistics/tabid/94/Default.aspx〕［2023年9月24日アクセス］）

なる。二二年では四万千九百五人で、十五年間で九千八百二十四人増えている。図書館数も三千三百三館と二百館近く増えているからそのぶんの自然増もあるだろうが、資料の受入冊数（資料予算は、図書館増を含めてもこの間で八％程度減額）や貸出利用などはかなり減っているのにもかかわらず、図書館職員の数は増え続けている。

またこの折れ線グラフで示す四種の数値は、アメリカのように職階による区分ではなく、雇用形態別の推移である。自治体（専任）職員、非常勤職員、臨時職員（パート・アルバイト）とともに委託・派遣職員（業務受託会社、指定管理者などの職員）が集計されている（自治体〔兼任〕職員は少数なので割愛）。前三者は基本的に各自治体などが雇用した職員であり、委託・派遣職員は民間企業などが雇用した者である。自治体（専任）職員の逓減は二〇〇三年から始まって、そのぶんは非常勤職員や臨時職員で「補塡」されてきた。さらに民間の職員の有無もこの年から調査対象になり（二〇〇五年以降に職員数に計数された）、非常勤職員と委託・派遣職員の数は右肩上がりに伸長した。毎年数％の伸びだとしても、十年もたつとその数は二、三倍になる。二二年には全職員数のうち専任職員が占める割合は二二・三％、非常勤職員は三三・九％、臨時職員は七・六％、委託・派遣職員は三五・九％になっている。

誰が図書館の専門職務を担うか

アメリカの職員構成では、前述したように「図書館員（専門職等）」が四〇％程度（この専門職などの内訳は、年々多少の変動はあるものの管理職務にあたる者が全職員の約一〇％強、固有の専門職部分にあたる者が約二〇％強と統計には示されている）で、「その他の職員」が六〇％程度である。このように管理・専門職務と、その他の職員の職務に振り分けられているので、どのような業務にどのような人々が配置されているかおおよそ見当がつく。日本の図書館でも職務を分担せざるをえないと思うが、職階制ではないから、専門職務とその他の職務のような識別は明確ではない。また、それは前述のような雇用形態の区分とも一致しない。ちなみに、わが国の図書館職員の司書・司書補を合わせた資格についての統計によれば、専任職員の五三％、非常勤職員の六一％、臨時職員の三二％、委託・派遣職員の六一％が資格を保持している。これら資格者が更新された知識・技術を身に付けていれば、指標として有用かもしれない。

肝心なことは、誰が専門職務を担うかということである。最も安定している専任職員に管理・専門職務を割り振ろうにも、人数が先細りになっていて、全体でみても二〇数%程度なのだから、図書館の企画や専門的な業務判断を担う人員が不足し、いわゆる非正規職員や業務受託会社の職員がその部分を分担せざるをえない。そのために、レファレンスサービスの展開や先導的な改革の立案は無論のこと、デジタルトランスフォーメーション（DX）の推進（図書館システムや利用者の求めるものに応じられるデジタル情報資源の提供など）やプログラム（イベント）企画を進めるのが難しいようだ。インターネットで図書館のウェブサイトに接続して、先進諸国の図書館がどのようなサービスを提供しているかを比較してみると、サービス状況に相当の立ち遅れがあることがわかるだろう。喫緊の課題は、専門職務の担い手の確保だといえる。

また、非専門的な業務に関しては、その多くを委託・派遣職員を含む非正規職員に委ね、現在も職員数を増やして量的な職務の需要に対応している。前述したように自動化を有効に活用できていないことが、人員の増加と財源の圧迫につながっている。また、不安定な雇用のため人員の確保も難しい。これらの職員についても必要な知識・スキルを向上させ、安定したキャリアパスを描けるような育成支援が必要である。

3 図書館員に求められるコンピテンス

ALAコア・コンピテンス

わが国の図書館職員の統計からは、どのような知識やスキルをもつ職員が雇用されているのかはみえにくい。しかし、専門的な職務を担いうる職員を確保する必要性は、専任職員の減少と相まって、しばしば指摘されてきたところである。そのような状況を踏まえて、関係機関などによる現職者に向けた研修やリカレント教育も従来からおこなわれている（補章「学び直しの機会と新たな試み」を参照）。ただし、どのような知識やスキルが求められているかの全体像は明確に提示されていない。そこで、この種のものとして定評があるALAのコア・コンピテンスを紹介しておこう。

コンピテンスとは、一般に必要とされる知識やスキルをいい、能力や適性などと訳されることもある。もともとcompeteの第一義は「競争する」だが、事態に立ち向かうという意味もある。したがって、ALAのコア・コンピテンスは、図書館専門職に就いた職員が職務をこなしていくために不可欠な知識やスキルのことだと捉えていい。

このALAコア・コンピテンスは二〇〇九年に最初に公表された。その後、改訂のために、一七年にタスクフォースが作られ、五年ほどかけて最終草案が二二年に提示され、ALA評議会の承認を経て、二三年一月に刊行された。〇九年版では、このコンピテンスは「図書館情報学課程を新たに修めた者に期待するもの」であり、また「初任の一般図書館員の知識やスキル」を反映したものだとしていた。二二年版では「図書館情報学教育、職員研修、キャリアの初期段階での継続的な専門能力を通じて得られる基本的な知識」だが、「図書館専門職は、この文書に規定されている以上の専門的かつ高度な知識を習得する生涯学習者であることが不可欠である」として、知識・スキルを日々高めていくべきだと強調している。

また、これは学校、学術、公共、専門、行政機関を含めたすべての図書館を対象としていて、ときに「アーキビスト、データ・サイエンティスト、情報専門家、図書館や文書館の技術者の仕事を反映している」[12]部分もあるとしている。図書館専門職のコンピテンスには、広い視野の理解が必要なのだ。

ALA二〇二二年版コア・コンピテンス

さて、その中身を紹介しよう。この種の基準は、必要不可欠な内容だけを記すため、必ずしもこなれた、わかりやすいものとはいいがたい。まず、全体像である。図3では、左に二〇〇九年版の目次を、右に二二年版の目次を示した。二〇〇九年版では八項目に区分されていたが、二二年版では九項目になった。

各項目にも若干の文言の修正があったし、順序は矢印のように変更になってはいるが、二〇〇九年版のものはすべて残されている。そして八番目に「社会的公正」が加わった。ここでは、この十数年あまりの図書館を取り巻く状況の変化がどのようにコンピテンスに影響したかについて、異同

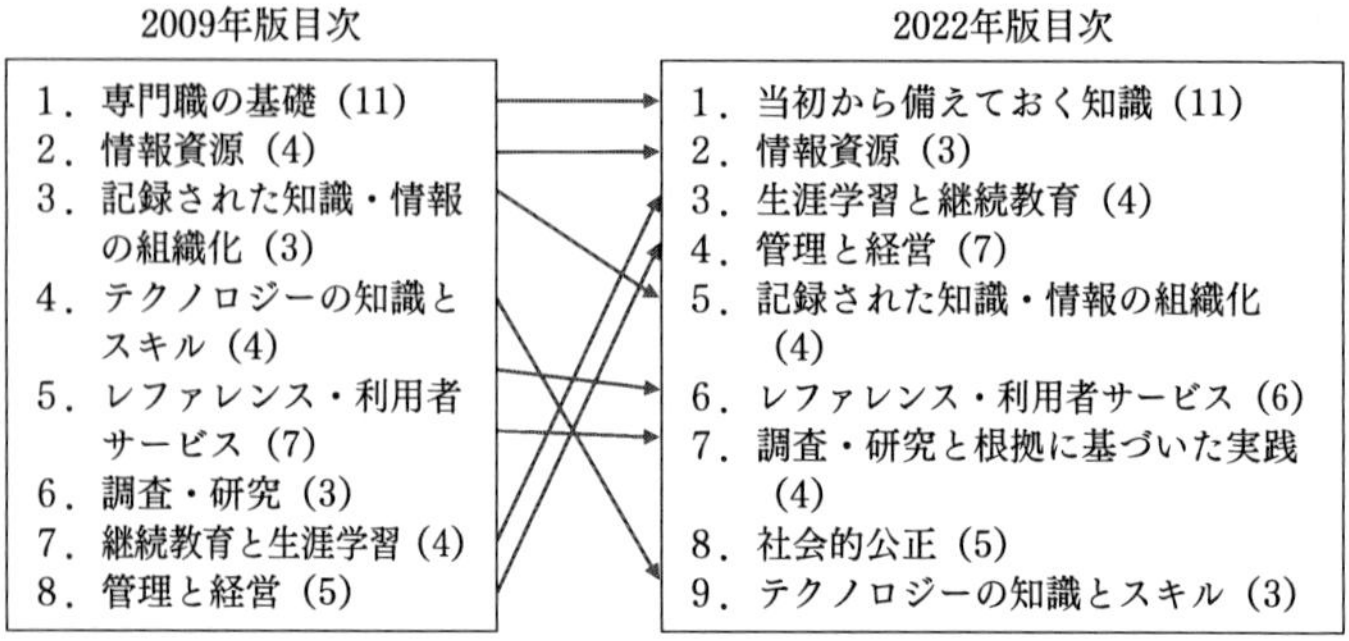

図3　ALA コア・コンピテンス対照（2009年版と2022年版）
注1：(　) 内はコンピテンス数
（出典："ALA's Core Competences of Librarianship Final version," 2009.〔https://www.ala.org/educationcareers/sites/ala.org.educationcareers/files/content/careers/corecomp/corecompetences/finalcorecompstat09.pdf〕［2023年9月24日アクセス］、"ALA's Core Competences of Librarianship Final version," 2023.〔https://www.ala.org/educationcareers/sites/ala.org.educationcareers/files/content/2022%20ALA%20Core%20Competences%20of%20Librarianship_FINAL.pdf〕［2023年9月24日アクセス］をもとに筆者作成）

を摘出しながら、およそコア・コンピテンスにどのようなものが盛り込まれているかを説明する。本書の巻末に付録として「ＡＬＡコア・コンピテンス2022」の全体を掲載してあるので参照してほしい。

最初の項目は、「当初から備えておく知識」と表現が変わっている。ただし内容は、二〇〇九年版と同じように専門職倫理をはじめ、民主主義の原則と知的自由、図書館に関する知識、社会の諸政策、著作権など心得ておくべき十一のコンピテンスが示されていて、大きな変化はない。新たな項目として、マーケティングや資金調達活動、ライブチャットなどのコミュニケーション手段を取り上げている。

二番目の「情報資源」に関しては、記録された知識や情報、つまり情報資源をそのライフサイクルに沿って把握し、コレクション管理の処理を適切におこなうとともに、新たな情報フォーマットなどがもたらす利用者コミュニティへの影響を理解する必要があるとしている。

三番目の「生涯学習と継続教育」は、二〇〇九年版では七番目だったものだが、優先度を上げた。人々の学習に合った手法をとることや、さらに新しい学習理論、包摂教育（障害者などを含め多様な人々がともに学ぶ教育）などへの理解を求めている。

四番目は、以前は最後にあった「管理と経営」である。冒頭に「「受託者（fiduciary）」として責任を果たす」という表現が入った。顧客に依頼されたこと、つまり公立図書館でいえば住民の委託に応えることを重視する指摘である。基本的な人的資源経営や成果評価、組織的な協力・連携の構築などとともに、人的資源開発やリーダーシップ、変革のマネジメントが引き続き強調された。

五番目は、専門職の根幹だった「記録された知識・情報の組織化」で、位置は少し下がったがコンピテンス数は増えた。資料の組織化にとって必要な知識やスキルを踏まえるとともに、その手法の弱点などを理解することや、文化的なバイアス（先入見）などが情報の収集や記述にどのような影響を及ぼしているかなど、自らの活動を顧みる視点が付加されている。

六番目の「レファレンス・利用者サービス」では、的確に情報ニーズに対応する方法、実務の理解が挙げられている。これには課題解決に向けた対応や、RUSA（レファレンス・利用者サービス協会）の専門職コンピテンシー[13]が参照され、サービスが適切におこなわれているかどうかの評価が強調された。

七番目は、「調査・研究と根拠に基づいた実践」で、二〇〇九年版が研究の一般的な説明だったのに対して、二二年版では既存研究を見つけて活用するとともに、データの生成や分析・評価などの方法適用を挙げている。また、学術コミュニケーションへの積極的な関心を示唆している。

八番目の「社会的公正」については、様々な不平等や人権状況の見直しを反映し、図書館専門職のコンピテンスとして取り上げられている。それぞれ自らの位置を自覚しながら、社会的公正の実現に重きをおくことを強く求めている。

九番目は、以前は四番目に位置づけられていた「テクノロジーの知識とスキル」である。図書館のサービスと資源を扱うテクノロジーの知識とスキルをきちんと把握するという点を集約し、新興のテクノロジーの評価に言及している点が新しい。

二十一世紀の図書館員の知識とスキル

ALAのコア・コンピテンス二〇二二年版への改訂で目立つところは、①以前のものになかった「社会的公正」という項目が立てられたこと、②以前は四番目だった「テクノロジーの知識とスキル」の末尾への移動、そして③それぞれの場面で起きている様々な変化への言及だろう。大枠は変わらなかったが、これらが、この十年あまりの時間の経過を物語る。

「社会的公正」は、誰もが利用できることを目指す図書館の倫理と基本的に近いところにある。しかし、これまでの慣習などによって、結果として不利益な立場の人々の権利を十分に確保できていなかった面がある。近年DEI(Diversity, Equity, Inclusion:多様性、公平性、包摂性)が社会的に重視されるようになり、外形的な差異だけではなく、価値観などの見えない部分も含め違いを認め合って共生すること、また単に機会の平等というのではなく、例えば情報から疎外されるなど、様々なリテラシーが不十分な人々への公平性の確保は大きな課題になっている。「テクノロジーの知識とスキル」についていえば、急速な進展を遂げるテクノロジーの基盤的な知識・スキルを理解・把握することはもちろんだが、変わりゆく技術・スキルは図書館のサービスへの影響を評価して対処すべきものとされ、「記録された知識・情報の組織化」などと同じように位置を下げた。それとは逆に、「生涯学習と継続教育」あるいは「管理と経営」のように位置が上がったものもある。おそらくこれらの順位変動は状況に照らした判断だろう。

また、この改訂では広範囲にわたって字句の修正がおこなわれ、新たな動向を踏まえた補足が入った。それとともに、それらの修正とは少し趣が異なる、例えば「文化的バイアス（先入見）」が記録された知識と情報の収集や記述にどのような影響を及ぼすかを認識する」とか「専門的および文化的価値観が研究調査ライフサイクルの各局面にどのような影響を及ぼすかの認識」といった、状況認識を求める内容が加わった。「社会的公正」の、自らに文化的同一性を問いかける部分もそうである。インターネットという技術的な進展によって、どこまでもつながる開かれた社会で、あらためて私たちの規範をどのように形成していけばいいのかが問いかけられるようになっているといえる。

二十一世紀の図書館専門職に求められる能力は、この四十八のコンピテンスにほぼ網羅されているといっていいだろう。まずは、現場での課題に対処できる能力を身に付けることが重要だが、急速に変わりゆく状況に対応するために、少し視野を広げ、自ら学習したり、研修会に参加して仲間同士で学習したり、それぞれに応じて専門職としての研鑽を積んでもらいたい。

注

（1）AFL-CIO, Department for Professional Employees, "Library Professionals: Facts and Figures," 2023. (https://static1.squarespace.com/static/5d10ef48024ce300010f0f0c/t/643eb8ba21d7df4d81f9a11d/1681832122377/Library+Workers+Facts+%26+Figures+2023.docx+%281%29.pdf)［二〇二三年九月二十四日アクセス］

（2）永田治樹「パンダ・シンドロームの脱却――図書館情報学の再構築」「アーカイブズ学研究」第一号、日本アーカイブズ学会、二〇〇四年、七一ページ

（3）Karen E. Pettigrew and Joan C. Durrance, "KALIPER: Introduction and Overview of Results," *Journal of Education for Library and Information Science*, Vol. 42, No. 3 (Summer, 2001), pp. 170-180、酒井由紀子「北米の図書館情報学教育の現況」「情報の科学と技術」第五十二巻第七号、情報科学技術協会、二〇〇二年

（4）"iSchools: the future of information" (https://www.ischools.org/)［二〇二三年九月二十四日アクセス］

（5）「LIPER――情報専門職の養成に向けた図書館情報学教育体制の再構築に関する総合的研究」(http://old.jslis.jp/liper/index.html)［二〇二三年九月二十四日アクセス］

（6）小田光宏／野末俊比古／大谷康晴／大庭一郎「公共図書館職員の知識・技術に関する意識の変化

——LIPER公共図書館班アンケート調査と1989年調査の比較」「liper報告書」(http://old.jslis.jp/liper/report06/report.htm)〔二〇二三年九月二十四日アクセス〕
(7) これからの図書館の在り方検討協力者会議「司書資格取得のために大学において履修すべき図書館に関する科目の在り方について(報告)」文部科学省、二〇〇九年(https://www.mext.go.jp/component/b_menu/shingi/toushin/__icsFiles/afieldfile/2009/09/16/1243331_2.pdf)〔二〇二三年九月二十四日アクセス〕
(8) 図書館情報学ハンドブック編集委員会編『図書館情報学ハンドブック 第二版』丸善、一九九九年、七五ページ
(9) Joan C. Durrance, "Crisis as Opportunity: The Shaping of Library and Information Science Education in the United States", *Journal of Japan Society of Library and Information Science*, 49(3), Japan Society of Library and Information Science, 2004. (https://www.jstage.jst.go.jp/article/jslis/49/3/49_KJ00003391238/_article)〔二〇二三年九月二十四日アクセス〕
(10) FutureIoT Editors, "What's inside Shanghai's first smart library?" "FUTUREIOT" (https://futureiot.tech/whats-inside-shanghais-first-smart-library/)〔二〇二三年九月二十四日アクセス〕
(11) 永田治樹『公共図書館を育てる』青弓社、二〇二一年、四二―四六ページ
(12) "ALA defines core competences of librarianship," "ALA: American Library Association" (https://www.ala.org/news/news/pressreleases2009/february2009/hrdrcompetences)〔二〇二三年九月二十四日アクセス〕(日本語訳:永田治樹編著『図書館制度・経営論』〔JLA図書館情報学テキストシリーズ〕、日本図書館協会、二〇一六年、一九三ページ)
(13) RUSAはALAの組織の一つである。レファレンスや様々な利用者サービスについて扱っていて、

そのなかにビジネス支援のＢＲＡＳＳ、コレクション開発のＣＯＤＥＳ、歴史についてのＨＳ、新技術のＥＴＳ、レファレンスのＲＳＳ、資源アクセスのＳＴＡＲＳなどのグループがある。また、そのコンピテンシーについては、ＡＬＡのものと同一の番号のシステムで５Ａから５Ｇまでを細かく展開している。

第1部

図書館のDX

V

第1章

ウェブ技術の深化とサービスの可能性

▼川嶋 斉／牧野雄二

1　ウェブ技術の深化と図書館ウェブサービス

▼牧野雄二

一九九一年――ウェブサイトの登場とWeb-OPACの広がり

一九九一年にティム・バーナーズ＝リーによって世界初のウェブサイトが誕生してから、約三十年が経過した。ウェブサーバー上の情報をインターネットを通じてウェブブラウザという種類のソフトウエアで閲覧できることを基本とする仕組み「ワールド・ワイド・ウェブ」（以下、ウェブ）の登場によって、来館せずに利用できるサービスが増えてきている。日本図書館協会が公開している「公共図書館 Web サイトのサービス」によれば、国内公共図書館の Web-OPAC 設置数は九七年四月時点では六館だったが、二〇〇五年四月には四十七都道府県のすべてに設置され、千館を超えた。[1]

OPAC（Online Public Access Catalog）は、現在は非来館での資料貸出予約やレファレンス質問受付など、様々な機能をもつものがほとんどである。

二〇〇〇年代中頃以降──「Web2.0」の登場とウェブサービスの進展

二〇〇〇年代なかごろ以降に、筆者は公共図書館で外部リソースを積極的に活用したウェブサービスを実践しはじめた。この背景には、ティム・オライリーによって「Web2.0」と提唱されたような仕組みがあった。「Web2.0」とは、それまでのそれぞれの作成者による一方的な情報提供だけではないウェブの仕組みを表す概念である。「Web2.0」には、多くの人々がウェブでの情報発信などに利用できるWikiやSNSのように、ユーザー参加型のいわゆる「集合知」を実現できるサービスや、API（Application Programming Interface：異なるシステム間で連携できる入り口になる機能を共有する仕組み）などによる外部リソースとの複合的なサービスが該当すると考えていい。[2]図書館でも、例えば仮想本棚サービス「ブクログ」[3]を利用したサービスや、そのほか「YouTube」[4]などのSNSによる広報活動、また本書で紹介するようなAPIを利用したサービスが展開されるようになった。Web-OPACについても、「Googleブックス」[5]（Googleによる書籍の情報提供サービス）やopenBD[6]（openBDプロジェクトによる書誌情報・書影提供サービス）といった本の情報を提供するウェブサービスを活用して書影の画像を表示したり、図書館横断検索サイト「カーリル」[7]や、国立情報学研究所が提供する書籍などの検索サービス「Webcat Plus」[8]などへのリンクを設定するといった拡張も珍しくなくなってきている。

近年――ウェブ技術などのさらなる深化と図書館員のＩＣＴスキル向上の必要性

スマートフォンやタブレットでのアプリ（スマートフォンなどで使うソフトウエア）や５Ｇ（超高速通信などが可能になる通信規格）、ＩｏＴ（モノのインターネット：様々な「モノ」がインターネットに接続される仕組み）、本書第３章「先駆的技術の図書館サービスへの組み込み」（中野良一／牧野雄二）で中心的に扱うＡＩの活用などの目まぐるしい変化があり、また提供しうるデジタル資料は拡大し、権利関係などの課題はあるものの、モバイルデバイスや高速通信網の発達によって、いつでもどこでも即座に情報が入手しやすくなった。この状況は、新型コロナウイルス感染症の感染が拡大した、いわゆるコロナ禍で加速し、学校現場ではいまや文部科学省による「ＧＩＧＡスクール構想」によって子どもたちに一人一台のコンピューターが配布されている。[9] デジタルアーカイブや電子図書館などの館内外コンテンツを統合的に提供するところも増えている。

情報サービスを担う図書館にとってウェブサービスはなくてはならないもので、今後も進化が続くと考えられる。一方で、図書館員がその提供のための十分な知識をもっていないことも、まだ多くある。図書館のウェブサービスとして、何を実施し、何をやめるのかという取捨選択をするために、必要な知識を身に付けていくことが求められる。

2　図書館ウェブサービス拡充の三種の事例

▼牧野雄二

まずは、三つの観点から事例を紹介する。なお、これらの事例を各館で応用するには相応の予算がないと無理だと考える人もいるかもしれないが、ある程度のウェブの知識と技術があれば、比較的手軽に取り入れられる類似のサービスで代替する手法もあり、のちほどふれる分担執筆者が所属する野田市立図書館の事例はその参考になるだろう。

情報提供の拡張——外部リソースによって図書館から提供する情報を豊富にする

奈良県立図書情報館のWeb-OPACでは、外部リンクを豊富に使った情報提供をしている。資料の検索結果一覧や詳細画面から、外部サービスで提供されている書影の画像や目次情報を表示したり（日外アソシエーツのサービス「BookPlus」[10]や版元ドットコム[11]の情報を表示している）、外部サービスにアクセスできるリンクを張ったり（「Googleブックス」や「カーリル」など）していて、利用者は探している資料についてのより詳しい情報を来館前に得ることができる。[12]

ほかに、千葉県の成田市立図書館のWeb-OPAC「情報ポータル」でも、外部サービスの書影画像の表示や各オンライン書店へのリンクなどがあり、[13]こうした機能拡張の取り組みは多くの図書館に広がっている。

図1　奈良県立図書情報館 Web-OPAC の資料詳細画面（例：『公共図書館を育てる』）
（出典：「奈良県立図書情報館」〔https://opacsvr01.library.pref.nara.jp/drupal/〕［2023年4月30日アクセス］）

情報検索対象の拡張
——様々なリソースを高速に便利に横断検索する

東京都の小平市立図書館では、独自に検索対象を設定して横断検索サービスを作れる「Unitrad ローカル」[14]（「カーリル」提供）を利用し、二種の横断検索サービス「ふらっとサーチ」「ふらっとコンパス」を公開している。「ふらっとサーチ」は自館の蔵書のほかに相互利用協定締結市や都立図書館などの様々な資料を一括で検索でき[15]、「ふらっとコンパス」は「調べもの・レファレンスの横断検索」として、小平市のデジタルアーカイブ[16]のほか、国立国会図書館の「レファレンス協同データベース」[17]や「リサーチ・ナビ」[18]を検索できる。[19]ある地域内の図書館の蔵書検索や、調べものに役立つ情報源の横断検索というように、目的別にデザインしている。

「Unitrad ローカル」によるサービスはほかにもあり、埼玉県などの県立図書館が提供している横断検索の事例もある。キャッシュ（毎回検索するのでなく、一度検索されたものを保存して活用する仕組み）などによって高速化を実現している。[20] このサービス以外の事例で、三重県立図書館では、あらかじめ自動で各市町村立図書館の蔵書の情報を収集して総合目録化する仕組みを取り入れているようだ。[21]

インターフェースの拡張
――アプリによってデバイスに応じたインターフェース・機能を提供し、来館・非来館ともに利用しやすくする

オーテピア高知図書館では、図書館が入居する複合施設オーテピアをより便利に使うためのスマートフォンアプリ（Android 版または iOS 版）を二〇一九年七月から提供している。高知工業高等専門学校・今井研究室とオーテピア高知図書館、高知みらい科学館が共同で制作し、資料予約などの機能のほか、Bluetooth の電波を発信するビーコンという機器を利用して、スマートフォンなどでその電波を受信し、館内マップ上に自分の現在位置を表示したり、検索した本がどの本棚にあるかをマップ上で表示したりできる機能がある。[22]

長崎県のミライon図書館でも二〇二三年三月からアプリ提供を開始した。このアプリには、マイナンバーカードによる利用登録（来館不要）や利用者番号のバーコード表示機能がある。[23]

先に県立・市立の合築として共通点がある二館を紹介したが、福井県の鯖江市図書館を忘れてはならない。ビーコンを利用して本の場所を探すことができ、オープンソースソフトウエア（プログラムの自由な利用を許可しようというもの）として公開されている「さばとマップ」[24]（二〇一五年度から）や、貸出のためのバーコード表示や持ち込みＰＣ優先席の空き状況の確認ができる「鯖図パ

ス」[25]（二〇一九年度から）などがある。

海外にも様々な体験ができるアプリを提供する先進的な事例がある。例えば、シンガポール国立図書館では資料に貼り付けられたコードを、利用者自身がスマートフォンで読み取って貸出を受けられるアプリ[26]を提供している。また、フィンランドのヘルシンキ市立図書館では借りた資料をまた貸しできる「borrow from a friend」[27]という機能をもつアプリを提供している。

3　千葉県野田市立図書館の事例

▼川嶋　斉

図書館員が図書館のウェブサービスに積極的に関わった事例として、筆者の勤務する千葉県の野田市立図書館[28]を紹介する。

野田市立図書館は、来館してできることはなるべくウェブ上でもできるように、という考えでウェブサービスを作っている。そのなかから、二つの取り組みを紹介する。

一つ目は、Web-OPAC+である。これは、Web-OPACのローカライズを図書館員がおこなうという試みである。

現在の野田市立図書館では、トップページのフォームから検索する場合、いったん「opacplus.html」というファイルがデータを処理し、Web-OPACの画面を修正したものを表示する手順になっている。

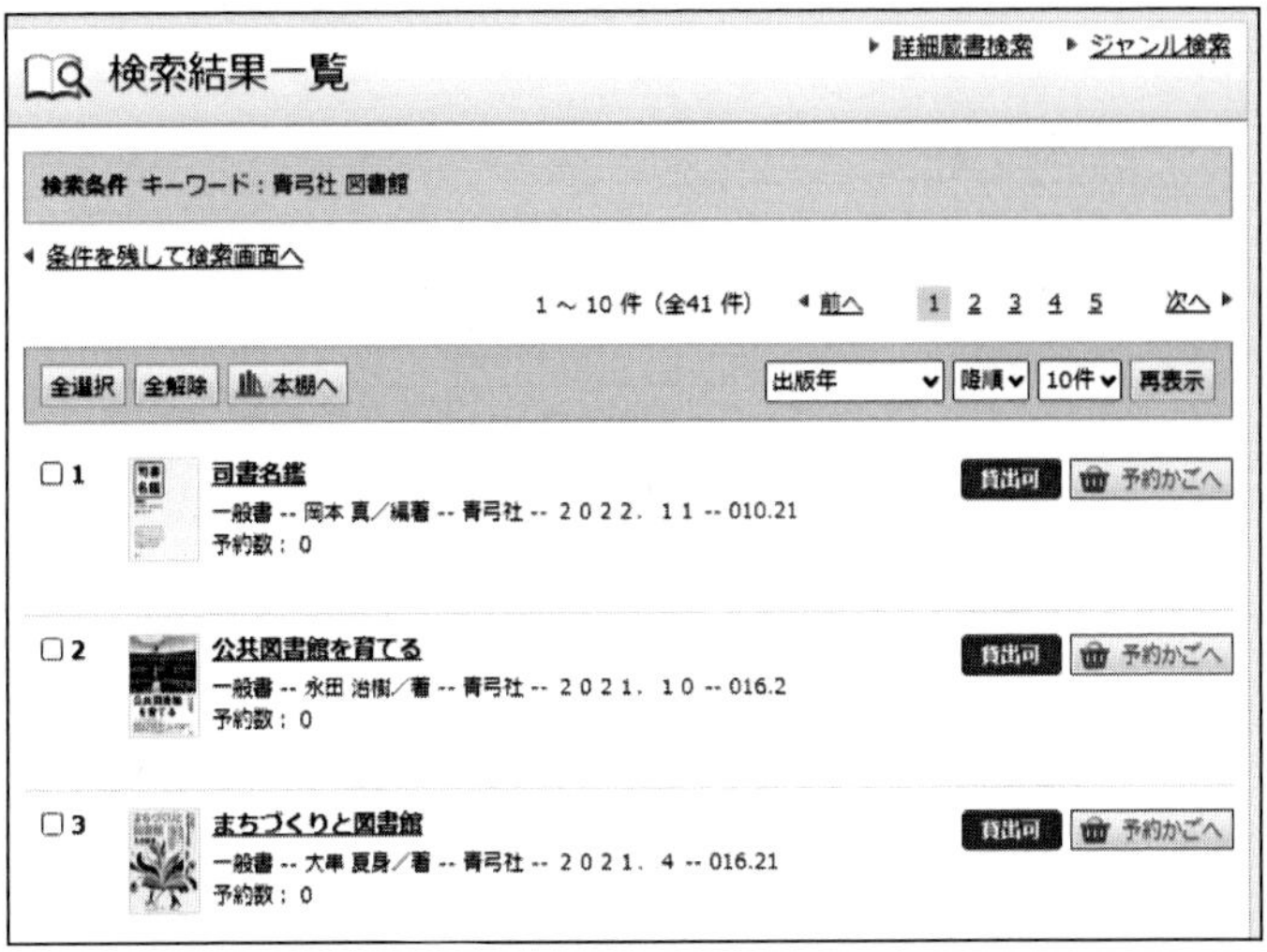

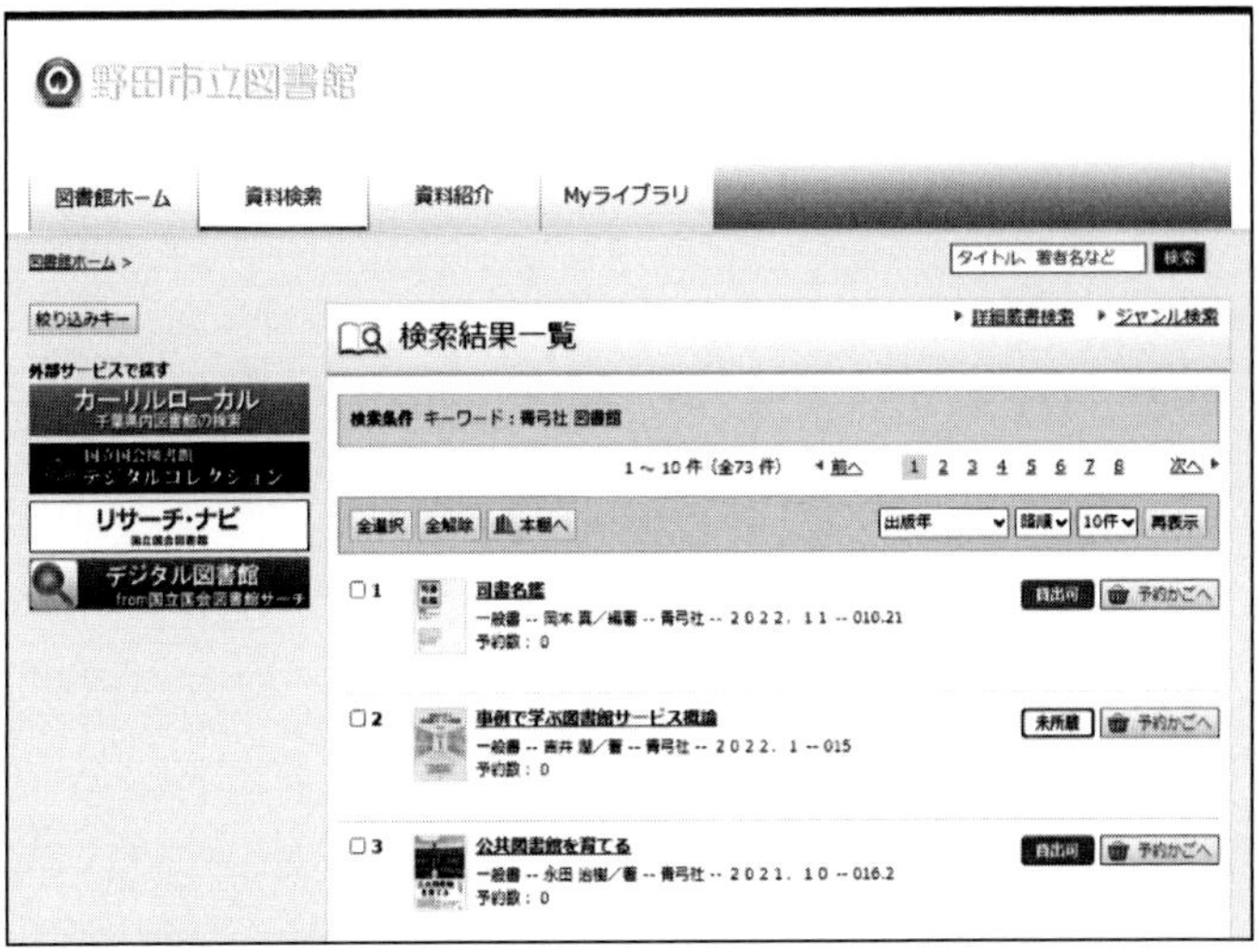

図2　一覧画面の対比（上が Web-OPAC の画面、下が野田市立図書館用に修正された画面）

図2のように、野田市立図書館用に修正された検索結果一覧では、検索結果のほかに「カーリルローカル」を活用した千葉県内図書館の横断検索や、国立国会図書館デジタルコレクションなどの検索結果へのリンクをバナーで表示するようにしている。

これは、探している資料がヒットしなかった場合に、次にどのサイトで調べればいいかというナビゲーションとしての表示である。これによって、野田市立図書館が所蔵していなくても千葉県内のほかの図書館で所蔵していることを確認できるほか、絶版などの資料であれば国立国会図書館デジタルコレクションから閲覧したりすることが可能になっている。

資料の詳細画面では、「カーリル」と「Webcat Plus」の該当資料へのリンクバナーを表示することで、図書館のWeb-OPACよりも詳しい情報を確認できるようになっている。また、従来のシステムでは「Googleブックス」での書影画像の表示だけだったが、openBDも使うことで資料を増やし、「試し読み」も提供できるようにした。

一般に、Web-OPAC自体を変更しようとすると、たくさんの図書館が使っているシステムに手を加えることになってしまい、小さな変更であってもシステムメーカー側の大がかりな作業になりがちだ。しかし、Web-OPAC+では、野田市立図書館という限られた範囲のなかで作成・変更ができるため、素早く、細やかな修正が可能だ。

二つ目が「在架なう！」という資料紹介の仕組みである（図3）。「在架なう！」は、実際の図書館にある「今日返却された本」のコーナーをウェブ上に作り上げることを目指して作られたものだ。新着資料や、予約や貸出ベストで紹介される資料は、どうしても貸出中の資料が増えてしまうため、

図3　「在架なう！」
(出典：「野田市立図書館」〔https://www.library-noda.jp/〕［2023年4月30日アクセス］)

「在架なう！」では「いま、棚に戻った資料」を紹介するようにしている。

仕組みとしては、資料状態が「在架」の資料を、資料状態変更時間の降順（新しい順）に四百件、テキストデータで抽出し、それをウェブサーバーに転送してJavaScriptで自動でスクロールするように表示するものだ。書影画像の取得にはopenBDと「Googleブックス」を併用している。データの抽出・転送はタスク化され、図書館員が日常の運用をおこなうことはない。

蔵書点検期間中や年末年始の休館中には「在架なう！」が表示されないようにすることで、トップページの段階で休館に気づきやすいようにもしている。

図書館のウェブサイトで活用しやすいサービス

ここまで、自館がもつコンテンツやサービスとインターネット上で提供されるサービスを組み合わせることで、より便利なウェブサービスが提供できることを説明してきた。

次に、公共図書館でよく活用されているウェブサービスを提供している二つの情報源、「カーリル」と国立国会図書館について、それらが提供しているサービスの一部とともに紹介する。こうしたウェブサービスを知っておくことで、図書館の業務での活用を考えやすくなるはずだ。

①「カーリル」の図書館横断検索

「カーリル」は、二〇一〇年三月に公開されたウェブサービスである。「Amazon」のAPIを使って本を検索し、それをISBNで検索することで、指定した図書館での所蔵の有無がわかる、というサービスだ。

それ以前から、図書館のWeb-OPACを活用することで、より便利に読書を楽しもうという動きはあった。例えば「LIBRON」(29)というFirefoxなどで使えるプラグインは、「Amazon」で検索したときに、一緒に指定した図書館の蔵書も検索できるという仕組みだったが、東京都内を中心にしたものだった（現在「LIBRON」は「カーリル」のAPIを活用することで、ほとんどの図書館に対応していて、Chromeなどの拡張機能としてサービスが続いている）。

「カーリル」は、サービス開始時点でほとんどの公共図書館のWeb-OPACに対応していること、またプラグインのインストールなどの手順を踏まず、サイトから検索するだけで、自分が日頃使っている図書館の所蔵の有無がわかることなどから、サービス公開時には大きな話題になった。

現在はサービスを拡大し、都道府県ごとにISBNがない地域資料なども検索できる「カーリルローカル」(30)や、同じ地域のいくつかの図書館を同時に検索できる前述の「Unitrad ローカル」、書架にICチップやQRコードを設置することで、その棚に関連する資料をスマホなどで検索できる

「カーリルタッチ」[31]、学校図書館に向けて無償でWeb-OPACを提供する「学校図書館支援プログラム」[32]なども提供している。

また専門図書館の蔵書検索ができる「ディープライブラリープロジェクト」[33]、版元ドットコムが提供する書誌データや書影画像などを高速なWeb APIで提供するopenBDなどにも関わり、利用者にとってだけではなく、図書館にとっても活用しやすい多くのサービスを提供している。

②国立国会図書館のサービス

国立国会図書館が提供するウェブサービスは数多い。調べ方自体を紹介する「リサーチ・ナビ」や全国の図書館の調査事例を集める「レファレンス協同データベース」、自治体のウェブサイトなどを収集するインターネット資料保存収集事業「WARP」[34]などは、国立国会図書館ならではのサービスだろう。

そのなかでも図書館のウェブサービスが大きく変わる可能性をもっているのが、国立国会図書館デジタルコレクションである。

国立国会図書館デジタルコレクションの公開に伴い、著作権が切れたもの、あるいは文化庁裁定によって一般公開されていたもののほかに、絶版などで入手困難な資料についても「図書館向けデジタル化資料送信サービス」[35]に登録した図書館であれば、その図書館内の端末で資料の閲覧や印刷ができるようになった。さらに、二〇二二年五月からは、「個人向けデジタル化資料送信サービス」[36]が開始され、登録すれば、個人が自宅のパソコンなどで同様の国会図書館の資料を閲覧することが可能になった。二二年五月のプレスリリース(37)によれば、著作権保護期間満了・許諾などによってインターネット公開された資料が約五十七万点、絶版などの理由で入手困難な資料が約百五十二万点で、実に二百万点を超える資料が自宅などからアクセス可能になった。

公共図書館や大学図書館にとっても、利用者へのサービスのなかでこのコレクションへの動線をどのように提供するかは、これからの図書館サービスを考えるうえで、大きな課題になる。

国立国会図書館では、自館が提供するコンテンツを含む横断的な検索サービスをいくつか提供している。「ジャパンサーチ(38)」や、「国立国会図書館サーチ(39)」などである。そのうち、「国立国会図書館オンライン」と「国立国会図書館サーチ」については、二〇二四年一月に新「国立国会図書館サーチ」に統合・リニューアル予定であることが発表された(40)。

「ジャパンサーチ」や、旧「国立国会図書館サーチ」、そして新「国立国会図書館サーチ」ではAPIを提供している(新「国立国会図書館サーチ」については予定)。例えば、「ジャパンサーチ」のAPIを使うことによって、「ジャパンサーチ」内で提供されているデジタルアーカイブのサムネイルや書誌情報を取得することができる。

国立国会図書館ではこうしたAPIなどを含む国会図書館サービスの活用のために、ハッカソンなどのイベントの開催や、「NDLラボ(41)」という実験的なサービスの提供と事例紹介をするサイトの公開などもしている。APIの活用方法などを調べる場合は、こうしたページを参考にするといいだろう。

4　ウェブの仕組みの理解

▼川嶋 斉

これまでプログラミングやコンピューターについて学んだことがない人にとっては、図書館のウェブサービスを考えるのはハードルが高いと感じるかもしれない。

しかし、二〇二〇年度から小学校ではプログラミング教育が必修化したように、プログラミングやコンピューターの知識は小学生からでも学び始められるもので、最初に一歩踏み出してみれば、意外と簡単に身に付けられることに気づくだろう。

文部科学省が発表した小学校のプログラミング必修化の手引の「はじめに」では、「プログラミングによって、コンピュータに自分が求める動作をさせることができるとともに、コンピュータの仕組みの一端をうかがい知ることができるので、コンピュータが「魔法の箱」ではなくなり、より主体的に活用することにつながります(42)」と書いてある。

図書館のウェブサービスについても同様に、ウェブの仕組みを理解することで、より主体的にウェブサービスを考えることができるはずだ。

そこで、ここからはウェブの仕組みの基本について解説する。

```
</script>
</head>
<body>

<!-- Dropdown Structure -->
<ul id="dropdown1" class="dropdown-content">
  <li><a href="//www.miraitosyokan.jp/about/information/">研究所情報</a></li>
  <li><a href="//www.miraitosyokan.jp/about/philosophy/">経営理念</a></li>
  <li><a href="//www.miraitosyokan.jp/about/president_message/">所長メッセージ</a></li>
  <li><a href="//www.miraitosyokan.jp/about/access/">アクセス</a></li>
</ul>
<ul id="dropdown2" class="dropdown-content">
  <li><a href="//www.miraitosyokan.jp/about/information/">研究所情報</a></li>
  <li><a href="//www.miraitosyokan.jp/about/philosophy/">経営理念</a></li>
  <li><a href="//www.miraitosyokan.jp/about/president_message/">所長メッセージ</a></li>
  <li><a href="//www.miraitosyokan.jp/about/access/">アクセス</a></li>
</ul>
<nav class="white">
  <div class="nav-wrapper">
    <ul class="right hide-on-med-and-down">
      <li><a href="//www.miraitosyokan.jp/">HOME</a></li>
      <!-- Dropdown Trigger -->
      <li><a class="dropdown-button" href="#!" data-activates="dropdown1">研究所概要  ▼</a></li>
      <li><a href="//www.miraitosyokan.jp/business/">事業内容</a></li>
      <li><a href="//www.miraitosyokan.jp/future_lib/">未来の図書館を探る・創る</a></li>
      <li><a href="//www.miraitosyokan.jp/contact/">お問い合わせ</a></li>
    </ul>
    <ul id="nav-mobile" class="side-nav">
        <li><a href="//www.miraitosyokan.jp/">HOME</a></li>
        <li><a class="dropdown-button" href="#!" data-activates="dropdown2">研究所概要  ▼</a></li>
        <li><a href="//www.miraitosyokan.jp/business/">事業内容</a></li>
        <li><a href="//www.miraitosyokan.jp/future_lib/">未来の図書館を探る・創る</a></li>
        <li><a href="//www.miraitosyokan.jp/contact/">お問い合わせ</a></li>
      </ul>
      <a href="#" data-activates="nav-mobile" class="button-collapse"><i class="material-icons">view_list</i></a>
  </div>
</nav>
<script>$(".dropdown-button").dropdown();</script>

  <div id="index-banner" class="section">
    <div class="section no-pad-bot">
      <div class="container">
        <div class="center"><a href="//www.miraitosyokan.jp/"><img src="//www.miraitosyokan.jp/logo.png" width="80%" /></a></div>
        <div class="center">●【2023年10月開催・オンラインまたは対面】<a href="//www.miraitosyokan.jp/wp/20230804/">第7回ワークショップ「図書館員の
        <div class="center">●2023年5月30日に書籍『図書館とコミュニティアセット』を刊行しました。<br>樹村房より購入いただけます。詳細は<a href="//
        <!-- 20190105
        <br>
        <div id="wemDynamicFeedHead"></div>
        <div id="wemDynamicFeedDisp"></div>
        -->
        <br>
      </div>
    </div>
  </div>

  <div class="container">
    <div class="section">
      <!--   Icon Section   -->
      <div class="row">
        <div class="col s12 m4">
          <div class="icon-block z-depth-5">
            <h2 class="center"><i class="material-icons">info_outline</i></h2>
            <h5 class="center">研究所概要<br><br></h6>
            <p class="divider"></p>
            <p class="padding">研究所の基本情報や経営理念、所長からのメッセージ、研究所へのアクセスを紹介します。</p>
            <p class="center"><a href="//www.miraitosyokan.jp/about/" class="waves-effect waves-light btn-large center">詳しく見る</a></p>
          <br>
```

ウェブページの基本

ウェブページは主に四種のファイルで構成されている。①記事の内容を記述するHTML（HyperText Markup Language）、②配置や色・大きさなどのスタイルを指定するCSS（Cascading Style Sheets）、③ページ内での動きや動的（操作する人や時間によって変化があること）な処理の記述をするプログラミング言語のJavaScript、④画像・音声・動画といったメディアファイルである。

メディアファイルについては、ここでは詳しくふれないが、例えばウェブブラウザで表示できる画像形式には、JPEGやGIF、新しいフォーマットとしてはWebPなどがあり、それぞれ

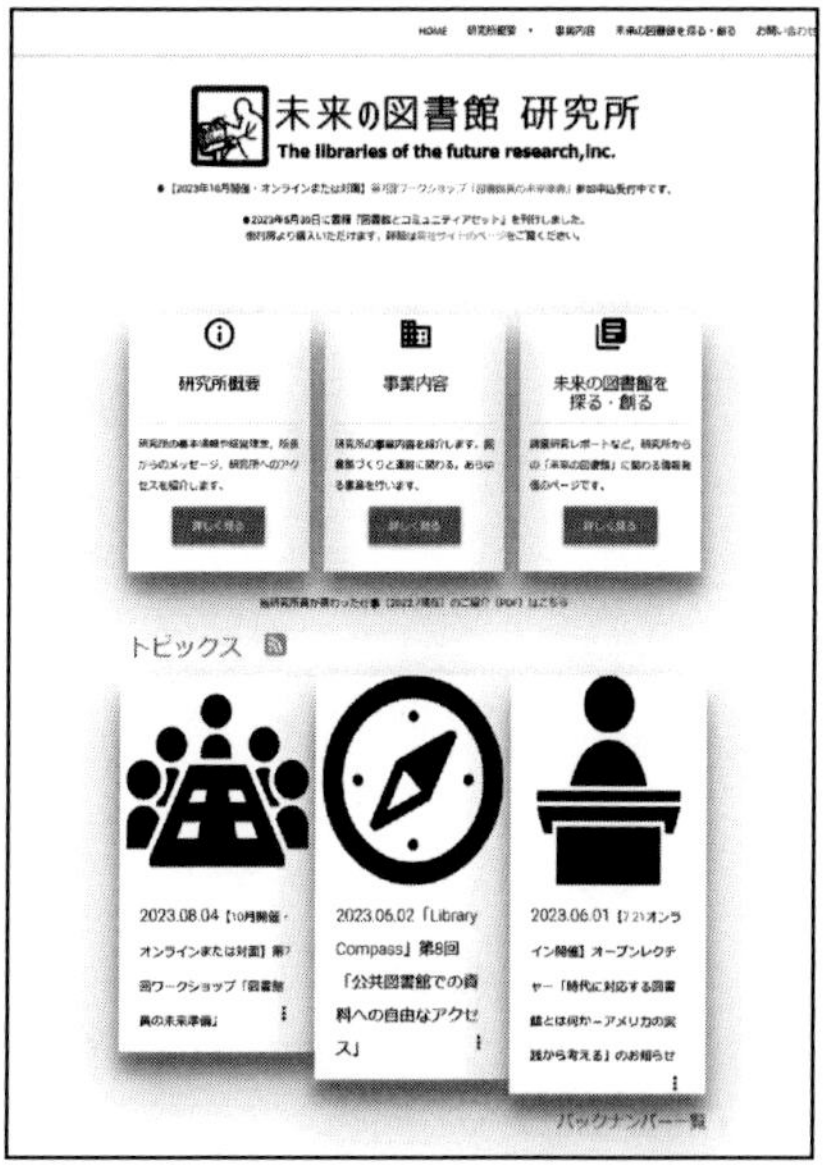

図4　未来の図書館研究所のトップページとソースの対比

の特性によって使い分けられている（多くのウェブブラウザではBMPやTIFFといったフォーマットを見ることができない）。

図４は未来の図書館研究所のウェブサイト[43]のトップページと、それを「ページのソースを表示」で、そのページのテキストファイルを表示したものである。このように私たちがウェブページとして見ているものは、テキストファイル（ＨＴＭＬやＣＳＳ）をウェブブラウザで読み取り、表示させているものだ。

①ＨＴＭＬ

ウェブページの文章部分は、ＨＴＭＬという言語によって記述される。これはHyperText Markup Language（ハイパーテキストマークアップランゲージ）の略で、文章の構造を記述（マークアップ）するための言語である。詳細は図5を参照のこと。

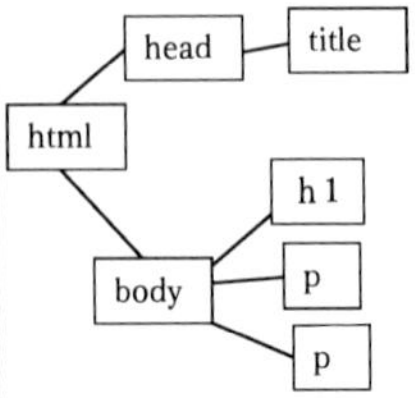


```
<html>
<head>
<title>テストのページ</title>
</head>
<body>
<h1>大見出し</h1>
<p>記事１の内容</p>
<p>記事２の内容</p>
</body>
</html>
```

大見出し

記事１の内容

記事２の内容

HTMLは、テキスト（文字データ）で書かれているが、ウェブブラウザ上では、ツリー構造で処理される。テキストはタグによって印を付けられ、コンピューターではツリー構造として理解される。タグの始まりは<　>、終わりは</　>になる。

ここでは大見出しを示す**<h1>**タグ（**h**タグは見出しを示し、**h2**が中見出し、**h3**が小見出し、と続く）、文章の段落を示す**<p>**タグが使われている。

改行を示す**
**のように開始と終了を１つにまとめたタグも存在する。

図5　簡単なツリー構造・ソース・ウェブページの例

②ＣＳＳ

ウェブページの様々な要素の配置や色、大きさなどのスタイルを決定する仕組みをＣＳＳ(Cascading Style Sheets：カスケーディングスタイルシート）という。これはウェブページのデザインに関わる部分である。詳細は図6を参照のこと。

ＣＳＳの読み込み方には以下の三つがある。重複して指定された場合には、あとから指定したものが優先する。

・外部ファイルとして書いて、htmlファイルから指定する方法

```
<link rel=“stylesheet” type=“text/css” href=“ファイル名.css”>
```

・htmlファイルに直接記述する方法

```
<style>
h1{font-size:1.5em; color: steelblue; border-bottom:solid 2px royalblue;}
</style>
```

CSS では、**「セレクタ{プロパティ:値;}」** という記述をする。

セレクタは「どこを指定するのか」、プロパティは「何（大きさや色、枠線や間隔など）を指定するのか」、値は「どうするのか（何色か、どのくらいの大きさか、など）」を指定する。

例えば、

h1{font-size:1.5em; color: steelblue; border-bottom:solid 2px royalblue;}

とした場合、セレクタは **h1** なので**<h1>**タグの内容を修正する。

プロパティと値は３つ指定されていて、［**font-size:**］は文字の大きさで、値が［**1.5em**］なので通常の１.５五倍の大きさ、［**color:**］は文字の色で、値は［**steelblue**］、［**border-bottom:**］は下線で、［**solid（実線）**］で太さは［**2px（2 ピクセル）**］、色は［**royalblue**］になる。

図6　CSS の記述方法

・個々の要素のタグのなかに記述する方法

<h1 style=“font-size:1.5em; color: steelblue; border-bottom:solid 2px royalblue;”>

③ JavaScript

JavaScript はウェブブラウザ上で動くプログラムである。ウェブサービスで使われるプログラムには、後述するサーバー側で動くプログラムと、JavaScript のようにブラウザ側で動くプログラムがある。

ブラウザ側で動くプログラムは、閲覧者の操作などによって動作を変えることができるため、「メニューを開く」、など、ウェブページのナビゲーションに多く利用される。

JavaScript についても、ＣＳＳと同様に三通りの読み込み方がある。以下の例は、ボタンをクリックしたら「ボタンがクリックされました」とメッセージが表示されるプログラムだ。

・外部ファイルとして、html から読み込む方法

<script type=“text/javascript” src=“ファイル名”></script>

・html ファイルに直接記述する方法

```
<script>
document.getElementById('button1').onclick=alert( 'ボタンがクリックされました');
</script>
```

・タグに記述する方法

```
<input type="button" onclick=" alert( 'ボタンがクリックされました')">
```

サーバーサイドプログラミング

JavaScriptのようなブラウザ側で動くものに対して、ウェブサーバー上で動くプログラムをサーバーサイドプログラムという。

プログラミング言語としては、JavaやPHPなどがよく使用される。

図書館のウェブサービスになくてはならないWeb-OPAC、CMSやブログ、SNSサービスでもサーバーサイドプログラムを使用している。

JavaScriptのはたらきは操作している利用者のブラウザ内での変化に限定されるが、サーバーサイドプログラムは、Web-OPACでいえば資料への予約などの、サーバー側に影響を与える処理をおこなうことができる。詳細は図7を参照のこと。

> サーバーサイドプログラム上では、基本的にはHTMLをウェブサーバーが記述する。
> PHPの場合、例えば［**echo'<h1>テストのページ</h1>';**］と記述することで、ページに**<h1>**の大見出しで「テストのページ」と表示することができる。
> 例えば、データベースから、［**$ninzu**］に予約人数を取得して、
> ［**echo '<p>予約人数は'.$ninzu.'です</p>';**］のようにすると予約人数が表示できる。

図7　サーバーサイドプログラムの記述方法

データの渡し方

おもにサーバーサイドのプログラムでは、ウェブブラウザからサーバー側に何らかのデータを渡したい場合がある。そのときに使うのがPOSTやGETなどのリクエストパラメーターである。「カーリル」のトップページの検索フォームから検索する場合、例えば、「東野圭吾」で検索を実行すると、アドレスバーに［https://calil.jp/search?q=東野圭吾］と表示される。

この場合、［https://calil.jp/search］までが表示するページ、［q=東野圭吾］がデータである。［q］というパラメーターに「東野圭吾」というデータを渡すことで、「東野圭吾」の検索結果を表示することができる。&記号を使えば、複数のパラメーターを指定できる。例えば、前述の事例で、検索対象を野田市の図書館に指定したいなら、［https://calil.jp/search?q=東野圭吾&sysid=Chiba_Noda］のように&でパラメーターをつなげて、東野圭吾の著作の野田市立図書館での所蔵状況のページを開くことができる。

このように、渡すデータがアドレスバーに表示される仕組みをGETという。多くの場合、ブックマークやリンクによってその画面を表示することも可能である。

パスワードや個人情報などのアドレスバーに表示されたくないものや、長いデータを渡す場合は、データをアドレスバーに表示させないようにすることも可能だ。このような方法をPOSTという。

機械向けのウェブページ(Web API)

「カーリル」の例では、ウェブブラウザを使って人間が閲覧するページを例にして、データの渡し方を説明した。この場合は、ブラウザからデータを送り、サーバーがリクエストに応えてウェブページ(のデータ)をブラウザに返している。

これと同じ仕組みを使って、インターネット上で機械が処理しやすいデータを送るものをWeb APIという。例として、本の情報を提供しているWeb APIであるopenBDを使う場合を示す。openBDは先日、バージョン1の提供終了がアナウンスされたが[44]、その後も最低六十カ月間は現在のフォーマットのまま、国立国会図書館の書誌情報をベースとした書誌情報の提供をおこなうことになっている。書誌情報APIの活用例を示す場合、最も簡便な例となるため、ここではopenBDを使って例示する。

[https://api.openbd.jp/v1/get?isbn=9784787200815]

[https://api.openbd.jp/v1/get]へ、[isbn=9784787200815]というデータを送っているところは、先の例と同じである。

そして、そのあと送られてきたページがブラウザで機械処理をするための図8のようなデータである。

このままでは人間が見るのは大変だが、実はJavaScriptなどのプログラムにとっては処理しやすい形式で書いてある。

図8 openBD から送られたデータの例

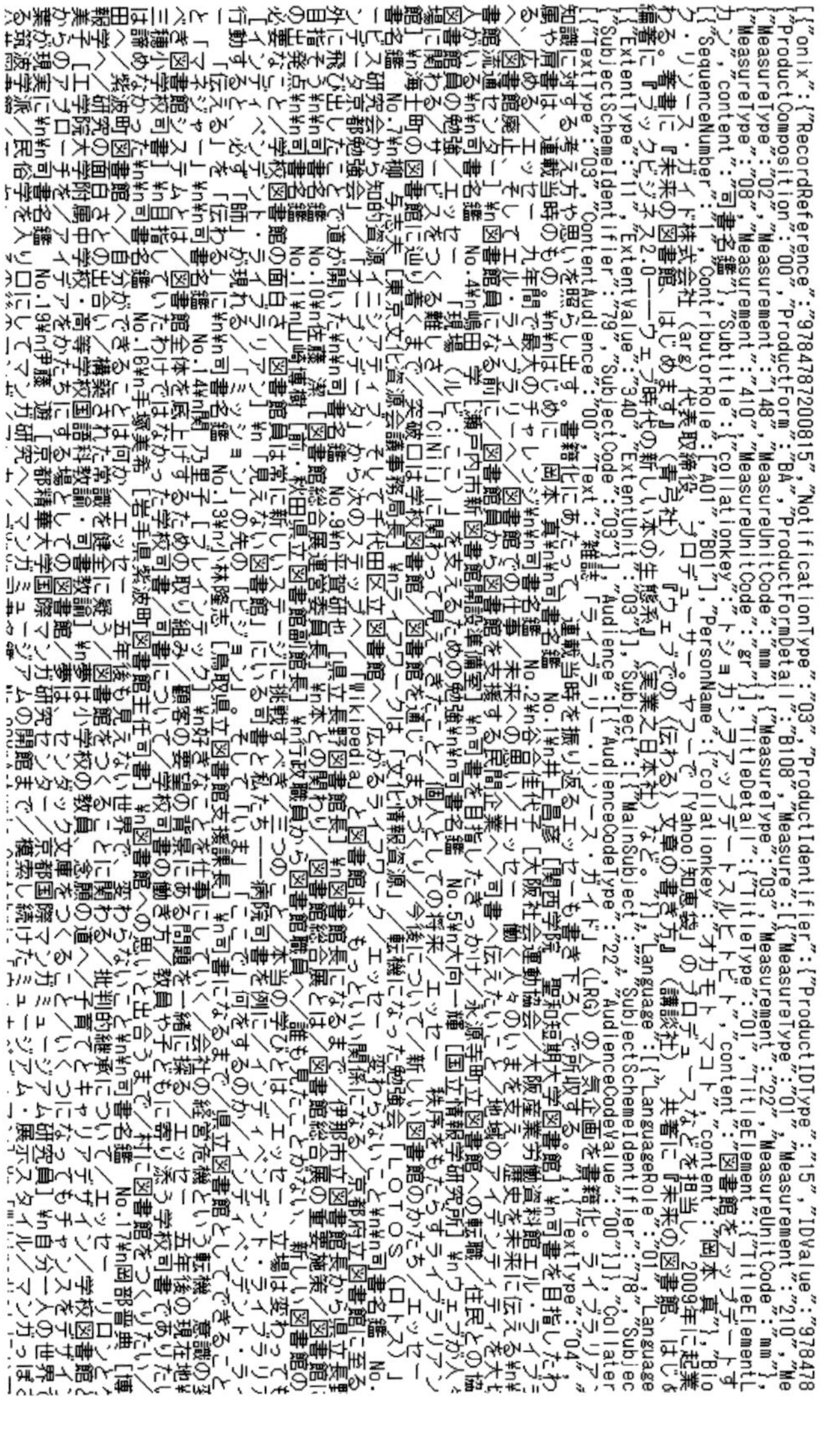

図9　openBDから書誌と表紙画像を取得するプログラム

```
<html>
<head>
<script>
function getOpenBd($isbn){
 let $d = document.getElementsByTagName('body')[0];
 fetch('https://api.openbd.jp/v1/get?isbn='+$isbn)
  .then((res)=>{return(res.json());})
  .then((json)=>{
   if(json){            //書誌データがある場合の処理
    for(let $i=0; $i<json.length; $i++){
     //表紙・タイトル・著者の表示
     if(json[$i].summary.cover)$d.innerHTML += '<img src="'+json[$i].summary.cover+'"><br />';
     $d.innerHTML += json[$i].summary.title+' '+ json[$i].summary.volume+'<br />';
     if(json[$i].summary.author)$d.innerHTML += json[$i].summary.author+'<br />';
     if(json[$i].hanmoto.hastameshiyomi)$d.innerHTML += '<a href="http://hanmoto.tameshiyo.me/'+json[$i].summary.isbn+'">ためし読み</a>';
     $d.innerHTML += '<hr />';
    }
   }
  });
}
window.onload=function(){getOpenBd('9784787200785,9784787200815');}
</script>
</head>
<body>
<h1>openBDを使用した図書データの表示</h1>
</body>
</html>
```

プログラミングの例

openBDでもらったデータを表示するJavaScriptのプログラムを簡単に作ってみると、図9のようになる。Web APIが機械にとって見やすいようにデータを返してくれるおかげで、かなり短いプログラムですむことがわかるだろう。

openBDのWeb APIで返すデータはJSON-LDという形式で構造化されたものだ。JSON-LD

(JavaScript Object Notation for Linked Data) は JavaScript の書式で作られたデータ (JSON) で、リンクトデータ (LD) を考慮したものである。

リンクトデータは、様々なシステムやアプリケーションで活用できるように、インターネット上でデータをつなぎ合わせるための仕組みである。国立国会図書館ではオープンなライセンスでリンクトデータを公開するリンクトオープンデータ (LOD) が進められている。

「国立国会図書館サーチ」の Web API で使われているのは、基本的にXML (Extensible Markup Language) という形式である。「ジャパンサーチ」では、返すデータの形式を指定することができるようになっている。

図10　実行例

使うAPIやデータ形式によって処理の仕方は多少異なるが、いずれの場合もHTMLで書かれたデータに比べれば、はるかに簡単にデータを処理することができる。

プログラムというとハードルが高いと感じる場合も多いだろうが、先ほど少しふれたように学校ではすでに必修化されている。「GitHub」[45] のようなプログラムの共有サイトや、フレームワーク (ライブラリ) などのよく使うプログラムをあらかじめまとめてファイル化しているものなど、プログラム作成を助ける仕組みも多く、すでに作られたものを組み合わせることで、より簡単にプログラムを作ることが可能になっている。

まとめ

▼川嶋 斉

未来の図書館研究所が開催するワークショップ「図書館員の未来準備」のなかでは、「ウェブを活用した図書館サービス」として、ここまでに述べたような図書館のウェブサービスの深化にふれ、実際に手を動かして、HTMLやCSS、JavaScriptなどにふれてもらう、という講習をおこなっている。図書館での業務でHTMLなどに直接ふれる機会は少ないだろうが、その仕組みを体験することで、単に説明するよりも理解が深まる、と考えているためだ。

二〇二二年一月に施行された改正著作権法によって、図書館関係の権利制限規定が見直された。まず、国立国会図書館の「個人向けデジタル化資料送信サービス」が始まり、前述のとおり、大量の資料へのアクセスが可能になった。公共図書館などでも、自治体が補助金を支払うことでインターネットを介して資料送信を可能にする仕組みが急ピッチで整備されている。

今後、電子メールなどを使った複写サービスが一般化すれば、図書館のウェブサービスはますます重要になっていくだろう。そのためにも、サービスの現場にいる図書館員が、インターネットの基本的な仕組みを知り、主体的にウェブサービスを考えていくことが必要である。

注

(1)「公共図書館 Web サイトのサービス」「日本図書館協会」(https://www.jla.or.jp/link/link/tabid/167/default.aspx)〔二〇二三年四月三十日アクセス〕
(2)「Web2.0」「ＩＴ用語辞典 e-Words」(https://e-words.jp/w/Web_2.0.html)〔二〇二三年四月三十日アクセス〕
(3)「ブクログ」(https://booklog.jp/)〔二〇二三年四月三十日アクセス〕
(4)「YouTube」(https://www.youtube.com/)〔二〇二三年四月三十日アクセス〕
(5)「Google ブックス」(https://books.google.co.jp/)〔二〇二三年四月三十日アクセス〕
(6)「openBD」(https://openbd.jp/)〔二〇二三年四月三十日アクセス〕
(7)「カーリル」(https://calil.jp/)〔二〇二三年四月三十日アクセス〕
(8)「Webcat Plus」(http://webcatplus.nii.ac.jp/)〔二〇二三年四月三十日アクセス〕
(9)「ＧＩＧＡスクール構想の実現について」「文部科学省」(https://www.mext.go.jp/a_menu/other/index_00001.htm)〔二〇二三年四月三十日アクセス〕
(10)「オンライン情報サービス」「日外アソシエーツ」(https://www.nichigai.co.jp/database/index.html)〔二〇二三年四月三十日アクセス〕
(11)「版元ドットコム」(https://www.hanmoto.com/)〔二〇二三年四月三十日アクセス〕
(12)「資料検索」「奈良県立図書情報館」(https://opacsvr01.library.pref.nara.jp/drupal/)〔二〇二三年四月三十日アクセス〕
(13)「情報ポータル」「成田市立図書館」(https://www.library.city.narita.lg.jp/wo/opc_srh/index_portal)

〔二〇二三年四月三十日アクセス〕
（14）「「Unitrad ローカル」の提供を開始しました」「カーリルのブログ」（https://blog.calil.jp/2016/06/unitradlocal.html）〔二〇二三年四月三十日アクセス〕
（15）「ふらっとサーチ」「小平市立図書館」（https://kodaira.calil.jp/）〔二〇二三年四月三十日アクセス〕
（16）「小平市立図書館／こだいらデジタルアーカイブ」（https://adeac.jp/kodaira-lib/top/）〔二〇二三年四月三十日アクセス〕
（17）「レファレンス協同データベース」（https://crd.ndl.go.jp/reference/）〔二〇二三年四月三十日アクセス〕
（18）「リサーチ・ナビ」（https://rnavi.ndl.go.jp/jp/index.html）〔二〇二三年四月三十日アクセス〕
（19）「ふらっとコンパス」「小平市立図書館」（https://kodaira.calil.jp/compass/）〔二〇二三年四月三十日アクセス〕
（20）「カーリルローカルがアップデートされました」「カーリルのブログ」（https://blog.calil.jp/2019/11/local.html）〔二〇二三年四月三十日アクセス〕
（21）「図書館・図書室の方へ」「三重県立図書館」（https://www.library.pref.mie.lg.jp/user-guidance/library-guidance/libraries/index.html）〔二〇二三年四月三十日アクセス〕
（22）「【お知らせ】オーテピアアプリあります（Android、iOS対応）」「オーテピア高知図書館」（https://otepia.kochi.jp/library/info.cgi?id=20221004110945295xi）〔二〇二三年四月三十日アクセス〕
（23）「ミライｏｎ図書館アプリ」「ミライon図書館」（https://miraionlibrary.jp/guide/apli/）〔二〇二三年四月三十日アクセス〕
（24）「E1783 - 鯖江市図書館の取組――図書検索アプリ「さばとマップ」など」「カレントアウェアネ

ス・ポータル」(https://current.ndl.go.jp/e1783)［二〇二三年四月三十日アクセス］

(25)「鯖江市図書館（福井県）、貸出カードの機能等を持つスマートフォンアプリ「鯖図（さばと）パス」を公開」「カレントアウェアネス・ポータル」(https://current.ndl.go.jp/car/39993)［二〇二三年四月三十日アクセス］

(26)「シンガポール国立図書館委員会（ＮＬＢ）、資料の貸出手続きもできるモバイルアプリを公開」「カレントアウェアネス・ポータル」(https://current.ndl.go.jp/car/27079)［二〇二三年四月三十日アクセス］

(27)「Taskukirjasto」「HELMET」(https://www.helmet.fi/en-US/eLibrary/Taskukirjasto/Taskukirjasto(5378))［二〇二三年四月三十日アクセス］

(28)「野田市立図書館」(https://www.library-noda.jp/)［二〇二三年四月三十日アクセス］

(29)「LIBRON」(https://libron.net/)［二〇二三年四月三十日アクセス］

(30)「カーリルローカル」(https://calil.jp/local/)［二〇二三年四月三十日アクセス］

(31)「カーリルタッチ！――本棚とウェブがタッチでつながる、リアル図書館連携プロジェクト」「カーリル」(https://calil.jp/touch/)［二〇二三年四月三十日アクセス］

(32)「カーリル 学校図書館支援プログラム」(https://gk.calil.jp/)［二〇二三年四月三十日アクセス］

(33)「dlib.jp」(https://dlib.jp/)［二〇二三年四月三十日アクセス］

(34)「国立国会図書館インターネット資料収集保存事業 WARP:Web Archiving Project」(https://warp.ndl.go.jp/)［二〇二三年四月三十日アクセス］

(35)「図書館向けデジタル化資料送信サービス」「国立国会図書館」(https://www.ndl.go.jp/jp/use/digital_transmission/index.html)［二〇二三年四月三十日アクセス］

（36）「個人向けデジタル化資料送信サービス」「国立国会図書館」（https://www.ndl.go.jp/jp/use/digital_transmission/individuals_index.html）［二〇二三年四月三十日アクセス］

（37）「2022年5月19日「個人向けデジタル化資料送信サービス」の開始について（付・プレスリリース）」「国立国会図書館」（https://www.ndl.go.jp/jp/news/fy2022/220519_01.html）［二〇二三年四月三十日アクセス］

（38）「ジャパンサーチ」（https://jpsearch.go.jp/）［二〇二三年四月三十日アクセス］

（39）「国立国会図書館サーチ」（https://iss.ndl.go.jp/）［二〇二三年四月三十日アクセス］

（40）「2023年8月18日「国立国会図書館オンライン」及び「国立国会図書館サーチ」を統合・リニューアルします（令和6年1月予定）」「国立国会図書館」（https://www.ndl.go.jp/jp/news/fy2023/230818_01.html）［二〇二三年四月三十日アクセス］

（41）「ＮＤＬラボ」（https://lab.ndl.go.jp/）［二〇二三年四月三十日アクセス］

（42）文部科学省「小学校プログラミング教育の手引（第三版）」文部科学省、二〇二〇年（https://www.mext.go.jp/content/20200218-mxt_jogai02-100003171_002.pdf）［二〇二三年四月三十日アクセス］

（43）「未来の図書館 研究所」（https://www.miraitosyokan.jp/）［二〇二三年四月三十日アクセス］

（44）「「openBD API（バージョン1）」の提供終了について」「openBD」（https://openbd.jp/news/20230725.html）［二〇二三年四月三十日アクセス］

（45）「GitHub」（https://github.co.jp/）［二〇二三年四月三十日アクセス］

V

第2章

デジタルメディア・アーカイブ

▼牧野雄二

はじめに

デジタルデータ流通の増大と図書館

多くの人々がスマートフォンなどで、電子書籍の閲覧や動画の視聴、SNSでの情報発信などをするようになった。デジタル技術の進展がデジタルデータの流通を後押しし、社会に流通するデジタルデータの量は増大している。デジタルデータで表現されるものは、書籍や画像、音楽、映像、ウェブサイトなど様々であり、図書館サービスで提供しうる有用な情報資源も増えている。図書館はこの状況に対応していかなければならず、そのために必要な知識・技術を習得していく必要がある。

図書館、博物館、文書館などを通じたデジタル資料提供を概観する

図書館、博物館、文書館などが所蔵・保有するデジタル資料提供のイメージを整理すると、図1のようになるだろう。

ネットワークを通じて提供しているもの（図1の上部）には、図書館や博物館、文書館などが公共性や利用度が高いデータを電子化して管理・公開する「デジタルアーカイブ」（「データベース」と呼ばれる場合などもある）、大学や研究機関が主体になって所属研究者の知的生産物を収集・蓄積・提供する「機関リポジトリ」、さらには政府・自治体などが作成したオープンデータを公開する「オープンデータカタログサイト」などがある。ちなみにオープンデータとは、利用条件の明示などによって、利用許諾を得なくても容易に利用（加工、編集、再配布など）できるよう公開されているデータのことである。ウェブサイトに所蔵資料の画像を掲載したり、ＳＮＳの写真共有機能を使ってデジタル資料を公開したりしている場合もある。さらに、これらのデジタルアーカイブやオープンデータカタログサイトなどのデータを集約したサービス（「ポータル」や「リンク集」）も提供している。わが国のデジタルアーカイブやオープンデータを横断的に利用できる「ジャパンサーチ」[1]や、研究データなどの研究活動に関わる様々な情報を検索できる「CiNii Research」[2]などがそれに該当する。

サービス事業者とのライセンス契約によって提供するデジタル資料については、「電子書籍」（電子図書館）導入館が近年増えていて、[3]ほかに電子ジャーナルやオンラインデータベース、またライ

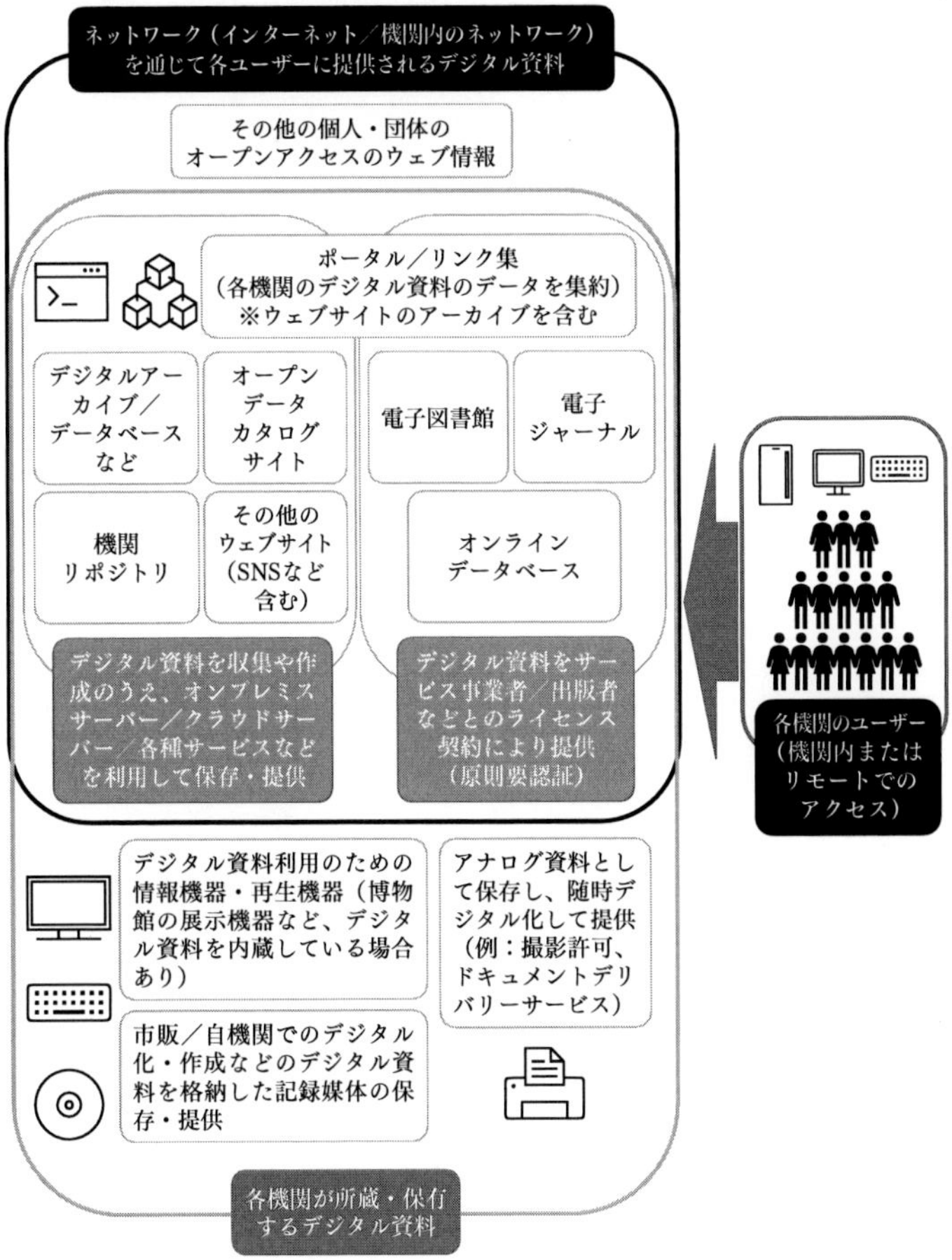

図1　図書館、博物館、文書館などを通じたデジタル資料提供のイメージ（筆者作成）

センス契約で利用できるデジタル資料のデータを集約して横断的に利用できるサービスもある。また、所蔵・保有していなくても、インターネットを通じて自由に利用できる（オープンアクセスという）ウェブ情報も、図書館のレファレンスサービスなどで提供されることがあるため、同じく図1の上部に示した。

一方、ネットワークを経由せず提供されるデジタル資料に該当するものとしては、従来から図書館が扱っているCD・DVDなどのパッケージ系資料があり、これには再生のための機器がセットされている場合がある（図1の下部）。博物館の展示で映像を流す機器のように、コンピューターに格納されるデジタル資料が格納され、閲覧までできるものもある。さらに加えれば、図書館などを通じて提供されるデジタル資料には、要望に応じて随時アナログのコレクションをデジタル化して提供されるものもある。これは、図書館では「ドキュメントデリバリーサービス」などと呼ばれるサービスである。これに関しては、補償金制度によって国内でそれを円滑に可能にする著作権法改正が二〇二一年にあったところである。[4] また、資料の撮影許可によってデジタル化をおこなう場合もある。

以上のように、今日、デジタル資料には、ウェブページ、電子文書、電子書籍、電子写真・動画、公共データ、研究データなど（紙やマイクロフィルム、ビデオテープなどのアナログ資料からデジタル化して得たデータを含む）様々な形態があり、それらの大量かつ多様なデジタル資料を利用できる環境の構築が現在進んでいる。

本章で目指すこと

最初に述べたように、デジタルデータの流通増大に伴って、図書館などが扱うデジタル資料も増えていく。図書館員は、デジタル資料の収集・管理・保存・提供に関する知識・技術をどのように確保し、図書館を運営していくかを考えていくための準備は不可欠である。例えば、デジタル資料には、よりコンパクトに収蔵できるというデジタル資料ならではのよさがあるが、一方で特有の問題（特に保存）もあり、それらを踏まえた効率的で効果的な図書館運営が必要になってくるだろう。

本章では、二〇二一年度に筆者が携わった国立国会図書館からの調査受託事業「デジタル資料の長期保存に関する国内機関実態調査」[5]（以下、全国実態調査）をベースに、デジタル資料の管理・保存・提供に関して今後図書館員に求められる事項について解説する。なお、国立国会図書館のウェブサイトでは、関連するほかの調査報告書[6]や、調査の成果が活用されている基礎知識講座[7]が公開されているので、本書とあわせてごらんになることをおすすめしたい。

1 デジタル資料にはどのようなものがあるか——コンテンツ、メディア、ファイルフォーマット

全国実態調査によると、現段階では約五〇％の機関が蔵書や収蔵品のデジタル化を進めていて、約七〇％がデジタル資料を所蔵・保有していた。デジタル資料というと、いわゆるデジタルアーカイブを思い浮かべるかもしれないが、市販の電子書籍なども含まれるし、音楽や動画、公共データや研究データのデータセット（何らかの目的や対象について収集され、一定の形式に整えられたデータ

表1　コンテンツの種類

文字資料	図書・雑誌・論文、文書、広報資料、統計、新聞、地域（郷土）資料、点字
図像	絵本・紙芝居・漫画、絵画、図版・図面、地図、楽譜、写真
物品など	彫刻・工芸品、埋蔵文化財、民俗文化財（民具など）、建造物、標本・模型、動物・植物
映像資料	映画、演劇・演芸、記録映像、対談・インタビューなど、放送番組
音声資料	楽曲、演劇・演芸、講演・朗読、対談・インタビューなど
その他（カテゴリーをまたがるものやコレクション群として、研究データや「文字資料」に限らない映像などの地域〔郷土〕資料など）	

の集合。機械学習などコンピューターによる自動処理をおこなうために用意された大量の標本データを指すことが多い[8]などもあり、多種多様である。さらに、デジタル資料は、そのための記録媒体（メディア）に記録され、紙とは異なる特有の性質がある。まず基本事項として、デジタル資料にはどのような分類があるのかを確認していく。

コンテンツ（内容）による分類

デジタル資料は、機関ごとに単独で提供する場合もあれば、MLA（博物館〔Museum〕・図書館〔Library〕・文書館〔Archives〕）や文化財を扱う生涯学習関連の機関、写真を保有する広報関係の機関、研究機関などの垣根を超えて、デジタルアーカイブとして統合的に提供される場合もみられる（地域のMLAによる共同利用のデジタルアーカイブシステムもある）。図書館単独の場合でも、その貴重資料・地域資料には様々な形態があり、博物館や文書館的資料を含む場合もある。こうした必要性を踏まえ、MLAの収集・管理対象としての「コンテンツ（内容）」からの分け方を述べると、例えば表1「コンテンツの種類」のようになる（全国実態調査の調査票の設問に基づく)。

記録媒体(メディア)による分類

「記録媒体(メディア)」によって分ける方法もある。デジタル資料には、デジタルデータを記録する記録媒体が必要になる。全国実態調査では、入手方法によって大枠を分けて、「ネットワーク系電子資料(インターネットを通じて提供されるデジタル資料)」「パッケージ系電子資料(CDやDVD、USBメモリなどの記録媒体に記録され、提供されるデジタル資料)」「自機関での資料のデジタル化/ボーンデジタル資料として作成」とした。作成当初からデジタルデータとして記録されて流通する資料「ボーンデジタル資料」を扱う必要性も高まってきている。

記録媒体には、それぞれに応じた再生機器と再生のためのソフトウエアが必要である。例えば、CDにはそのためのドライブ(記録媒体の読み書きをおこなう駆動装置)がセットで必要になる。また、記録媒体には寿命があり、紙媒体と比べると、電子媒体のほうが寿命が短く、壊れやすい。記録媒体はそれぞれの特徴を踏まえ、デジタル資料の提供または保存のために状況に応じて選択される。全国実態調査結果に基づいておもなものを挙げると、「光ディスク(CD〔CD—ROM、CD—R、CD—DA〕、DVD〔DVD—ROM、DVD—R〕、ブルーレイディスク〔BD—ROM、BD—R〕、レーザーディスク、MD、長期保存用光ディスク〔ODA(オプティカルディスク・アーカイブ)、M—DISC〕など)」や「磁気ディスク・光磁気ディスク(フロッピーディスク、MO〔光磁気ディスク〕など)」「磁気テープ(LTO、HDCAM、DVCAMなど)」「ストレージ(HDD/SSDま

図2　LTO とドライブ
（出典：「LTO Ultrium テープとドライブ」2006年〔https://ja.wikipedia.org/wiki/Linear_Tape-Open#/media/ ファイル :LTODriveWithTape.jpg〕［2023年4月30日アクセス］、CC SA1.0〔https://creativecommons.org/licenses/sa/1.0/〕）

たはストレージ内蔵のコンピューターのこととすると、HDD〔ハードディスク〕、SSD、NAS、サーバー〔ファイルサーバー、ウェブサーバー〕、パソコン、タブレットなど）」「上に含まれない記録媒体（USBメモリ、SDカード、クラウドストレージ〔サーバー上にデジタル資料を保存でき、かつインターネットを通じて利用できるサービス〕など）」などがある。記録媒体の寿命は、例えばHDDは五年程度、光ディスクはそれぞれの状況などにもよるが十年以上といわれる[9]。

保存には記録媒体やシステムの導入だけではなく、その入れ替えなどのランニングコストがかかるので、その点への留意は必要だ。保存性は紙媒体のほうが高いが、リモート利用などの利便性はデジタル資料のほうが高い場合がある。デジタル資料の再生のために必要な特定の環境を、それとは異なった環境上で仮想的に再現する「エミュレーション」という技術もビデオゲームの世界などで使われていて、こうした再生環境の維持の方法についても今後の課題として考えていく必要があるだろう。

ファイルフォーマットによる分類

どの「ファイルフォーマット（ファイル形式、圧縮方式〔コーデック〕など）」を選んで、提供または保存するかも重要だ。全国実態調査では、「画像（AI、BMP、EPS、GIF、JPG、JPEG 2000、PNG、RAW、TIFF など）」「３Ｄデータ（OBJ など）」「音声（MP3、WAV など）」「映像（AVI、FLASH、MOV、MPEG-2、MP4、MPEG-4、WMV など）」「テキスト・文書など（CSV、DOC、DOCX、EPUB、INDD、PDF、PDF/A、TXT、XLS、XLSX、一太郎など）」「その他（HTML、JavaScript など）」などが挙げられていた。ファイルフォーマットはこのほかにもあり、多種多様である。

利便性という点に注目すると、加工や統計処理に使いやすいＣＳＶ（表形式のファイルの一種）のデータセットがあるほか、同じＰＤＦファイルでも、テキストデータが付いていれば音声読み上げや全文検索もできる。

提供・保存にあたり、解像度・画素数などのファイルの品質をどうするかも決める必要がある。全国実態調査では、貴重書や文書、その他収蔵品などのデジタル化による画像データについて、劣化しない可逆圧縮の TIFF や JPEG2000を長期的な保存用のファイル形式として選択している機関が多かった（JPEG のようにいったん圧縮すると元のデータに完全に戻すことができないものは非可逆圧縮という）。解像度は300dpi から400dpi を選択している機関が多かったが、美術作品など用途によってはより高精細な画像で保存するなど、様々な状況がある。RAW データ（撮影データ）での保存もある。公開用には JPEG のケースが多い。文書、論文については、ＰＤＦのなかで長期保存に適した PDF/A で保存している機関がある。映像や音声は、圧縮効率、普及度などを勘案し、それぞれの機関で決めているケースがある。これは再生のしやすさなど、再生環境の確保にも左右される。

2 デジタルアーカイブ活動の意義――デジタルアーカイブからデジタルプリザベーションへ

デジタル資料についてはインターネットを通じた利用や検索性の高さなど、提供の面（公開のためのデジタル化）が注目されがちだが、提供・公開と保存はセットである。「デジタルアーカイブ」は和製英語といわれていて、これに対応する英語を探すと「デジタルプリザベーション（Digital Preservation）」がある。プリザベーションは保存という意味で、公開には将来にわたるデジタルデータとしての保存を伴うことが明示されているといえる。

デジタルプリザベーションの定義を整理すると、電子書籍や電子ジャーナル、文化財の電子画像などのあらゆるデジタル資料を、長期的に保存していく取り組みだといえる。データの欠損やファイルの破損などへ対応するためのバックアップだけではなく、再生ソフトウエアなどの利用環境の維持、適切なメタデータ（メタデータは「データについてのデータ」を意味し、書籍のタイトルや著者名、主題、デジタル資料の作成日、フォーマットなどが該当）を付与しての管理の実施もこの取り組みに含まれる。

デジタルデータでしか存在しない資料もあるし、貴重な紙媒体資料が劣化しないようデジタル化する場合もあり、それが消失したときに必要な品質でデジタル化しなおさなければならない手間を考えると、デジタル資料をきちんと長期的に保存していくことは重要だ。長期的な保存・利用保証を含めた概念として、デジタルアーカイブ活動を再定義する必要がある。

3 「デジタルアーカイブのための長期保存ガイドライン」で示された観点と全国の取り組み実態

デジタルプリザベーションとして何をしたらいいかの指針として、デジタルアーカイブジャパン推進委員会および実務者検討委員会による、デジタルデータの長期保存のために必要な検討事項を示したガイドライン「デジタルアーカイブのための長期保存ガイドライン」[10]は大変参考になる。今後改訂されるという話も聞くので、利用時の最新版を確認するといいだろう。

執筆時点の最新版に基づき、デジタルプリザベーションに必要な事項を述べるとともに（全国実態調査のインタビュー調査時の項目立てに沿っている）、あわせてそれぞれの項目に沿って全国実態調査に基づく全国の取り組み実態も述べていく。ガイドラインの書き方にあわせて箇条書きとする。

なお、「デジタルアーカイブアセスメントツール」[11]やイギリス・デジタル保存連合（DPC：Digital Preservation Coalition）の「Digital Preservation Handbook」[12]も参考になる。また、資料デジタル化については「国立国会図書館資料デジタル化の手引」[13]も参考にするといいだろう。

実施体制と予算などリソース

・データの管理部署または管理者を配置する。それが難しい場合、デジタル資料の状態を把握できる担当者を配置し、定期的に状態を確認できる体制を構築する。

・［実施体制の実態］デジタル資料の保存担当者を配置している機関は、デジタル資料を所蔵・保有している機関の二〇％程度である。少人数（一人から三人）の場合が最も多い。

・［デジタル資料の所蔵・保有の実態］回答機関全体の約七〇％がデジタル資料を所蔵・保有（公立図書館は六二・七四％でパッケージ系が比較的多めである）。また、回答機関に広く所蔵・保有されているデジタル資料は記録映像で、図書・雑誌・論文、映画、写真、楽曲といったコンテンツがそれに続く（公立図書館では、文字資料のなかでは地域資料が比較的多く、長期保存対象としても挙げられる）。

・［資料デジタル化の実態］所蔵資料のデジタル化を実施している機関は、回答機関全体の五〇％弱で、図書館は四〇％弱（文書館や博物館は六〇％を超える）。なお、公立図書館ではボランティアによるデジタル化がおこなわれる事例もある。

・［予算措置の実態］予算措置がある機関は、デジタル資料を所蔵・保有している機関の二六・七五％。なお、多くのインタビュー対象機関が、事業の重要性・発展性や技術の変化・進展（機材の製造中止、バージョンアップなど）への対応を根拠に予算要求をしている。また、将来を見据えて、資料のデジタル化やマイグレーション（デジタル資料の長期保存のため、別の記録媒体への移行や別のファイルフォーマットへの変換をすること）の機関内実施のための設備投資をしている機関もある。

デジタル資料の保存・管理の方針・計画

・それぞれの機関（組織）のデジタル資料の保存方針・計画の策定の観点としては、「品質・ファイル形式・保存期間など、「保存」に関わる要件の設定」「提供範囲、利用条件など、「長期利用保証」に関わる要件の設定」「メタデータの整備」「保存対策（例：媒体寿命・見読性の把握、マイグレーション）」「破損・紛失に備えたバックアップ」が挙げられる。災害に備えた遠隔地保管などにも留意する。
・方針・計画は、デジタル技術の最新動向を踏まえ、定期的に見直していく。
・［実態］方針や計画を策定している機関は、デジタル資料を所蔵・保有している機関の一三％程度であり、策定していても水準はまちまちである。大学図書館では研究データの管理ポリシーの検討が進められている。

保存するデジタルデータの仕様

・長期的な利用可能性を考慮し、特定製品などに依存せず、仕様などが公開され、かつ広く普及している（国際標準などで定められた）データ形式（フォーマット）を採用する。
・画像、動画、音声などコンテンツの種類によってそれぞれに対応したデータ形式を採用。また、オリジナルをより正確に再現しやすくするため、可逆圧縮方式の採用や、カラープロファイルの埋め込みが可能な形式の採用を検討する。
・［実態］ＣＤ・ＤＶＤなどの光ディスクやハードディスクだけではなく、ＬＴＯという磁気テープ、ＯＤＡ、M-DISCといった様々な長期保存用記録媒体がみられる。ＮＡＳ（Network Attached

Storage）やファイルサーバーのようにデータの抽出・バックアップがより簡便な方法も採用されている。保存用のファイル形式はJPEG、TIFFなどが多く、長期保存に適したPDF/Aを採用している機関もある。インタビュー調査では、当該機関が扱っている資料（映像資料、３Dデータなど）に特化した仕様もみられた。

保存対策

・災害や大規模なシステム障害などに対応するため、データの複製、データ保存場所の分散などによって万が一に備えた保存の体制を整備する。
・光ディスク、LTO、ハードディスクなど保存するメディアの特性に応じて、メディアの寿命や記録・再生装置の互換性なども踏まえ、定期的に新しいメディアに適切に移行する。特にハードディスクの場合は、複数台の複製物を用意し、四、五年おきに移行する。
・［実態］何らかのバックアップを実施しているのは、デジタル資料を所蔵・保有している機関の三〇％弱だけである。全体として、図書館よりも博物館・美術館、文書館・資料館のほうが実施割合が高い。遠隔地保管や、二種類以上の媒体への保存をしている機関もある。保存対策として、資料の状態確認、マイグレーション、再生環境の維持、外部サービスの活用をしている機関はかなり少なく、デジタル資料を所蔵・保有している機関の六〇％強は、保存対策を特に実施していないと回答した。

デジタル資料のメタデータ

・デジタル資料を作成した来歴情報・権利情報など（内容、時期、目的、作成者、担当者、権利者、利用条件など）を記録する（仕様書などのドキュメントを含む）。
・メタデータの項目については、それぞれの項目の意味が将来的にも把握できるようドキュメントを整備・維持する。
・公開用の提供データと保存用データが異なる場合、その対応関係が把握できるように管理する。どの保存メディアにどのデータがあるかにも留意する。
・デジタル資料を管理者の必要に応じて簡便に抽出できるようメタデータを整備しておく。
・メタデータの更新（修正・削除など）作業や抽出作業などは、必要に応じてアクセス権の制限を設けたうえで、簡便におこなうことができるようにする。
・相互運用性の観点から、分野で標準としている、または分野内で広く用いられているメタデータ形式によるメタデータの管理をする（可能なかぎり、時間の経過によって変化しないものをメタデータの必須項目として選びながら、継続的にメンテナンスをする）。
・デジタル資料作成者、作成日、更新日、原資料の権利状態、デジタル資料の権利状態（著作権保護期間中かどうか、保護期間満了の時期、権利者、利用条件のライセンスなど）の情報をメタデータとして管理する。
・長期にわたって安定的にデータを保存・管理するため、個別のコンテンツを判別して認識できる識別子（重複しない一意の管理番号）を付与する。

・［実態］Dublin Core（ウェブ上の情報資源のメタデータ記述に標準的に使用される語彙の通称）などの標準的な項目だけではなく、所蔵資料に応じた様々な分野のメタデータ設計がなされている現状が明らかになった。大学図書館ではメタデータ整備が進んでいる。デジタル資料管理のための追加項目としては、ファイル形式、デジタル化日、権利情報、ライセンス情報、URL、公開に関する情報などがある。

・［補足］図書館であれば、その新たな目録規則の枠組み「FRBR」などの動向も追って対応していく必要があるだろう。

デジタルアーカイブシステム・機関リポジトリ

・機関ごとに自らのデジタルアーカイブのサービスレベルを検討し、サービスレベルに応じた機密性、可用性と安全性の確保に留意し、デジタルデータの公開と管理システムの確保・運用をする。

・管理システムでは、長期間のシステム運用性の視点から、デジタルデータの保存領域の拡張性と移行可能性を確保する。組織のセキュリティーポリシーを順守する。

・ストレージ装置や各種デバイス、システム自体は数年ごとのリプレイスが必須であり、そのための経費、さらにメンテナンスに従事する人員の確保も含め、運用面のコストをデジタルアーカイブ構築時に見込む。

・いわゆる「ベンダーロックイン」（ある特定事業者のシステムに依存する状態）にならないよう留意

する。
・外部サービスの利用時は、利用規約を精査し、組織のセキュリティーポリシーとデジタル資料の権利状態に抵触しないことを確認する。
・公開しているデジタルコンテンツやメタデータを紹介する詳細表示ページを用意し、永続的な固定URL（固定リンク。将来にわたって変化しない固定のURL）でアクセスできるようにする。
・詳細表示ページに加え、公開しているサムネイル／プレビューまたはデジタルコンテンツ自体のそれぞれについても、永続的な固定URLでアクセスできるようにする。
・ドメインドロップキャッチ（登録有効期限が切れたドメイン名を、再取得可能になったタイミングで取得すること）の被害を避けるため、組織のサブドメインを使う。独自ドメインを使わざるをえない場合は、定期的にリンク切れの確認をおこない、維持に努める。
・公開データの詳細表示ページまたはデジタルコンテンツに対し、DOI（Digital Object Identifier：コンテンツの電子データに付与される国際的な識別子）などの永続的識別子を付与するなどして、長期アクセス保証を意識して公開する。WARP（国立国会図書館インターネット資料収集保存事業）[14]で、ウェブサイトの収集対象になっている場合、WARP上で永続的アクセスが保証される。
・メタデータをファイルで提供する場合のファイル形式は、JSON（JavaScript Object Notation）、XML（Extensible Markup Language）、Excel など機械可読性の高いフォーマットを採用する。
・メタデータも含めたすべてのデジタルデータの管理では、データ形式は特定製品などに依存せず、仕様などが公開され、かつ広く普及している（国際標準などで定められた）形式にする。すべてのデ

図3 「WARP」
(出典：「国立国会図書館インターネット資料収集保存事業 WARP:Web Archiving Project」〔https://warp.ndl.go.jp/〕［2023年6月15日アクセス］)

ジタルデータ抽出を可能にする。

・［実態］デジタルアーカイブシステムについて、公立図書館・博物館では外部サービスの利用が顕著である。大学図書館と公立文書館は、外部サービス利用と独自の開発・運用とがおよそ半々である。独自開発の場合、オープンソースのソフトウエアの使用が散見された。国立公文書館では、全国の公文書館に向けたデジタルアーカイブシステムの標準仕様書を公開している。

他機関との連携活動・情報共有

・［補足］同ガイドラインにはない項目だが、イギリス・デジタル保存連合の「Digital Preservation Handbook」や近年の電子情報保存に関する国際会議「iPRES（International Conference on Digital Preservation）」[15]のテーマを確認すると「技術動向の把握」や「関係機関同士の協力」が注目されていて、考慮する必要がある。全国実態調査の際もこれに注目した。

・［実態］インタビュー調査では、デジタル資料の長期保存のために機関同士の連携や情報共有が有効だという指摘があった（実務担当者の勉強会の事例もある）。外部機関との連携・情報共有は、「ジャパンサーチ」や、国立公文書館などの国の中心的な機関、「Internet Archive」[16]など国際的な電子資源の共有ネットワークへの参加、地域での連携・情報共有、各行政機関やMLA横断的な連携などがおこなわれている。

権利処理

・データ移行や他機関へのデータ譲渡に対応できるように包括的な権利処理に留意する（例：デジタルデータの受け入れ時に著作権の譲渡契約を結ぶこと、オープンなライセンスを付与しておくこと、デジタルアーカイブを運営する組織が、アーカイブの運営が困難になった場合に、組織が認めた第三者に対してその組織と同じ条件で利用できることを契約に盛り込むことなど）。

・［実態］インタビュー調査によって、著作権・肖像権・プライバシー権などの権利処理に関する種々の課題が明らかになった。神戸大学附属図書館、大阪府の豊中市立図書館で具体的な事例が挙げられた。

人材育成

・運用面と技術面で管理できる能力をもった人材を育成し、継承していける体制づくりをする。

・担当者が代わっても、体制を維持できることに配慮した仕組みづくりをする（組織・文書など）。
・デジタルアーカイブに関する研修会や資格認定制度などを活用し、自館のデジタルアーカイブ担当者の教育に努める。
・［実態］デジタル化、研究データ管理、画像保存、権利処理などについての研修が実施されている。

4 筆者が注目するデジタルプリザベーションの事例

全国実態調査のインタビュー調査のなかから、いくつか特徴的な事例と筆者が考えるものをピックアップした。

・豊中市立図書館

地域の写真の収集からデジタル化まで市民ボランティア（地域フォトエディター）が大きく貢献している（「北摂アーカイブス」[17]）。地域フォトエディターのオリジナルのデジタルアーカイブシステム（レンタルサーバーを使用）によって、経費は当初の十分の一程度だということだ。

なお、全国実態調査のインタビュー機関で、デジタル資料管理・公開に、FileMaker や Excel、オープンソースソフトウエア（「Omeka」[18]）なども使って、工夫して取り組んでいる事例がみられた。

図4 「北摂アーカイブス」
（出典：「北摂アーカイブス」〔https://hokusetsu-archives.jp/cms/〕［2023年4月30日アクセス］）

・鳥取県立図書館

図書館、公文書館、博物館、埋蔵文化財センターの四機関が、デジタル化した資料を公開している。関連する資格として、デジタルアーキビスト、デジタル情報記録技術者、文書情報管理士などを挙げていた。

・神戸大学附属図書館

先に述べたように、肖像権やプライバシー権の対応について、神戸大学附属図書館、前述の豊中市立図書館で事例がみられた。デジタルアーカイブ学会の「肖像権ガイドライン(19)」の参照や、サービス終了時の対応なども考えている。

・川崎市岡本太郎美術館

写真資料に関して、高精細フィルムスキャナーなどが製造中止になってきているため、資料を数年後デジタル化できなくなる可能性が高いことなどを明文化して説明し、デジタル化・マイグレーションなどの予算を獲得している。

・国立歴史民俗博物館

山形県上山市とデータ公開に関する覚書を締結し、保有しているデジタル資料の公開が難しいということで支援。岩手県奥州市とは民具について、資料の調査からデジタル化、公開というように、深く関わる。データ公開まで至っていないが、富山県高岡市、石川県輪島市とは連携協定を結んでいる。要望によって様々である。

・東京富士美術館

FileMakerやファイルサーバーでデジタルデータを保存・管理し自館サイトでも公開する一方で、「ジャパンサーチ」や「Google Arts & Culture」[20]上でも自館ウェブサイトでは提供できない様々な機能を提供している。

おわりに

「デジタルメディア・アーカイブ」をテーマに、全国実態調査の内容をベースにして、図書館員に必要な事項を紹介してきた。同調査では、多くの機関がデジタル資料を所蔵・保有し、また資料のデジタル化を実施していることが示された。長期保存・長期利用保証に先進的に取り組んでいる機関もある一方で、手探りの状況で確たる施策に結び付いていない機関もあることがわかった。計画がない、人員や予算不足、システムが不十分など、課題・懸念点も様々に挙げられた。

デジタル資料のデータを失った過ちを繰り返さないために、デジタル資料の長期保存の取り組みを進めたという機関もあった。まずは貴重な作品・資料のデータが消失しないようにすることの必要性の認識が重要である。そのうえで、必要な人材や経費、ノウハウ・情報を確保していくことが求められる。調査で把握できた、先進的な保存対策やシステム、連携活動・情報共有などの具体的事例は、今後の方策検討の参考になると思われる。

なお、基本事項を優先して紹介したので述べていない点もあるし、新たな情報も次々に出てくる領域なので、紹介した全国実態調査の報告書（インタビュー結果にある、より具体的な保存対策など）や、そのほかに国立国会図書館が発信している情報などを今後も適宜チェックしてほしい。最近は、DRM（デジタル著作権管理：コピー利用などについて制限する技術）機能付きの電子書籍を国立国会図書館で収集しようという取り組みが始まったばかり[21]だし、NFT（非代替性トークン）というデジタル資料の所有を証明できるような新しい仕組みを取り入れて紙媒体書籍の付録デジタルデータの価値を高めようという動き[22]もあるようで、こうした状況についての図書館での議論はまだこれからである。本書をきっかけに、未来準備を進め、取り組んでいってもらえるとうれしい。

注

（1）「ジャパンサーチ」（https://jpsearch.go.jp/）［二〇二三年四月三十日アクセス］
（2）「CiNii Research」（https://cir.nii.ac.jp/）［二〇二三年四月三十日アクセス］
（3）「電子図書館（電子書籍貸出サービス）実施図書館」「電子出版制作・流通協議会」（https://aebs.or.jp/Electronic_library_introduction_record.html）［二〇二三年四月三十日アクセス］
（4）「文化庁、一般社団法人図書館等公衆送信補償金管理協会（SARLIB）が申請した図書館等公衆送信補償金の額を認可」「カレントアウェアネス・ポータル」（https://current.ndl.go.jp/car/175607）［二〇二三年六月十三日アクセス］
（5）国立国会図書館「デジタル資料の長期保存に関する国内機関実態調査（令和三年度）」「国立国会図書館デジタルコレクション」二〇二二年（https://doi.org/10.11501/12300247）［二〇二三年四月三十

日アクセス］、CC BY 4.0（https://creativecommons.org/licenses/by/4.0/deed.ja）

（6）「電子情報の長期利用保証に関する調査研究」「国立国会図書館」（https://www.ndl.go.jp/jp/preservation/dlib/research.html）［二〇二三年四月三十日アクセス］

（7）「デジタル資料の長期保存に関する基礎知識」「国立国会図書館」（https://www.ndl.go.jp/jp/library/training/remote/digitalpreseravation.html）［二〇二三年四月三十日アクセス］

（8）「データセット【data set】」「IT用語辞典 e-Words」（https://e-words.jp/w/データセット.html）［二〇二三年四月三十日アクセス］

（9）「よくあるご質問：電子情報の保存」「国立国会図書館」（https://www.ndl.go.jp/jp/help/preservation2.html）［二〇二三年四月三十日アクセス］

（10）デジタルアーカイブジャパン推進委員会・実務者検討委員会「3か年総括報告書——我が国が目指すデジタルアーカイブ社会の実現に向けて」「首相官邸」二〇二〇年（https://www.kantei.go.jp/jp/singi/titeki2/digitalarchive_suisiniinkai/pdf/r0208_3kanen_houkoku_honbun.pdf）［二〇二三年四月三十日アクセス］、CC BY 4.0（https://creativecommons.org/licenses/by/4.0/deed.ja）。この報告書の「補足資料」として「デジタルアーカイブのための長期保存ガイドライン（2020年版）」と「デジタルアーカイブアセスメントツール（ver.2.0）」が付けられている。

（11）「Digital Preservation Coalition」（https://www.dpconline.org/）［二〇二三年四月三十日アクセス］

（12）「Digital Preservation Handbook」「Digital Preservation Coalition」（https://www.dpconline.org/handbook）［二〇二三年四月三十日アクセス］

（13）「国立国会図書館資料デジタル化の手引」「国立国会図書館」（https://www.ndl.go.jp/jp/preservation/digitization/guide.html）［二〇二三年四月三十日アクセス］

(14)「国立国会図書館インターネット資料収集保存事業 WARP:Web Archiving Project」(https://warp.ndl.go.jp/)［二〇二三年四月三十日アクセス］

(15)「International Conference on Digital Preservation」(https://ipres-conference.org/)［二〇二三年四月三十日アクセス］

(16)「Internet Archive: Digital Library of Free & Borrowable Books, Movies, Music & Wayback Machine」(https://archive.org/)［二〇二三年四月三十日アクセス］

(17)「北摂アーカイブス」(https://hokusetsu-archives.jp/cms/)［二〇二三年四月三十日アクセス］

(18)「Omeka」(https://omeka.org/)［二〇二三年四月三十日アクセス］

(19)「肖像権ガイドライン」「デジタルアーカイブ学会」(https://digitalarchivejapan.org/bukai/legal/shozoken-guideline/)［二〇二三年四月三十日アクセス］

(20)「Google Arts & Culture」(https://artsandculture.google.com/)［二〇二三年四月三十日アクセス］

(21)「オンライン資料収集制度（eデポ）」「国立国会図書館」(https://www.ndl.go.jp/jp/collect/online/index.html)［二〇二三年五月二十六日アクセス］

(22)「メディアドゥとトーハン、NFT活用「デジタル付録」を全国書店で展開へ 書店の来店者・売上増による出版業界全体の活性化を目指す」「PR TIMES」(https://prtimes.jp/main/html/rd/p/000000051.000009027.html)［二〇二三年五月二十六日アクセス］

第3章

先駆的技術の図書館サービスへの組み込み

▼中野良一／牧野雄二

▼中野良一

1 人工知能研究の歴史

本章では、先駆的技術について、特に人工知能（AI：Artificial Intelligence）に注目し、それに関わる技術的キーワードや対応する事例などを述べていく。IoT（モノのインターネット）などとの関係はのちほど説明することにして、まずはAIの歴史から説明する。

人工知能の研究は、「ブーム」と「冬の時代」が交互に訪れたといわれている。AIという言葉は、一九五六年にアメリカのダートマスに集まった計算機科学者ジョン・マッカーシーらによる伝説的なワークショップで生まれた。ここから始まる最初の第一次AIブームは、「推論・探索の時代」といわれる。このとき、人工知能は迷路やパズルを解くことには威力を発揮したが、私たちが

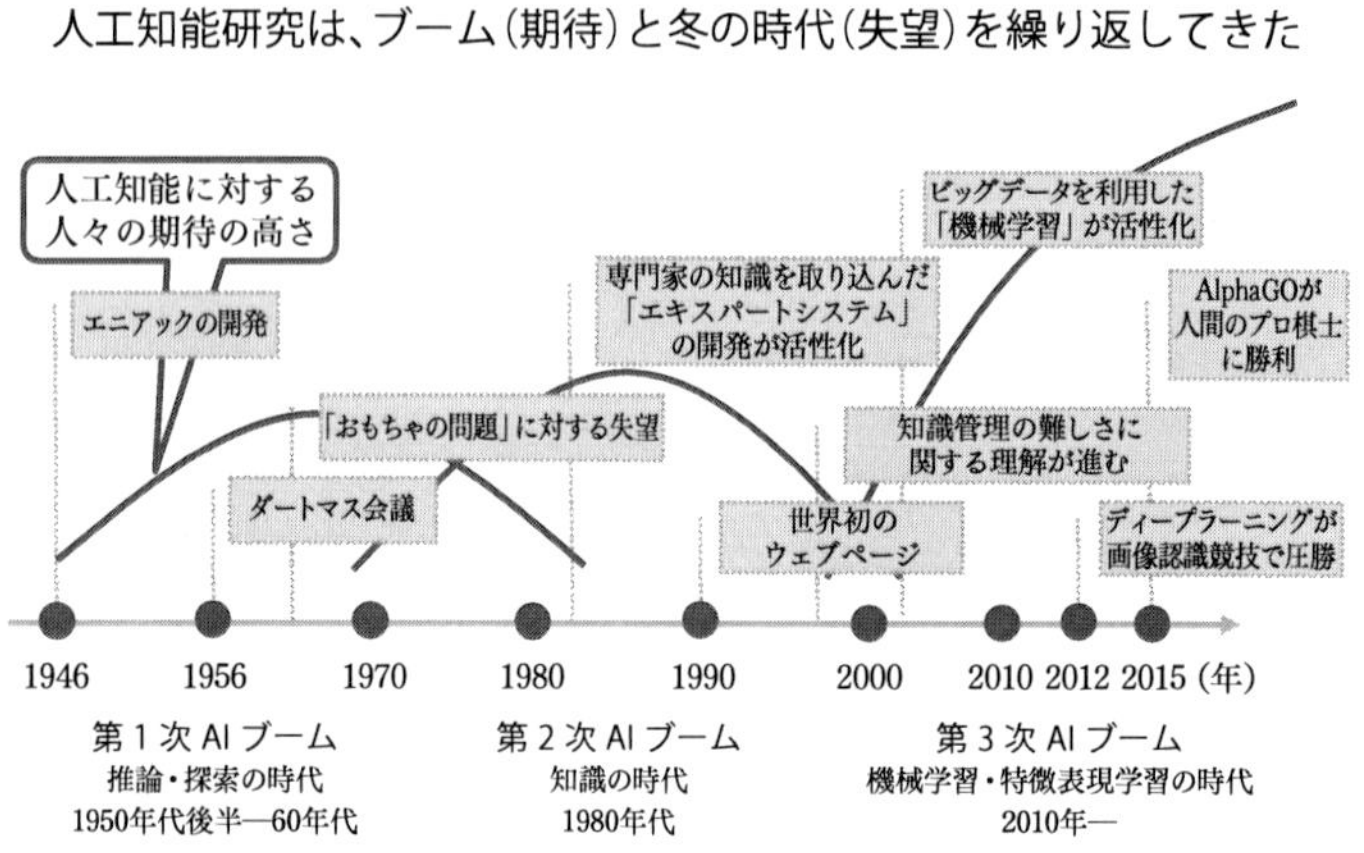

図1　人工知能研究の歴史
（出典：日本ディープラーニング協会監修、猪狩宇司／今井翔太／江間有沙／岡田陽介／工藤郁子／巣籠悠輔／瀬谷啓介／徳田有美子／中澤敏明／藤本敬介／松井孝之／松尾豊／松嶋達也／山下隆義『ディープラーニングG〔ジェネラリスト〕検定公式テキスト 第二版』翔泳社、2021年、23ページ）

普段接する現実の問題は解くことができないことが判明し、失望感が広がって冬の時代を迎えた。

一九八〇年代になると「知識の時代」といわれる第二次ＡＩブームが起こり、専門家の知識を取り込んだエキスパートシステムがもてはやされた。しかしながら専門家の知識は膨大であるだけではなく、経験則や暗黙知も多く含まれていて、いったん獲得した知識をメンテナンスする作業の難しさが明らかになるにつれて、再び冬の時代を迎えてしまった。

そして二〇〇〇年代に入ると、インターネット上のビッグデータを活用した機械学習がおこなわれるようになり、マシンパワーの向上、さらに二〇一二年のＩＬＳＶＲＣ（ImageNet Large Scale Visual Recognition Challenge：画像認識の世界的コンペティション）でディープラーニングを駆使したブレークスルーが起き、

「機械学習・特徴表現学習の時代」といわれる第三次ＡＩブームが盛り上がり、現在に至っている。

そしてさらに、二〇二二年の十一月に突如発表された対話型ＡＩ（ChatGPT[1]：Chat Generative Pre-trained Transformer）によって、ＡＩに対する関心はこれまでに経験したことがない新しい局面を迎えている。今日、冬の時代を経ずに第四次のＡＩブームに入ったという専門家もいる。

ChatGPT は質問を投げかけると、まるで人間と会話しているかのような自然な文章を生成することができるチャットサービスで、発表から二カ月足らずで全世界に一億人ものユーザーが生まれ、開発者も驚くような新しい使われ方が次々と発見されている。単なる新しい技術の出現ということだけではなく、もはや社会的な現象にもなっている。

ChatGPT の出現はホワイトカラーのほとんどの仕事に影響を与え、社会は大きな転換点を迎えようとしている。図書館の業務にも大きなインパクトを与えると考えられる。

2 人工知能、機械学習、深層学習の関係

▼中野良一

人工知能に関連する用語が多く、またその意味するところや使い方も人によって様々であることが、人工知能という概念をわかりにくくしている。ここでは、以降の説明を明確化するために用語を整理する。

人工知能学会によれば、人工知能は「知的な機械、特に知的なコンピュータプログラムを作る科

学と技術」と表現されていて、かなり広い概念として捉えられている。

機械学習（Machine Learning）は人工知能に内包されるもので、機械（コンピューター）が自動で学習する仕組みである。学習した結果を使って予測や識別などをするための技術を指す。

深層学習（Deep Learning）は機械学習に内包されるもので、人間の脳のはたらきを模したニューラルネットワークを活用した手法を意味する。

本章では、ネット記事や文献などで最もよく使われている表現を採用して、人工知能のことをAI、機械学習のことはそのまま機械学習、そして深層学習のことをディープラーニングと呼ぶ。

また、機械学習というときは、ディープラーニング以外の伝統的な回帰や分類などの手法を指す言葉として使用する。

3　機械学習について

▼中野良一

機械学習は、学習の方法によって「教師あり学習」「教師なし学習」「強化学習」の三つに分けられる。

教師あり学習

教師あり学習は、いわゆる重回帰分析をイメージするとわかりやすい。

例えば、図書館の入館者数を天気や曜日などから予測しようと思うなら、天気、曜日、入館者数の三列n行のデータを用意するだろう。このとき、天気と曜日を説明変数と呼び、予測しようとする入館者数を目的変数と呼ぶ。この説明変数と目的変数のペアデータからモデルを学習することを教師あり学習と呼んでいる。前述の例でいえば、回帰式や回帰係数を求めることに相当する。

また、教師あり学習は、目的変数が入館者数や株価などの数値の場合を回帰、目的変数が「犬か猫か」「三カ月後に退職するか否か」などのカテゴリーの場合を分類という。例えば、金融機関で入出金情報に基づいて顧客がデフォルトするか否かを予測するような問題は分類の一つである。

教師なし学習

教師なし学習は、似た者同士をグルーピングすることをイメージするとわかりやすい。

例えば、ある百貨店の顧客の購入履歴などを使って、顧客を高級品志向のグループ、流行に敏感なグループなどにグループ分けしておいて、それぞれの関心に合った商品が掲載されているDMを送るといったことはよくおこなわれている。

図書館には日々たくさんの利用者が訪れ、様々なサービスを受けている。このようなとき、利用情報から利用者を様々なカテゴリーに分類し、その情報をサービス向上に役立てることも考えられるのではないか。

強化学習

強化学習は、いままで説明した教師あり／なし学習とはまったく別の概念で、車の自動運転やロボットの制御などで活用が始まっている。

強化学習の枠組みについては、『ディープラーニングG（ジェネラリスト）検定公式テキスト 第二版』で以下のように紹介されている。

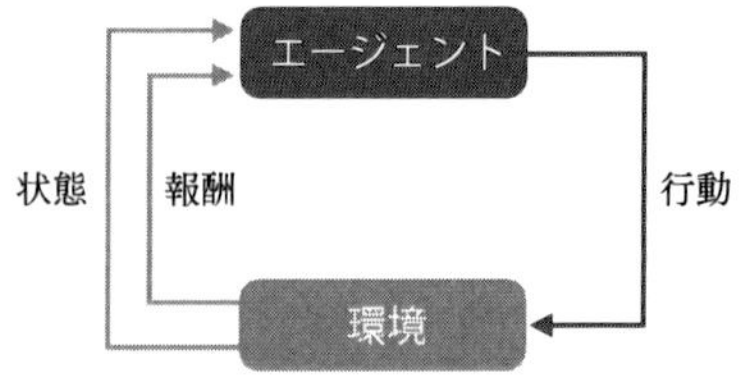

図2　強化学習の仕組み

強化学習の枠組みは図2で書き表せますが、自動運転をこの図に対応させると、「エージェント」が車、「環境」がまさしく車が置かれている環境（場所）になります。車のまわりがどのような状態か（まわりの人や車、信号はどのようになっているかなど）を「環境」はフィードバックし、「エージェント」は受け取った「状態」からどうすべきか（走るか止まるか、直進か曲がるかなど）を判断し、実際に「行動」をとります。そうするとまたまわりの「環境」が変わり、その「状態」を「エージェント」にフィードバック…を繰り返すことになります。

そして、「状態」をフィードバックする際に、「エージェント」がとった「行動」がどれくらい良かったのかを「報酬」（スコア）としてフィードバックすることで、なるべく高い「報酬」が得られる「行動」をとるように学習が進む、という仕組みになっています。[2]

今後、図書館でも強化学習を駆使し、利用者の借用履歴や興味などをもとに個人に合わせた資料の推薦などができるようになるだろう。

4 ディープラーニングとは

▼中野良一

ディープラーニングは、人間の脳細胞（ニューロン）のはたらきを模した人工ニューロンを使って問題を解こうと考えたのが始まりである。

人工ニューロンは図3のようなモデルになっていて、

①複数の入力（x_1、x_2、……）に対して、対応する重み（w_1、w_2、……）を掛け合わせて総和を計算する

②その総和をシグモイド関数などの活性化関数に入力して出力yを出す（図4）

という仕組みになっている。

この人工ニューロンを組み合わせ、層状に配置したものをニューラルネットワーク（図5）と呼ぶ。また、このときいちばん左側の列を入力層、いちばん右側の列を出力層、その間の列を隠れ層（中間層）と呼んでいる。

そして、このニューラルネットワークの隠れ層の数を増やして多層にしたものをディープニューラルネットワークと呼び、このネットワークを使って、様々なタスクを解く手法のことをディープ

ラーニングと呼んでいる。

さて、このディープニューラルネットワークはどのようにして所望の出力ができるようになるのか。言い換えれば、どのようにしてネットワークを学習するのか。

前述のネットワークには、入力層、隠れ層、出力層の各層をつなぐそれぞれのルート（矢印の箇所）に重みといわれるパラメーターが設定されていて、これにたくさんのデータを読み込ませ、誤

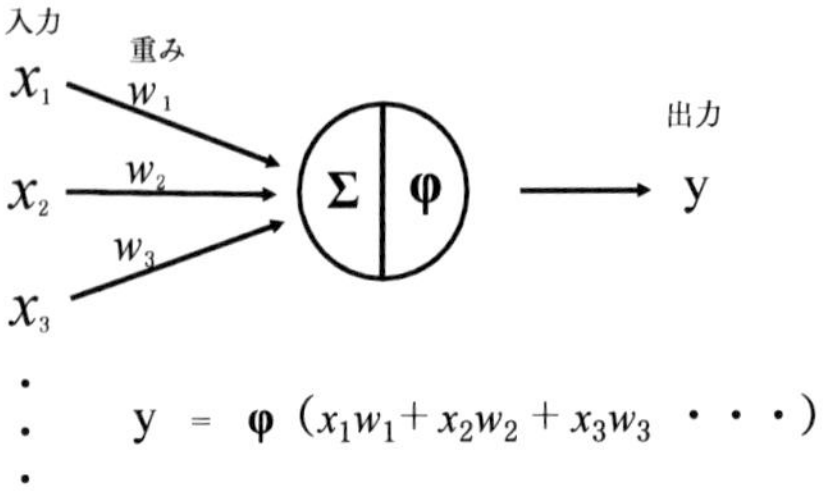

図3　人工ニューロン

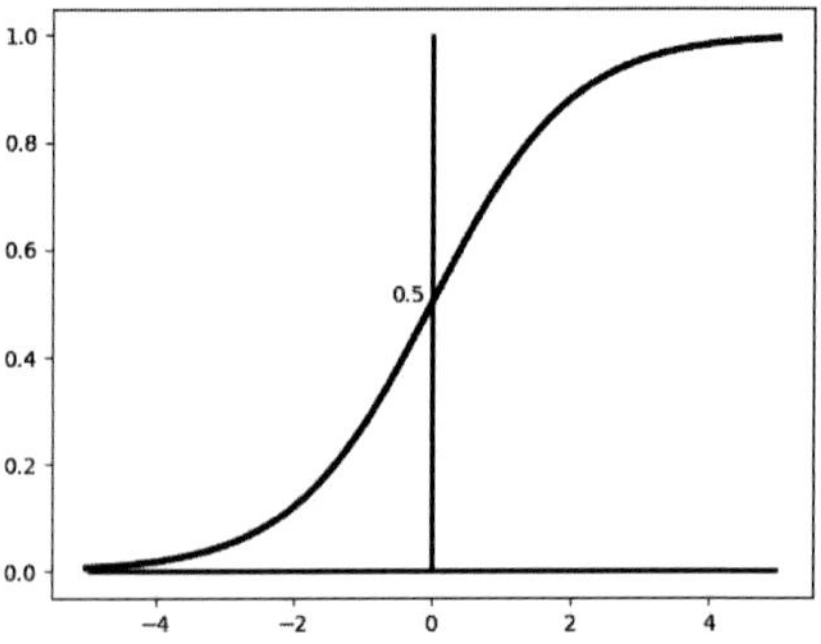

図4　シグモイド関数

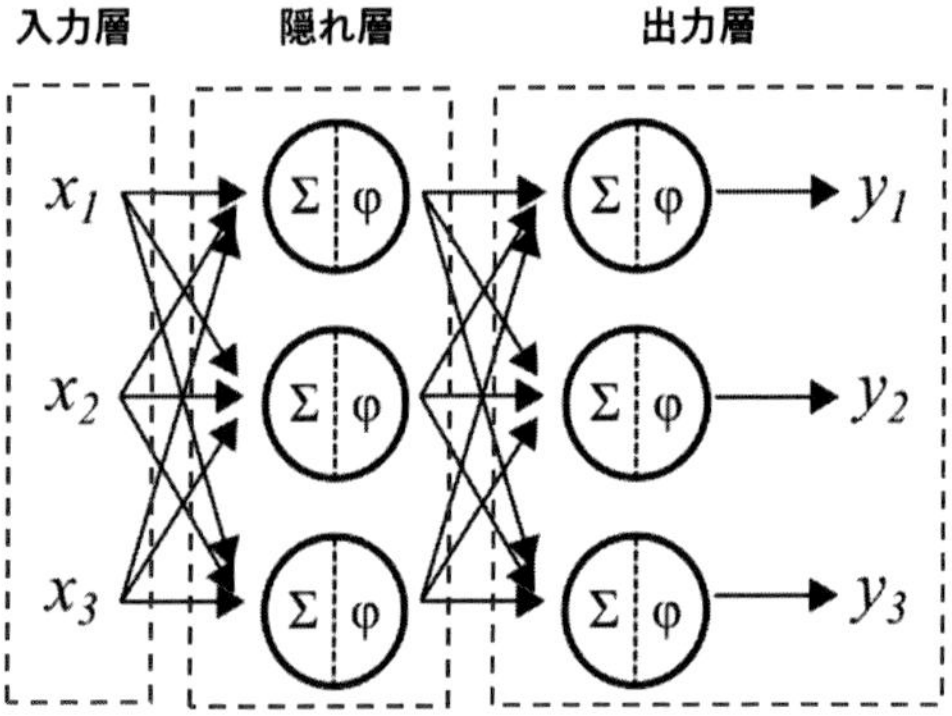

図5　ニューラルネットワーク

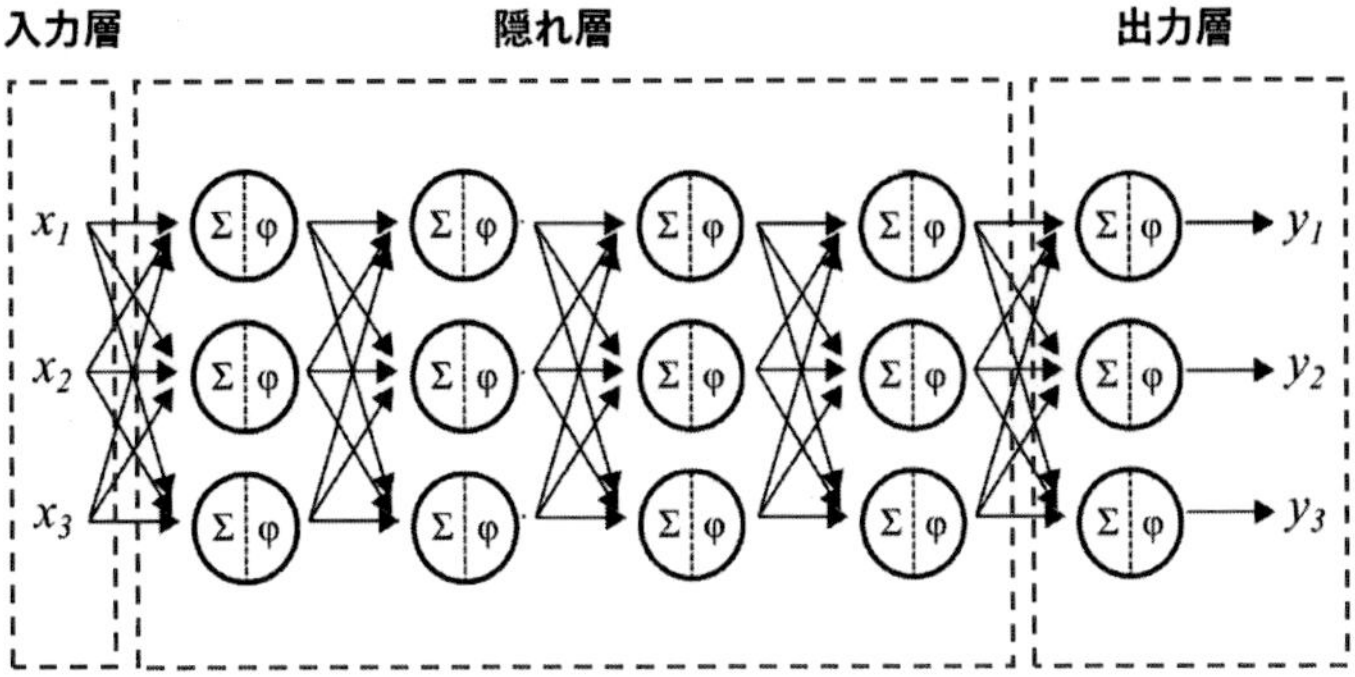

図6　ディープニューラルネットワーク

差逆伝播法によって調整していくことで目的の動作をおこなえるようにするのである。

このディープニューラルネットワーク（図6）はあくまでも原型だと理解してほしい。現実の問題は複雑なので、このような単純なネットワークでは解くことができない。そのため、例えば画像処理分野では、CNN（畳み込みニューラルネットワーク）、自然言語処理の分野ではBERT（Transformer〔トランスフォーマー〕による双方向のエンコード表現）などの手法が使われている。

ディープラーニングで可能なことを画像処理、音声処理、自然言語処理などの分野別にまとめた。

画像処理

ディープラーニングによる画像処理は、二〇一二年のブレークスルー以来研究開発が加速し、一五年には人間を超える精度を達成して多くの分野で実用に供されている。

具体的には、「画像に写っているものは何か」を求める画像分類、「画像のなかでどこに何があるのか」を求める物体

図7　画像分類・物体検出・セグメンテーションの比較
（出典：「画像分類・物体検出・セグメンテーションの比較」「S-Analysis」〔https://data-analysis-stats.jp/深層学習/画像分類・物体検出・セグメンテーションの比較/〕［2023年6月1日アクセス］）

検出、「画像の一つひとつのピクセルがどのカテゴリーに属するか」を求めるセグメンテーションなどがあり、顔認識や人間の姿勢を推定する手法もある。

また、文字認識として、書籍の活字や手書き文字をテキストデータに変換するAI-OCRなどがある。

音声処理

音声処理とは、音声データをテキストに書き起こしたり、話者の特定などをする技術である。前者を音声認識、後者を話者認識と呼ぶ。ディープラーニングによる音声認識で、コンピューターとの自然な会話が可能になり、スマートフォンやスマートスピーカーなどにもこの技術が利用されている。また、会議の議事録を自動で作成することも可能だ。

自然言語処理

人間が日常的に使う言葉を、プログラミング言語と対比して自然言語と呼ぶ。自然言語処理は、私たちが使う書き言葉や話し言葉をコンピューターに処理させるための技術である。

自然言語処理で最も長く多く研究されてきたのは機械翻訳だが、そのほかの応用としては、文章がどのカテゴリーに属すかといった文章分類や文章の要約、文章の校正、およびアンケートの自由回答などを分析する感情分析などがあるが、ChatGPTがこれらのサービスを包含するようになっている。

▼中野良一

5 ChatGPTの可能性

大規模言語モデルの急速な発展

自然言語処理の研究は初代コンピューターENIACが登場したころから始まっているが、一般の人々が自然言語処理を身近に感じられるようになったのは「Google」の機械翻訳だろう。二〇一六年にニューラルネットワークを活用した翻訳アルゴリズムが導入されてから、翻訳精度が著しく上がった。このときのことを記憶している人もいるだろう。

その直後の二〇一七年に有名な論文「Attention is All You Need」(3)が発表され、Transformerと呼ばれる画期的な手法が提案された。さらに、「自己教師あり学習」を活用した事前学習がおこなわれるようになり、大規模言語モデルを活用した自然言語処理の性能を急速に押し上げることになった。

また、二〇二〇年に「スケール則」(モデルの規模が大きくなればなるほど性能が上がる。つまり、パラメーター数〔重み〕が大きければ大きいほど性能が上がる)が発見されてからは、ビッグ・テックによる規模の競争が起こった。ChatGPTが生まれたのは、そのような状況下である。

ChatGPTとは?

ChatGPTは、OpenAIが開発した大規模言語モデルを使用したチャットボットサービスである。二〇二二年十一月三十日にGPT-3.5がデビューし、二三年三月十四日に有料（月二十ドル）の最新バージョンGPT-4が追加された。OpenAIによれば、GPT-4はアメリカの司法試験に上位一〇％の成績で合格したとされる。

日本語を含む多言語に対応していて、二〇二一年九月までのテキストデータを使って訓練されている。

GPT-3.5のパラメーター数（重み）は千七百五十億個と発表されているが、GPT-4については公表されていない。

ChatGPTができること

適切な表現が見当たらないが、ChatGPTは万能エージェントという表現が最も近いかもしれない。単なるチャットボットの高機能版ではない。いままでも可能だった文章の校正、要約などは大幅に精度を向上させ、いままで不可能だったリサーチ、アイデアの提案、何かになりきって答える、あるいはプログラミングなどもできるようになっている。また、文章と画像を組み合わせた（マルチモーダル）質問なども受け付けるようになっている。

図書館におけるChatGPTの可能性

二〇二三年四月に、筆者もGPT-4に尋ねてみた。入力した文言はずばり単刀直入に「図書館における ChatGPT の可能性」である。その結果、以下のような情報が得られた。

図書館において、ChatGPT はさまざまな用途で貴重な資産となることができます。以下にいくつかの可能性を挙げます。

1．レファレンスサポート：ChatGPT は、利用者の質問に答えたり、特定の情報を見つける手助けをする仮想のレファレンス司書として機能します。
2．カタログ検索：ChatGPT は図書館のカタログと統合して、利用者がもっと直感的で会話的な方法で書籍、記事、その他の資料を検索できるようになります。
3．読書の推薦：ChatGPT は、利用者の好みや関心に基づいて個別の読書推薦を提供し、新しい資料を見つけやすくします。
4．研究支援：ChatGPT は、関連するデータベースや引用管理ツールなどの研究リソースを提案することで、研究をおこなう方法についての指導を提供します。
5．言語翻訳：ChatGPT は、資料の翻訳や多言語の利用者が図書館のサービスやリソースにアクセスするサポートを提供します。
6．イベント告知：ChatGPT は、図書館のイベントやワークショップ、講座に関する情報を共有したり、登録や参加に関する質問に答えるために利用できます。
7．デジタルコレクション：ChatGPT は、電子書籍、オーディオブック、デジタルアーカイブなどのデジタルコレクションのナビゲーションを支援し、関連資料を見つける手助けをします。

8．アクセシビリティサービス：ChatGPTは、利用可能なアクセシビリティサービス（支援技術、大活字資料、手話通訳者など）に関する情報を提供し、これらのサービスへのアクセス方法を案内します。

9．教育支援：ChatGPTは、利用者向けのインタラクティブな学習体験やチュートリアルを作成し、図書館のリソースに関連する研究やデジタルリテラシーなどのスキルを習得する手助けをします。

10．スタッフ研修：ChatGPTは、図書館スタッフ向けの研修ツールとして機能し、ベストプラクティス、図書館の方針、手続きに関するサポートや指導を提供します。

重要なのは、ChatGPTはAI言語モデルであり、多くのシナリオで貴重な支援を提供できる一方で、人間の専門知識を置き換えるものではないということです。代わりに、図書館員や図書館スタッフが提供するサービスを補完し、強化するために使用するべきです。(4)

以上のように的確な、しかも自然な日本語で回答が得られた。そもそも言語モデルは原理上は「テキストの続き」を予測するだけなのに、大規模言語モデルになるとなぜこのように高度なことができるのか、研究者自身も驚いている。また、パラメーター数（重み）がある時点を超えると予想外の能力の獲得（創発）が起きるともいわれている。今後の規模拡大競争によって技術は限りなく進歩し、これまでに経験したことがない事態が発生するかもしれない。

ChatGPTには「正確性に欠ける」「文章と画像などのコンテンツが利用許諾なく使われている」「プライバシーの侵害がある」などの様々な問題があることも事実である。大事なことは、ChatGPT自身も指摘しているように「図書館員や図書館スタッフが提供するサービスを補完し、強化するために」どう活用するべきかを考えることだ。主体はあくまでも図書館員だ。

6 図書館でのＡＩなどの先駆的技術活用の事例

▼牧野雄二

ＡＩをはじめとする先駆的技術を、図書館で具体的にどのように活用していくか。その可能性を探るための参考情報として、これまで国内外の図書館ではそれらの技術がどのように活用されてきたのか、筆者が注目した事例をいくつか選んで紹介する。

図書館でのＡＩの活用のされ方については、*Journal of Librarianship and Information Science* 誌に、二〇二二年十二月二十二日付でイギリス・シェフィールド大学のアンドリュー・Ｍ・コックス氏らによる探索的文献レビュー "Defining artificial intelligence for librarians" が掲載され、またこの文献について、国立国会図書館の「カレントアウェアネス・ポータル」で紹介されている。これらを参考にすると、次の五つのユースケースがある。

①ロボティック・プロセス・オートメーション化や、自動保管・検索システムといった、日常的な事務作業および手作業へのAIの適用
②膨大な文献へのメタデータ付与による発見可能性向上、チャットボット、デジタルアシスタントといった、利用者サービスへのAIの適用
③AIラボおよび共同研究スペースや、データ管理に関する知識の提供による、データサイエンティストのコミュニティの支援
④情報リテラシーなどのユーザートレーニングへの、データやAIに関するリテラシーの組み込み
⑤ユーザ行動に関するデータ分析などのためのAIの適用(5)

以下、この五つに沿って、図書館での活用事例を紹介していく。ユースケースへの振り分けは筆者の判断による。なお、③に関わる研究データ（データサイエンス以外も含む）の保存・管理については第2章「デジタルメディア・アーカイブ」（牧野雄二）で、④に関わる情報リテラシーについては第7章「情報リテラシー支援の取り組み――事例を中心に」（磯部ゆき江）でふれるので、本章では事例の紹介は割愛する。

この五つのユースケースには、ロボットやビッグデータ分析などの関連分野も含まれている。さらに、重要な関連分野として、図書館という現実空間だけにとどまらない、仮想空間を利用した技術にも焦点を当てた「CPSなどによる体験の提供やアメニティーの工夫」の事例も紹介する。C

PS（サイバーフィジカルシステム）とは、現実（フィジカル）の情報をコンピューターによる仮想空間（サイバー）に取り込み、大規模なデータ処理技術などを駆使して分析・知識化をおこなったうえでそれをフィードバックし、現実の世界に最適な結果を導き出すという、サイバー空間とフィジカル空間がより緊密に連携するシステムのことである。

ロボティック・プロセス・オートメーション化や、自動保管・検索システムといった、日常的な事務作業および手作業へのAIの適用

・資料運搬ロボット——フィンランド・ヘルシンキ市中央図書館 Oodi

フィンランドのヘルシンキ市中央図書館 Oodi には、館内で資料を書架まで運ぶ、センサー付き（これによって人やモノを避けられる）のロボットがある。また、この機能を応用して、利用者の入力（ロボットに付いている画面から入力）に応じて書架まで案内するロボットとしても利用されている。館内の地図データをシステムに登録しておくことで、館内を動き回ることができる。[6]

他図書館にも様々な用途のロボットがある。IC機器による自動貸出機・自動返却（仕分け）機（二十四時間式もある）、自動化書庫なども国内外に多くある。

・画像解析AIによる蔵書点検・セルフ貸出システム——鹿児島市立天文館図書館

画像処理によって、書籍の背表紙の画像から、どの書籍かを識別する仕組みを実現している。カメラを通じて検出した背表紙の画像のデータ（特徴量）と、あらかじめシステムに登録しておいた画像を検索して照合している。この仕組みによって、蔵書点検や自動貸出機による貸出を実装して

いる。[7]なお、こうした画像処理による業務自動化の事例は図書館に限らず様々にあり、防犯カメラ、カメラによる人数カウント、検温などがおこなわれている。

・フローティングコレクションの管理――ヘルシンキ市立図書館

蔵書データ（蔵書の配置）の整理にＡＩを活用している事例だ。複数館で構成されるヘルシンキ市立図書館では、蔵書をヘルシンキ市内のどの図書館に配置するかを固定しない「フローティングコレクション」を採用している。この管理にＡＩを活用し、利用データに応じて、どの図書館に蔵書を配置するかを判断しているという（デンマークの Lyngsoe Systems A/S 製のシステム[8]）。この事例は、資料の貸出・返却・出納の自動化など、モノとしての単純な管理をするだけではなく、利用者のニーズを把握して配置を決めるという蔵書データ整理のためのツールとしてＡＩを活用している先進事例として興味深い。司書が担ってきた複雑な専門的業務を、サービスだけではなくバックヤード業務を含めて人工知能がどこまで支援できるのかについては、今後の研究開発の動向に注目していく必要があるだろう。

図8　Oodi の資料運搬兼書架案内ロボット
（出典：「動向レポート Vol.6 Dokk1から Oodi へ――公共図書館の新しい表情」「未来の図書館研究所」〔https://www.miraitosyokan.jp/future_lib/trend_report/vol6/〕［2023年4月30日アクセス］）

膨大な文献へのメタデータ付与による発見可能性向上、チャットボット、デジタルアシスタントといった、利用者サービスへのＡＩの適用

・全文検索、画像検索――国立国会図書館デジタルコレクション

二〇二二年十二月にリニューアルされ、全文検索可能な資料の増加や画像検索の機能の追加があった。[9]この仕組みの実現には画像データへのメタデータ付与などが必要になる。このため、「ＮＤＬラボ」[10]でのAI-OCRなどの画像処理などの成果が活用されたと考えられる。「ＮＤＬラボ」には、全文テキスト検索機能や機械学習を用いた自動処理、デジタルアーカイブなどに収録された画像を様々なシステムで相互に扱うことができるようにした国際的な枠組みＩＩＩＦ（トリプルアイエフ）のＡＰＩ（二つのアプリケーション同士が情報をやりとりする際の仕組み）などの技術的有効性の検証を目的として、国立国会図書館次世代システム開発研究室での研究をもとに開発した機能を実装した実験的な検索サービス「次世代デジタルライブラリー」[11]などがある。図書館でのＡＩなどの新しい技術の活用について探るうえで参考になるので、興味がある人は「ＮＤＬラボ」のページをみてほしい。

・おすすめリスト――成田市立図書館

レコメンデーション（利用者の行動に基づき、好みを分析し、資料などをおすすめする）というＡＩのシステムの事例だ。「おすすめリスト」では、利用者が借りた本（貸出履歴）、予約している本、今度読みたい本のデータから興味を引きそうな資料を提案する。多くの図書館は貸出履歴を保存しないことにしているが、この事例では、貸出履歴の利用の可否を利用者自身が判断できるという工[12]

夫されたサービス設計になっている。

・チャットボット——東京都立図書館

チャットボット（質問などを投げかけると、自動で返答してくれる仕組み）の一例である。東京都立図書館には、施設利用と資料活用に関する案内をするチャットボットがある。[13] サービス事業者の製品であり、ほかにもチャットボットの事例は国内外にある。

・図書館スマートスピーカー——精華町立図書館

音声処理の事例だ。先に述べたチャットボットは会話をしているような体験ができる「対話型AI」であり、スマートスピーカーもその一種である。みなさんの家庭にもあるだろうか。精華町立図書館では、スマートスピーカーを対面朗読室に設置し、音声入力に応じて、休館日、図書館からのお知らせ、イベント情報、テーマ展示を返答する機能を備えている。[14] ほかに、電子書籍を音読してくれるスマートスピーカーのサービスも存在する。[15]

ユーザ行動に関するデータ分析などのためのAIの適用

・まるはち横断検索——名古屋市図書館

蓄積したデータ（ビッグデータなど）を解析して知見を得るための技術「データマイニング」などを活用し、蓄積されるデータから意味があるパターンを発見し、それを表現して伝える「アナリティクス」と呼ばれる仕組みの事例を紹介しておく。ビッグデータの分析に関わる仕組みもAIの関連分野であることは、前述したとおりだ。名古屋市図書館の「まるはち横断検索」では、利用状

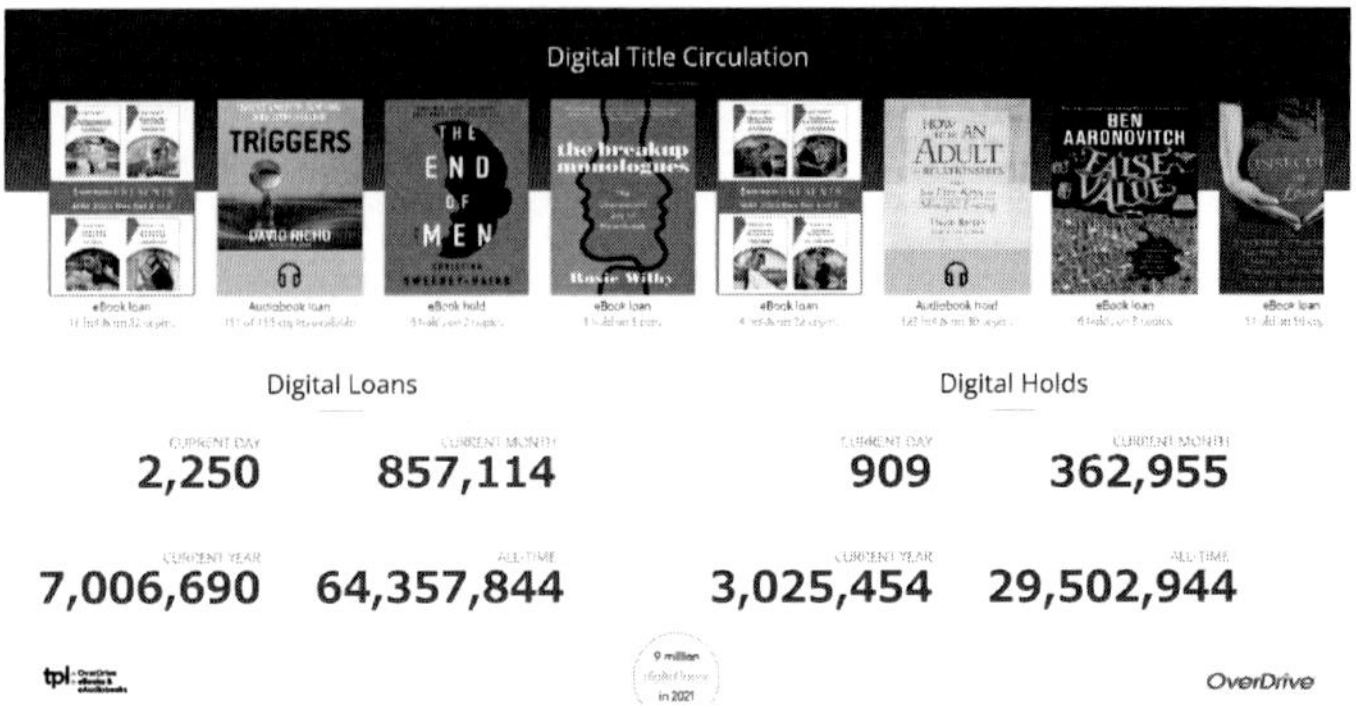

図9　Toronto Public Library Dashboard
（出　典：「Toronto Public Library Dashboard」〔https://insights.overdrive.com/dashboards/bf060ec0dbdd4c8ba5bc0812ddf6e94f〕［2023年4月30日アクセス］）

況を把握し、品質の向上を図るために「Google Analytics」(16)を利用している。(17)「Google Analytics」は、どのページがどのくらい見られているかなどを確認できるアクセス解析サービスで、図書館に限らず広く使われる。

図書館が広報などに使うことが多いSNSにもアナリティクスのツールが用意されている場合があり、こうしたツールを利用してSNS上からユーザーの意向などを拾う「ソーシャルリスニング」も可能である。

・Ebook Dashboard――カナダ・トロント公共図書館

複数のグラフや表などで様々なデータを一覧で確認できる「ダッシュボード」の事例を紹介する。同館の「Ebook Dashboard」では、提供する電子書籍について、二〇〇七年以来の貸出回数や現時点での蔵書数をリアルタイムに把握できる。(18)

・前記以外のデータ分析の事例

統計解析で、適宜ビッグデータの分析の技術が有効な場合がある。例えば、図書館の将来計画に際して、数値データの未来予測ができる「回帰分析」という手法を使うこともできるだろう（出版点数の予測など）。ほかには、ソーシャルメディアなどでの論文の引用数を数える指標「オルトメトリクス」も、今後の図書館での可能性を考えると面白い。また、CPSの事例ともいえる、千葉大学の「書架設置型RFIDシステムを用いた資料の図書館内利用調査」という、館内での資料（ICタグ付き）の動きをICリーダーを使ってデータ化して把握した事例もある。[19]

CPSなどによる体験の提供やアメニティーの工夫

・メタバース図書館構築に向けた取り組み――山中湖情報創造館

CPS（仮想空間と現実空間を融合させた仕組み）という分野から最近注目されている「メタバース」の事例を紹介する。山梨県の山中湖情報創造館では、館内の様子を立体的に撮影し、仮想空間上でAIなどで再現している（こうした仕組みをデジタルツインという）。[20]これは、来館しなくてもオンラインで館内を動き回るような体験ができる仮想空間「メタバース」の一種といえる。図書館でのメタバースに類する事例をほかに紹介すると、コロナ禍でゲーム『どうぶつの森』を活用した取り組みもあった。[21]学校教育ではアバター（仮想空間上の分身を表すキャラクター）で登校できる仕組みを導入した学校がある[22]など、メタバースは図書館を含め、今後の社会でいっそう発展する可能性がある。

・スマートブレスレット――中国・深圳市塩田区図書館

IoT（モノのインターネット）の活用事例を国外から紹介する。中国の深圳市塩田区図書館では、ウエアラブル端末（着用できるIoTのデバイス）である、腕時計の形をしたスマートブレスレットで、館内の位置情報に応じた案内などができる。そのほか、館内の空調・換気・照明などを利用者数に合わせて最適な状態に調整するというように、図書館のスマート化がおこなわれている。[23]

・AR、VRによる図書館サービスの拡張

AR（拡張現実）は、その名のとおり現実世界の情報を拡張できる技術だ。例えば、名古屋市図書館の実証実験「AR（拡張現実）図書館ナビゲーションシステム」は、スマートフォンで蔵書検索機のバーコードを読み取り、スマートフォンのカメラを書架に貼り付けてあるコードにかざすと、現実の世界が映し出されている画面上に矢印が表示され、この矢印で目的の書架まで誘導するというものだった。[24] またOodiの「キューブ」という施設では、VR（仮想現実：メタバースなど、仮想世界をあたかも現実世界のように体験できる技術）の専用装置を使って、絵画をジオラマのように見たり、[25] 災害を疑似体験したりできる催し[26]などをこれまで実施している。

まとめ

▼牧野雄二

AIを中心に先駆的技術とその活用事例について簡単に紹介したが、今後に向けて顕在化しつつある課題もある。例えば、前述のChatGPTに関しては、プロンプトエンジニアリング（適切な質問や指示を投げかけ、望ましい結果を得ること）が大切だという話も出ているし、それぞれの質問や指示に応じて文章や画像などを生成してくれる、いわゆる「生成ＡＩ」に対して、資料・情報を提供する図書館はどう関わっていくべきかなど、考えていかなければならない。今後も、紹介した「ＮＤＬラボ」での研究開発の動向などを参考に、先駆的技術の活用について考えていってほしい。

注

（1）「Introducing ChatGPT」「OpenAI」（https://openai.com/blog/chatgpt）［二〇二三年五月二十六日アクセス］
（2）日本ディープラーニング協会監修、猪狩宇司／今井翔太／江間有沙／岡田陽介／工藤郁子／巣籠悠輔／瀬谷啓介／徳田有美子／中澤敏明／藤本敬介／松井孝之／松尾豊／松嶋達也／山下隆義『ディープラーニングＧ（ジェネラリスト）検定公式テキスト 第二版』翔泳社、二〇二一年、一二二ページ
（3）「Attention is All You Need」「Cornell University」（https://arxiv.org/abs/1706.03762）［二〇二三年五月二十六日アクセス］
（4）「GPT-4」「OpenAI」（https://openai.com/gpt-4）［二〇二三年四月三十日アクセス］
（5）「Defining artificial intelligence for librarians」「Sage Journals」（https://doi.org/10.1177/09610006221142029）［二〇二三年四月三十日アクセス］、「図書館における人工知能の5つのユースケースと課題（文献紹介）」「カレントアウェアネス・ポータル」（https://current.ndl.go.jp/car/169509）［二〇二三年四月三十日アクセス］

（6）「The Little Robot that Lived at the Library」「futurice」（https://futurice.com/blog/the-little-robot-that-lived-at-the-library）［二〇二三年五月二十六日アクセス］

（7）「公共図書館初、鹿児島市立天文館図書館が画像解析AIによる蔵書点検・セルフ貸出システムを導入」「京セラコミュニケーションシステム」（https://www.kccs.co.jp/news/release/2022/0615/）［二〇二三年四月三十日アクセス］

（8）「動向レポート Vol.6 Dokk1から Oodi へ——公共図書館の新しい表情」「未来の図書館研究所」（https://www.miraitosyokan.jp/future_lib/trend_report/vol6/）［二〇二三年四月三十日アクセス］、「Helsinki City Library will be introducing an AI-based Intelligent Material Management System」「HELMET」（https://www.helmet.fi/en-US/Events_and_tips/News_flash/Helsinki_City_Library_will_be_introducin(186937)）［二〇二三年四月三十日アクセス］

（9）「「国立国会図書館デジタルコレクション」をリニューアルしました」「国立国会図書館」（https://www.ndl.go.jp/jp/news/fy2022/_icsFiles/afieldfile/2022/12/21/pr221221_01_1.pdf）［二〇二三年四月三十日アクセス］

（10）「NDLラボ」（https://lab.ndl.go.jp/）［二〇二三年四月三十日アクセス］

（11）「次世代デジタルライブラリー」「NDLラボ」（https://lab.ndl.go.jp/service/tsugidigi/）［二〇二三年四月三十日アクセス］

（12）「新サービスのご案内」「成田市立図書館」（https://www.library.city.narita.lg.jp/update/2009/n_20090627_recommend.html）［二〇二三年四月三十日アクセス］

（13）「チャットボットサービス「都立図書館利用案内Q&A」を開始します」「東京都立図書館」（https://www.library.metro.tokyo.lg.jp/guide/information/6384_20220112.html）［二〇二三年四月三十

日アクセス］

(14)「図書館スマートスピーカー」「精華町」(https://www.town.seika.kyoto.jp/kakuka/shogai_tosho/1/2/5/6/12202.html)［二〇二三年四月三十日アクセス］

(15)「Alexa で Kindle 本を読む」「Amazon」(https://www.amazon.co.jp/gp/help/customer/display.html?nodeId=GFLNSCCV7ELR9SF5)［二〇二三年五月二十六日アクセス］

(16)「Google Analytics」(https://analytics.google.com/)［二〇二三年四月三十日アクセス］

(17)「まるはち横断検索」「名古屋市図書館」(https://maruhachi.calil.jp/)［二〇二三年四月三十日アクセス］

(18)「カナダ・トロント公共図書館、電子書籍の貸出状況等をリアルに把握できる“Ebook Dashboard”の beta 版を公開」「カレントアウェアネス・ポータル」(https://current.ndl.go.jp/car/33427)［二〇二三年四月三十日アクセス］

(19)「教員と図書館職員の共著論文が情報知識学会論文賞を受賞！」「千葉大学附属図書館」(https://www.ll.chiba-u.jp/topics/2019/topics_20190526_rfid.html)［二〇二三年四月三十日アクセス］

(20)「メタバース図書館づくりにむけて――Matterport による山中湖情報創造館３Ｄモデル」「山中湖情報創造館」(https://lib-yamanakako.org/matterport-1331/)［二〇二三年四月三十日アクセス］

(21)「Visit this Library's Virtual Branch in Animal Crossing: New Horizons」「ilovelibraries」(https://web.archive.org/web/20200418074516/https://ilovelibraries.org/article/visit-library's-virtual-branch-animal-crossing-new-horizons)［二〇二三年五月二十六日アクセス］

(22)「教育に広がるメタバース　仮想教室に学びの仕掛け　不登校向け活用も」「毎日新聞」二〇二二年八月五日付(https://mainichi.jp/articles/20220802/k00/00m/040/160000c)［二〇二三年五月二十六日アクセス］

アクセス］
（23）「中国初のスマートライブラリーが広東省深圳市塩田区で開館」「上海図書館・上海科学技術情報研究所」（http://old.library.sh.cn/Web/www/shtsg/2015108/n99022496.html）［二〇二三年四月三十日アクセス］
（24）「事例・実績紹介　名古屋市　鶴舞中央図書館様」「パーソル プロセス&テクノロジー」（https://www.persol-pt.co.jp/casestudy/systemsolution/case101/）［二〇二三年五月二十六日アクセス］
（25）「Interactive Diorama - Rembrandt 1632 at Central Library Oodi」「Aalto University」（https://www.aalto.fi/en/events/interactive-diorama-rembrandt-1632-at-central-library-oodi）［二〇二三年五月二十六日アクセス］
（26）「The doors to immersive art will open at Oodi」「Oodi Helsinki Central Library」（https://oodihelsinki.fi/en/the-doors-to-immersive-art-will-open-at-oodi/）［二〇二三年五月二十六日アクセス］

第4章

図書館員の視座と文献到達可能性

▼宇陀則彦

1 文献世界の発達

ワールド・ワイド・ウェブ（以下、ウェブ）の登場からおよそ三十年、デジタル化が進んだ今日でもなお図書館への世間のイメージはほとんど変化していない。それは「電子図書館」という言葉の使い方からも見て取れる。「Google」で「電子図書館」と検索すると、電子書籍の貸出サービスのことを電子図書館サービスと呼んでいることがわかる。電子図書館は館《やかた》の図書館とは違った新しい概念であるにもかかわらず、電子書籍の提供という狭い領域に矮小化し、さらに電子コンテンツへのアクセス制限を「貸出」と呼んでいる。これでは世間のイメージは変わりようがない。図書館の感覚がこのように古いままでは、未来に置いてきぼりにされてしまう。図書館員の未来カリキュラムでは、このような感覚の古さを払拭することを目指している。本章では、図書館員の視座とデジタル時代の文献探索の関係について述べる。

図書館員の視座の原点は、アレクサンドリア図書館にある。アレクサンドリア図書館は紀元前三世紀末、プトレマイオス朝の時代に建てられた図書館である。アレクサンドリア図書館ができるまで古代世界の図書館は個人の蔵書を集めたものだったが、アレクサンドリア図書館は規模と野心と展望という点で、それまでのどんな図書館をも超える新たな想像力を示していた。アレクサンドリア図書館の起源にまつわる物語は、途方もない夢を表している。プトレマイオス一世は全世界的な図書館を作るために地上のありとあらゆる君主と支配者に手紙を送り、詩人、散文家、雄弁家、詭弁学者、医師、占い師、歴史家、その他ありとあらゆる著作家に書物を送ってくれるよう頼んだ。(1) その結果、四十万巻から五十万巻のパピルス文書が収集され、プトレマイオス一世の子プトレマイオス二世はそれを見て世界の知識を把握したと感じたという。このプトレマイオス二世の視座こそ図書館員の視座の原点であり、過去から未来まですべてを記録しようというアレクサンドリア図書館の意志こそが図書館の始まりである。

時代は下り、十五世紀にヨハネス・グーテンベルクが活版印刷術を発明した。グーテンベルクはまず、金属活字の材料として鉛と錫、アンチモンを混ぜた合金を採用した。これは低温で溶解する性質をもっているため、比較的簡単に鋳造できる。活版印刷術によって数多くの書物が世界に行き渡り、人々の知識欲を満たした。活版印刷術は社会のあり方にも変化をもたらし、ルネサンス、宗教改革、近世社会の到来に大きく貢献した。(2)

このような状況のもと、十九世紀にはポール・オトレとアンリ・ラ・フォンテーヌが世界書誌の作成を開始した。オトレとラ・フォンテーヌは三×五インチ（約七・六×十二・七センチ）のサイズのカードで書誌を作成し、一九〇五年までにカードの枚数は五十万枚にのぼり、二二年には千二百万枚に達した。カードは、当時の世界の有力な図書館の冊子体目録や個人、学協会、図書館が刊行した書誌を収集し、それらを書誌的な単位に分解してカードに貼り付けることで作成された。対象は著者ファイルや件名ファイルなどの書誌情報にとどまらず、視覚資料を扱ったイメージファイルや新聞の切り抜き、写真、パンフレットにまで拡大した。(3) しかしながら、カードで実現するには限界があり、世界書誌の完成には至らなかった。

図書館は資料の収集だけではなく、資料を管理するための技法を開発した。その一つが書誌と目録である。アレクサンドリア図書館にはすでに目録が存在した。中世になると著者別書目リストや『聖書』各篇の見出しのもとに関連書を列挙したものも出現し、さらに活版印刷術発明後の出版物の増加に伴って書誌の需要が高まると、一五四五年にはコンラート・ゲスナーによる最初の世界書誌が、その三年後にはジョン・ベールによる最初の全国書誌（イギリス修道院図書館の書誌）が相次いで完成する。十八世紀には図書館を中心に書誌学の重要性が認識され、一八七六年にはチャールズ・カッターによって辞書体目録が提唱された。(4)

このように知識を操作可能な文献群として捉える考え方に「バトラーの文献宇宙論」がある。ピアス・バトラーは著名な図書館学者で、その特徴は形而上学的相貌をもつところにある。バトラーは観念の世界と文献の世界を区別する必要があるとする。すべての主題文献は潜在的なかたちのままで存在しているスカラーシップの全体を包含する一個の文献宇宙を形成し、文献宇宙は自然的世界の性質をもつ文献世界とそのなかに含まれるスカラーシップの世界の両面性をあわせもった存在だとした。[5] バトラーの考えはその後、「書誌コントロール」に発展していく。書誌コントロールとは文献世界のコントロールを通して、世界の知識を技術的に把握しようという考え方で、資料を識別同定し、利用可能な状態を作り出す手法の総称を指す。これは図書館や情報機関で所蔵資料を管理するための一連の処理手順であり、蔵書の特定、整理、記録、検索、提供などを円滑かつ効率的におこなえるようにするものである。書誌コントロールによって、人々がいつでも、どのような知識でも得られるようにしておくことができる。

パピルスから紙へ、そしてデジタルへとメディアが変化するにつれて、アクセス手段も発展していく。図書館ならではのアクセス手段といえば目録がある。目録規則は何か変化があるたびに細かく改訂されていくが、改訂には必ず理由がある。司書科目では目録規則それ自体にだけ着目する傾向があるが、目録規則の前提になっている背景や改訂理由も一緒に理解すべきである。丸山昭二郎は目録規則の前提になっている背景や理由の変化について研究した。[6] 目録規則が変更されるのは、例えば、新しいメディアが登場して、書誌記述の構造をより詳細に記述する必要性が生じたりするためである。

二十世紀には目録の記録メディアは紙のカードからＭＡＲＣ（Machine Readable Cataloging）へ、ＭＡＲＣからＯＰＡＣ（Online Public Access Catalog）へとデジタル化が進むが、テキストだけではなく画像、動画、音声などすべてのメディアが管理の対象になると予見したのがヴァネヴァー・ブッシュである。ブッシュは第二次世界大戦時のアメリカの科学研究開発局の局長であり、アメリカ国内の研究者・技術者を総括する立場にあった。戦争に勝つための技術開発で最も重要なのは最新の研究成果を共有することであり、ブッシュのもとには多くの論文や報告書が集まった。しかし、それらの文献を有効に活用するにはその数が多すぎた。そこで、ブッシュはこれらを効率よく管理し、人の知識に連動する情報システムMemex（メメックス）を構想した。(7) Memexは図書館の資料を大きな机に全部格納し、必要に応じて取り出せる機械である。Memexの構想は、その後、アラン・ケイやテッド・ネルソンなど、多くの研究者や技術者にヒントを与え、パソコンやタブレットPC、ウェブの実現へとつながっていく。

2　図書館員の視座と図書館システム

大ざっぱにいえば、文献世界は活版印刷の発明とウェブの発明という二大事件によって大きく変化したといっていい。活版印刷術によって出版物が世界中にあふれ、一つの図書館だけで世界中の文献を収集することは不可能になり、図書館一館が収集・所蔵できる資料数は限られるようになった。この状態が何百年も続くうちに、図書館員の意識は図書館内部にだけ向けられるようになり、自館の蔵書だけが扱うべき資料のすべてだと思ってしまうようになった。その結果、世界中の文献を把握しようというプトレマイオス二世の視座は忘れ去られてしまい、図書館内の文献だけを把握すればいいという考えに矮小化した。

二十世紀にウェブが発明されると、文献世界には活版印刷の発明によって引き起こされた変化に匹敵する大きな変化が生じた。いまや文献世界はウェブ上での展開が議論の中心であり、文献の大部分はウェブ上にあることが前提とされている。紙の資料も残っているが、それらへのアクセスはメタデータという名前でウェブ上の書誌や目録からおこなわれている。情報技術も大規模化かつ高度化し、紙もデジタルも含めた巨大な文献世界に一度にアクセスできるようになった。これはすなわち、アレクサンドリア図書館時代のプトレマイオス二世の視座を復活させる状況が生まれたことを意味する。

しかし、図書館員は自らの視座を自館のなかから変えない。まるで鍵がかかった牢獄に閉じ込められているようである。このように自館の資料だけに閉じてサービスをしようとする視座を「自館中心の視座」、そして、図書館の資料と世界の文献をひと続きとして意識する視座を「文献宇宙の視座」と呼ぼう。誤解しないでほしいのだが、自館の図書館に意識を向けることを否定しているのではない。館《やかた》の図書館でその地域の利用者と向き合い、サービスを提供するのはすばらしいことである。ただ、図書館員は自館の延長線上に世界中の文献があることを常に意識してほしいのである。図書館員の視座は実は図書館システムと密接な関係がある。図書館DXを考えるうえで、図書館システムに関する考察は欠かせない。図書館システムには様々な種類があるが、図書館員が自身の視座を意識することでそれぞれの機能やサービスの特徴が理解できるようになる。まずは電子書籍サービスについて考える。表1と表2は電子出版制作・流通協議会が二〇二二年七月から九月におこなった電子図書館・電子書籍サービス事業者主要十社への調査の結果である。おもに日本の出版社が発行する和書（日本語電子書籍）と、海外の出版社が発行する洋書（外国語電子書籍）とに区別して集計している。二二年の和書の合計は五十三万四千八百九十八タイトルになっているが、複数の事業者が同じタイトルの電子書籍コンテンツを提供していることがあるため、実際のタイトル数はもっと少ない[8]。電子書籍に関する図書館の議論をみていると、自館の蔵書の代替物としてしか捉えていないように思える。また、電子書籍サービスに「貸出」という言葉を使ったり、電子図書館サービスと呼んだりしていることも気になる。電子図書館は電子書籍サービスだけにとどまる概念ではない。

次に図書館システムの代表格といえるＯＰＡＣを取り上げよう。ＯＰＡＣの歴史は意外と古く、一九七〇年代にアメリカで目録カードからＭＡＲＣへの転換を図ったところから始まる。その後、八〇年代から九〇年代にかけて急速に普及していった。日本では、筑波大学附属図書館が八一年にＯＰＡＣを最初に導入し、その後、ほかの図書館でも八〇年代後半から九〇年代にかけて導入されていった。ＯＰＡＣは各図書館の資料に関する書誌情報と所蔵情報から構成されるオンライン目録であり、検索の手がかりとなる情報も含まれる。ＯＰＡＣの機能は当初、目録カードの代わりになる程度だったが、情報検索機能や利用者インターフェースが充実していった。また、オンラインの範囲も図書館内、大学などのＬＡＮ、公衆回線と拡大していき、ウェブの登場によりついに世界中から利用できるようになった。今日ＯＰＡＣといえばWeb OPACを指すことが多い[9][10]。ＯＰＡＣは自館の資料を対象にするかぎりは管理の面からも利用の面からも優れたシステムである[11]。自館中心

表1　事業者別提供電子書籍コンテンツ数（和書）

（単位：タイトル）

事業者	2019年	2020年	2021年	2022年	前年比
図書館流通センター	74,000	85,000	96,500	118,000	+21,500
メディアドゥ	31,000	44,260	47,306	66,000	+18,694
丸善雄松堂	70,000	80,000	120,000	150,000	+30,000
京セラ CCS		3,000	6,000	7,300	+1,300
紀伊國屋書店	20,000	28,000	40,000	65,000	+25,000
日本電子図書館サービス	52,000	61,000	74,000	108,900	+34,900
Gakken	80	80	900	1,300	+400
ネットアドバンス				98	+98
EBSCO Japan	3,000	3,000	13,000	15,800	+2,800
ポプラ社			800	2,500	+1,700
合計	250,080	304,340	390,506	534,898	+136,392

* 各社の申告数値を集計（一部重複あり）
* 2020年以降は「オーディオブックの電子書籍」含む
* パブリックドメインコンテンツ（青空文庫など）を除いた数値

（出典：電子出版制作・流通協議会監修、植村八潮／野口武悟／長谷川智信編著『電子図書館・電子書籍サービス調査報告2022——これまでの10年とこれからの10年』樹村房、2022年、203ページ）

表2　事業者別提供電子書籍コンテンツ数（洋書）

（単位：タイトル）

事業者	2019年	2020年	2021年	2022年	前年比
図書館流通センター	670	1,500,000	1,700,000	1,749,300	＋49,300
メディアドゥ	1,800,000	2,345,500	3,662,694	3,960,000	＋297,306
EBSCO Japan	10,000	10,000	2,400,000	2,554,200	＋154,200
合計	1,810,670	3,855,000	7,762,694	8,263,500	＋500,806

* 各社の申告数値を集計（一部重複あり）
* 2020年以降は「オーディオブックの電子書籍」含む

（出典：同書203ページ）

の視座から必然的に生まれたシステムであり、優れているシステムであるがゆえに自館中心の視座から脱却できない原因にもなっている。

一方、文献宇宙の視座をもったシステムの代表格としては「カーリル」[12]がある。「カーリル」は全国の公共図書館と大学図書館を一度に検索できるシステムである。「カーリル」が優れているのは、文献宇宙を意識しながら図書館の資料にも着地している点である。全国の図書館の書誌データと「Amazon」の書誌データをもとに独自の検索アルゴリズムを適用した統合検索ができるうえに、その資料の入手先として各図書館を案内するようになっている。OPACがまずは図書館、次に検索になっているのに対して、「カーリル」はまずは検索、次に図書館というようにサービスとして逆の思想になっている。ちょっとした違いだが、視座としては大きな違いで、自館中心の視座と文献宇宙の視座の差を生んでいる。

「カーリル」からさかのぼること約二十五年前、「カーリル」と仕組みは違うが、文献宇宙の視座をもったシステムが学術情報センター（現・国立情報学研究所）によって開発された。

「NACSIS-CAT」である。「NACSIS-CAT」は総合目録データベースをもつ書誌ユーティリティーで、書誌情報だけではなく、どの大学図書館に所蔵されているかを記録した所蔵情報をあわせもつシステムである。学術情報センターは一九九七年四月一日から「NACSIS-CAT」のウェブ提供版に「Webcat」の試行サービスを開始した。[13] また、名称は継承したが機能は全く別物になったシステム「Webcat Plus」がある。「Webcat Plus」の検索結果の見せ方は「カーリル」の検索結果と似ているが、文献世界の豊かさを味わうには何かが足りない。「カーリル」と「Webcat Plus」は同じことを目指しているはずなのだが、どうしてここまで印象に差が出るのか、このあたりの原因を考察すると何かが見えてくるかもしれない。

文献宇宙の視座を正面から意識したシステムは、なんといってもディスカバリーサービスである。[14] 電子ジャーナルやデータベースなど電子情報資源が急激に増えるようになると、これをどのようにOPACに搭載するのかという問題が生じた。これまでも図書館はデータベースの利用講習会を開いて検索システムごとに使い方を教えていたが、電子情報資源の数はもはや個別に使い方を教える限度を超えていた。そこで、これら多種多様な情報資源のメタデータをOPACに統合し、紙資料も電子情報資源も統合的に管理・検索できるシステムが必要になった。この新しいシステムは当初、次世代OPACと呼ばれた。しかし、OPACはやはり蔵書検索のイメージが強く、見かけ上は蔵書に見えても、実際の電子情報資源は外部のサイトにあるので、OPACとは呼べず、また、データ数が膨大で検索の域を超えて発見の感覚が強くなったため、ディスカバリーサービスと呼ばれるようになった。

ディスカバリーサービスは、紙や電子情報資源など多種多様な情報資源のメタデータと電子ジャーナルなどの全文データをリンクリゾルバで接続し、統合的なインデックスを介して、広大な文献空間から求める文献を発見するシステムである（図1）。リンクリゾルバとは、情報資源同士をリンクするシステムで、典型的には書誌データベースと電子ジャーナルをリンクする。書誌データベースの検索結果の文献をクリックすると、その文献に対応する電子ジャーナル本文に誘導するシステムである。どの電子ジャーナルにリンクするのが適切かという問題を解決するので、リンクリゾルバ（リンクの解決）と呼ばれる。ディスカバリーサービスによって、世界中の文献がつながる可能性が出てきた。検索システムの一種だと思っていると気づかないかもしれないが、ディスカバリーサービスは活版印刷術によって奪われてしまったプトレマイオス二世の視座を、二千三百年ぶりに復活させた文献宇宙の視座をもったシステムなのである。

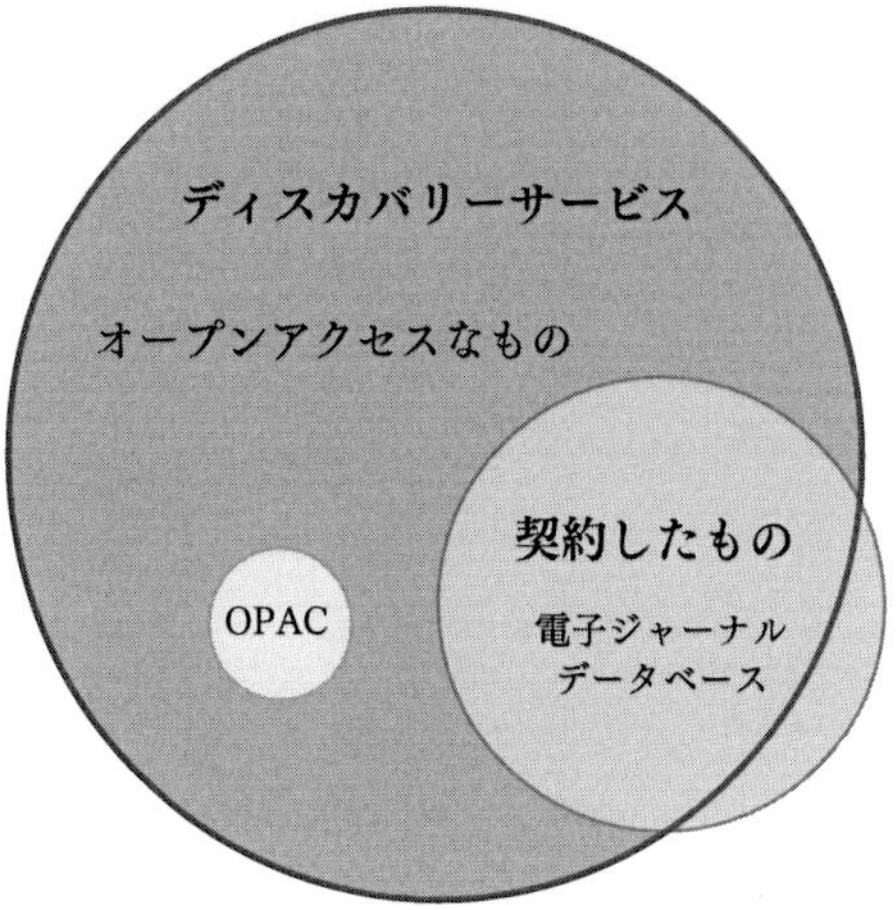

図1 ディスカバリーサービスの収録範囲（筆者作成）

しかしながら、ディスカバリーサービスを導入すれば文献入手の問題がすべて解決というわけではない。理念的にはすばらしくても、性能がまだ十分ではないからである。ディスカバリーサービスの動作や検索結果は見かけ上ＯＰＡＣと同じように見えるが、検索結果の数が膨大で出力順も予想と反するときがある。そのため満足する検索結果が得られず、利用者は使いにくいと感じてしまう。[15] この問題について飯野勝則は次のように述べている。

ウェブ全体の規模を表すスケールをウェブスケールと呼ぶのに対して、図書館本来の規模をインスティチューションスケールという。図書館が検索の対象にしていた情報は、これまでは自館の蔵書に代表される実体がインスティチューションスケールに属していた。一方、電子ジャーナルやデータベースは実体がウェブスケールに属する。しかしながら、利用者にとっては、電子ジャーナルやデータベースも見かけ上、あたかもインスティチューションスケールに属するコンテンツのように認識しうる。このような見かけ上のインスティチューションスケールに属する情報の量は、実体が実際のインスティチューションスケールに属する情報の量をはるかに凌駕している。このため、ウェブスケールディスカバリーでは、前者を第一義としてディスカバラビリティーの向上を図らなければならない。[16] つまり、飯野がいう見かけ上のインスティチューションスケールの問題が、ディスカバリーサービスを使いにくいと感じさせる要因の一つだと考えていいだろう。

ディスカバラビリティーとはウェブ全体からの情報の発見のしやすさを意味する概念である。これに似た概念としてファインダビリティーがある。ファインダビリティーは主にウェブサイト内での見つけやすさを意味する概念である。ディスカバラビリティーとファインダビリティーに関する議論は、概念規定を含めて様々あるが、どちらも利用者側がシステムを使ったときの探しやすさの物差しであることは共通している。しかしながら、ディスカバリーサービスの性能を正確に評価するには、利用者側の評価だけでは不十分で、システム側の性能を評価する新しい概念が必要であると筆者は考える。それがリーチャビリティー（reachability）である。リーチャビリティーは文献到達可能性を意味する概念で、原理的に到達可能である文献に対して現実のシステムが実際どこまで到達しているか、その可能性の度合いを測る概念である。例えば、電子ジャーナルの論文があったとして、契約しさえすれば原理的に到達可能であるのに対して、図書館が契約していなければ、そのシステムの文献到達可能性は低い。あるいは機関リポジトリなどのオープンアクセス論文は契約なしに到達可能だが、そのシステムが機関リポジトリを検索対象に入れていなければ、そのシステムの文献到達可能性は低い。さらに、機関リポジトリを検索対象に入れていたとしても、論文へのアクセスパスのデザインが悪ければ、せっかくシステム内にあっても文献到達可能性は低いということになる。

つまり、ディスカバラビリティーやファインダビリティー以前に文献到達可能性が最大になるようにチューニングされているかどうかがディスカバリーサービスの性能を決める。筆者は、ディスカバリーサービスの文献到達可能性を測るテストとして自分の業績チェックをおこなっている。業績リストという確実にわかっている文献集合がどのぐらい表示されるかで、ディスカバリーサービスの性能が評価できるからである。自分の業績を網羅してくれるディスカバリーサービスは意外と少ない。

文献到達可能性は技術の話だが、実は技術の到達可能性の裏には意識の到達可能性があり、より重要なのは後者である。勘がいい読者であればすぐに気づくと思うが、これは図書館員の視座と同じ話である。図書館サービスの質を最大限上げるためには、図書館員は文献宇宙の視座を自然にもち、そのうえで与えられた現実の条件のもとで文献到達可能性を最大化するようシステムを設計しなければならない。システムの限界がサービスの限界を決めるのである。

3　未来の図書館システム

未来の図書館のエコシステムの議論では、「人々の参加によって知識（資源）を確保する」が領域1として挙げられている。図書館は知識（資源）を保存するという歴史的役割をもっている。現在のほとんどの図書館は、財源の逼迫による予算の削減のなかでこの使命を果たすために苦闘している。そして、デジタルメディアの指数関数的急増が、事態をより複雑なものにしている。また、アメリカのピュー・リサーチセンターのリー・レイニーは、二〇一四年のテキサス図書館協会の大会講演で、未来では知識はどのようなものになるか、未来の知識はどのように獲得すればいいのかを考えなければならないと述べた。[17] 筆者は以前から、利用者は文献ではなく知識を欲しているというように図書館員は無頓着であると感じていた。書誌はもともと知識を記述する手段だったが、いつのまにかその視座は失われてしまった。そこで、図書館情報学の古典であるポール・オトレの世界書誌構想をあらためて紹介する。

オトレの世界書誌は、H・G・ウエルズの「世界頭脳」やドゥニ・ディドロとジャン・ル・ロン・ダランベールによる「百科全書」の構想と連動しながら、知的秩序を反映したシステムを作り、

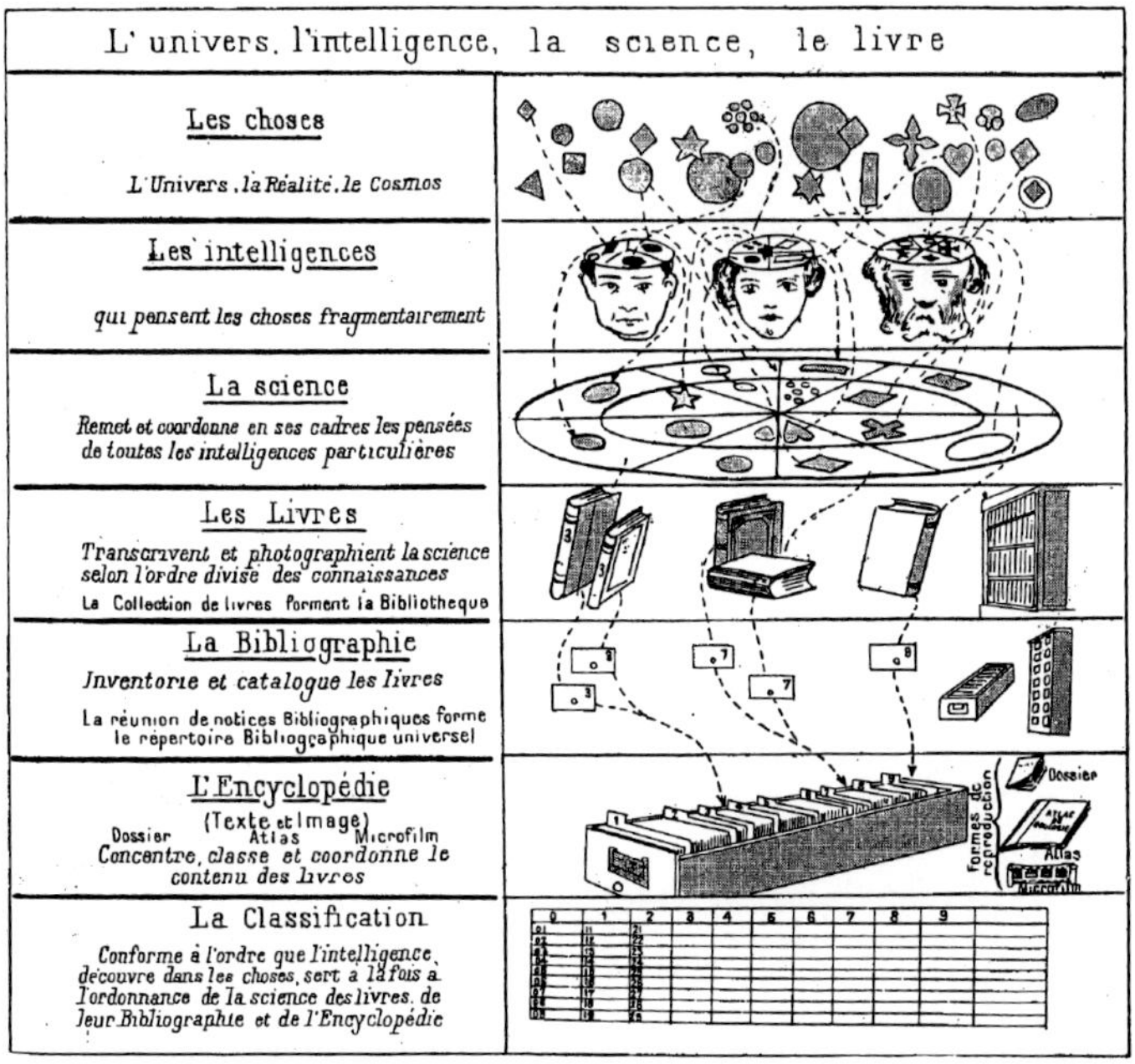

図2　オトレの「世界、思考、学術、書物」
(出　典：Paul Otlet, *Le livre sur le livre : traité de documentation: fac-similé de l'édition originale de 1934,* Centre de lecture publique de la communauté française, 1989, p. 41.)

知を容易に取り出せるようにすることが、国際的な相互理解に有用であるという思想に基づいたものである。図2はオトレの著書『ドキュメンテーション概論——書物についての書物、理論と実践』[18]に収められているもので、彼の思想を端的に表している。

以下、図2の左側を翻訳するかたちで説明する。表題は「L' univers, l'intelligence, la science, le livre（世界、思考、学術、書物）」となっていて、図はこれらの関係を七層モデルで表したものである。一番上の層は「Les Choses（事物の世界）」で、世界、現実、宇宙に存在する全ての事物が含まれている世界である。第二層は「Les Intelligences（思考の世界）」で、第一層の事物を人が頭のなかでそれぞればらばらに思考する世界である。第三層は「La Science（学術の世界）」で、第二層のばらばらの思考を特定の枠組みとして提供・調整する世界である。第四層は「Les Livres（書物の世界）」で、第三層の秩序だった知識である学術の成果を、文章や写真で表現した世界である。これは書物のコレクションとして図書館を形成する。第五層は「La Bibliographie（書誌の世界）」で、第四層の書物の書誌記録を一つにまとめ、世界書誌目録を形成する世界である。第六層は「L'encyclopédie（体系の世界）」で、第五層の書誌目録としての書物の内容（文章や写真）を集中的に分類・配列し、そのほかのファイリング資料、地図帳、マイクロフィルムと連携する世界である。また、第七層は「La Classification（分類の世界）」で、学術知識、書物、書誌、体系を利用することで事物を発見し、思考の世界と重ね合わせる世界である。逆にこの図を下から見ると、組織化された分類や目録によって得られた書物を読むことで知識が再構成され、真理に到達する過程を示したものであると理解できる。[19]

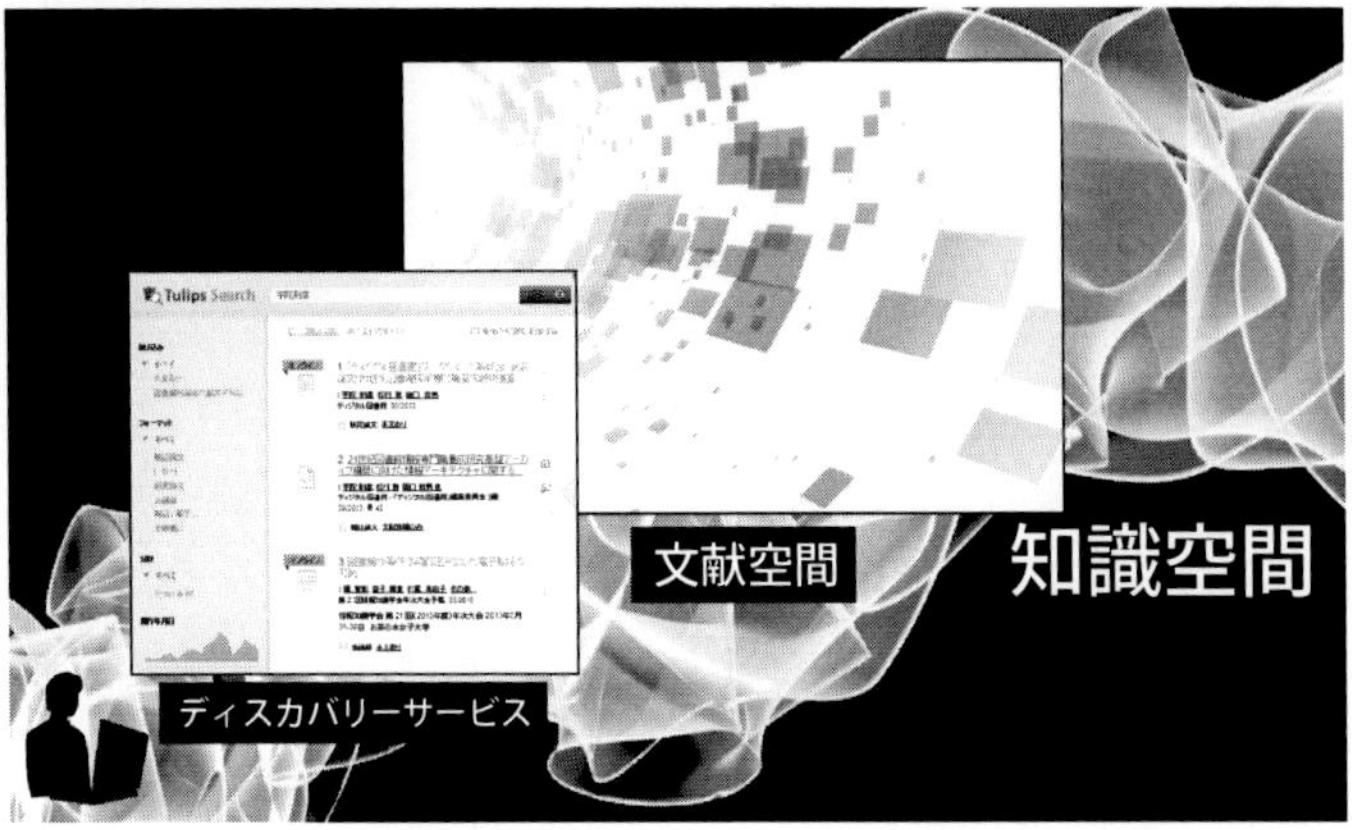

図3　図書館 DX 設計の構図（筆者作成）

いかがだろうか。書誌と書物と知識と世界が結び付いた文献宇宙の構造を見事に説明している。現代の図書館業務で書誌（目録）は、一つひとつの資料を同定することが主目的になっているが、本来の書誌は書誌の集合体でもって書物の世界にアクセスし、個人の知識と社会の知識を把握する仕組みであることがわかるだろう。第1部のタイトルになっている「図書館のＤＸ」とは、ディスカバリーサービスという文献宇宙の視座をもったシステムをベースとして、検索技術、推薦技術、知識グラフ、集合知、生成系ＡＩ、メタバースを駆使した新しいシステムを構想し、文献の提供から知識の提供へとデジタルトランスフォーメーション（ＤＸ）することを意味する。ＯＰＡＣや電子書籍サービスに桎梏されている場合ではない。

今後の電子書籍サービスについては、広い意味での文献世界のプレイヤー同士として図書館と出版社は対等の関係であるべきだろう。現在の状況は出版社の都合で作られたプラットフォームをもとに議論が進んでいて、図書館側がシステムを独自に構築するという選択肢が最初からないかのようである。出版権は出版社が握っているのだからシステムだけ独自に作ってもしょうがないと考えているのかもしれないが、そのように考えていること自体、自館中心の視座というものだろう。出版社は出版社の視座で文献世界に関わればいいし、図書館は図書館の視座で文献世界に関わればいい。そのうえでお互い対等に広い視野から議論すれば、新しいDXのかたちがみえるはずである。

最後に、文献の提供から知識の提供へとデジタルトランスフォーメーションするための要素について簡単に述べておく。図3に示すように、図書館DX設計のためには、ディスカバリーサービス、文献空間、[20]知識空間を一本の軸として考える必要がある。ディスカバリーサービスではUI／UXとエンゲージメント、文献空間では書誌の編集と知識化と文献同士の意味的リンキング、知識空間では知識単位の類型化と多層化などを考えることになるだろう。一言でいえば、文献到達可能性だけではなく知識獲得可能性を考えるということである。思いつきを述べただけでもこれだけある。文献宇宙の視座をもってお互いに議論すればさらに具体化できるだろう。

おわりに

本章の主張は以下の五つである。①世界の文献を把握することで世界の知識を把握することが図書館の原点であること、②図書館員は自館の資料だけに閉じた「自館中心の視座」ではなく、世界の文献への到達を意識した「文献宇宙の視座」をもつこと、③図書館システムは文献到達可能性を意識してチューニングすること、④図書館DXとは文献の提供から知識の提供への転換であること、⑤関係者が互いに文献宇宙の視座から議論すれば、知識獲得可能性を高めるシステムが実現可能であることである。

注

(1) アルベルト・マンゲル『図書館――愛書家の楽園 新装版』野中邦子訳、白水社、二〇一八年、二四ページ
(2)「第4話 グーテンベルクが発明した活版印刷術」「ぷりんとぴあ」(https://www.jfpi.or.jp/printpia/topics_detail21/id=3561)［二〇二三年七月十四日アクセス］
(3) 根本彰『文献世界の構造――書誌コントロール論序説』勁草書房、一九九八年、一一九ページ
(4) 紀田順一郎「東西「索引文化」比較」、學鐙編集室編「學鐙」第八十九巻第十一号、丸善出版、一九九二年、一〇ページ
(5) 前掲『文献世界の構造』七ページ
(6) 丸山昭二郎「目録法のパラダイム」「鶴見大学紀要 第四部――人文・社会・自然科学編」第二十八号、鶴見大学、一九九一年、一ページ
(7) ヴァネヴァー・ブッシュ「われわれが思考するごとく」、西垣通編著訳『思想としてのパソコン』

所収、NTT出版、一九九七年、六五ページ

(8) 電子出版制作・流通協議会監修、植村八潮／野口武悟／長谷川智信編著『電子図書館・電子書籍サービス調査報告2022――これまでの10年とこれからの10年』樹村房、二〇二二年、二〇三ページ

(9) 永田治樹「OPACの展開――次世代の図書館像を求めて」「情報の科学と技術」一九九一年六月号、情報科学技術協会、四五七ページ

(10) 永田治樹「図書館目録の現状と将来――メタデータとOPAC」「情報の科学と技術」一九九六年三月号、情報科学技術協会、一〇六ページ

(11) ただし、「Google」や「Amazon」などのウェブシステムに比べれば技術的に著しく劣っている。

(12) 「カーリルとは？」「カーリル」(https://calil.jp/doc/about.html)［二〇二三年七月十四日アクセス］

(13) 大庭一郎「ネットワーク情報資源を活用した図書情報の探索」、吉田政幸／山本順一編『図書館情報学の創造的再構築』所収、勉誠出版、二〇〇一年、一〇五ページ

(14) 飯野勝則『図書館を変える！ウェブスケールディスカバリー入門』(ジャパンナレッジライブラリアンシリーズ)、ネットアドバンス、二〇一六年

(15) 宇陀則彦「ディスカバリサービスに関する少し長いつぶやき」「ディジタル図書館」第四十三号、「ディジタル図書館」編集委員会、二〇一二年、一ページ

(16) 飯野勝則「「検索システム」としての図書館ウェブサービスのデザイン」「情報の科学と技術」二〇一八年十一月号、情報科学技術協会、五四三ページ

(17) 永田治樹『公共図書館を育てる』青弓社、二〇二一年、二二一ページ

(18) Paul Otlet, *Le livre sur le livre : traité de documentation: fac-similé de l'édition originale de 1934*, Centre de lecture publique de la communauté française, 1989, p. 41.

(19) 根本彰『アーカイブズの思想——言葉を知に変える仕組み』みすず書房、二〇二一年、一八五ページ

(20) 文献世界、文献宇宙、文献空間の違い。文献世界は世界に実体として存在する文献の集合を指す。文献宇宙はバトラー文献宇宙論で定義されている文献の世界とスカラーシップの世界の両面性をあわせもった存在で、文献宇宙の視座もこの意味で使う。文献空間はディスカバリーサービスの延長線上にあるシステム的に操作可能なデジタルデータとしての文献群を指す。

第 2 部

新たな図書館・情報サービスの展開

第5章 図書館×メーカースペース

——これまでとこれからに向けて

▼渡辺ゆうか

はじめに

近年の科学技術の進歩は、私たちの生活にいい影響を与えることもあれば、予期しない影響を生じさせることもある。特に、コンピューターや人工知能（AI）の急速な発展によって、従来の学び方や働き方、そして仕事のあり方が大きく変化していくことが予想される。このような不確実性が高く、複雑で曖昧な時代に、私たちや子どもたちにはどのようなスキルや能力が必要とされるのか。二〇二〇年に改訂された学習指導要領(1)では、将来の予測が困難な社会でも、自ら課題を見つけ、自己学習・自己思考・自己判断をおこない、それぞれの理想を実現することが求められている。そして、教育課程では、テクノロジーの発展や不確実性が高い社会変化に対応するため、「社会に開

かれた教育」がさらに重視されている。(2)

1 進化する図書館

現代の図書館が提供するサービスは、図書館という場所の提供、資料の収集・整理・保存、利用者のための情報提供、そして司書による情報検索案内の四つの要素で構成されている。(3) 近年では、自治体が図書館をまちづくりや地域活性化の中心地として捉えることが増え、図書館には地域社会のなかでこれまでの既成概念にとらわれない役割が求められている。なぜならば、時代の変化や社会的ニーズ、情報通信技術やコンピューター技術の進歩に応じて、図書館の存在意義や提供するサービスは常に進化しているからだ。これまでの紙媒体に加えてデジタルメディアやデジタル技術の利用を新たなサービスとして提供するほか、静かな閲覧空間からにぎわい空間へ、創造的で協働的な学習空間へと転換していくなど、多様な変化がみられる。(4) 図書館は、地域社会の重要な拠点として、さらなる進化を続けることが期待されている。

社会に浸透する新たなものづくりスペース

海外では、公共図書館や学校図書館などに、ファブラボ、メーカースペース、ハッカースペース、ラーニングラボなどのものづくりスペースが設置されることが増えている。これらはそれぞれに異なる特徴があるが、メーカースペースと総称される。これらの施設に共通するのは、一人でコンピューターの前に座っているだけではなく、人々が集まり、実際に手を動かし、協力して何かを作り出すことができるコミュニティであることだ。

図書館内のファブラボの始まり

二〇〇九年、アメリカのシカゴ公共図書館がティーン向けのラーニングラボ「YOUmedia」を実験的に設立したことが、図書館内での新たな試みの始まりとされている。[5]「YOUmedia」には図書と百台を超えるパソコンがあり、従来のメディアとデジタルメディアの両方を用いて、若者が創造的なプロジェクトに取り組むことができた。その後、一〇年にニューヨーク州のファイエットビル自由図書館に、図書館内の最初のメーカースペースである「ファブラボ」が設立された。ここには3Dプリンターなどの機材が備えられ、人々が集まって試行錯誤し、リソースや知識を共有する場所になっている。このアイデアは公共図書館の使命やビジョンにも当てはまることから支持を得て、全米の図書館にメーカースペースが広がるきっかけになった。

2　二十一世紀型スキルと図書館

二十一世紀型スキルとは

バラク・オバマ政権が重要事項として教育改革に取り組んで以来、ＳＴＥＭ教育分野（Science, Technology, Engineering, Mathematics：科学、技術、工学、数学の四分野）の人材育成に積極的な財政支援をしている。現在は、Art（芸術）も加わり、ＳＴＥＡＭと表現される場合もある。ＳＴＥＭ教育は、複数の分野を取り入れた学際的な学習経験を提供し、現実の課題解決型のアプローチを用いてスキルを習得していくものだ。これらのスキルは二十一世紀型スキルと呼ばれ、創造力、批判的思考、問題解決、メタ認知、コラボレーション、コミュニケーションなどを含む[6]。図書館内には、情報へのアクセス、公開性、自由、共有、共同作業などの図書館と同じ価値観をもつメーカースペースやファブラボなどがあり、図書館は二十一世紀に必要なスキルを身に付けるための機会を提供する社会的なインフラに変化している。日本でも、学習指導要領では社会のなかで生きて働く「知識および技能」、未知の状況にも対応できる「思考力、判断力、表現力など」、そして学んだことを人生や社会に生かそうとする「学びに向かう力、人間力など」の三本柱に該当するスキルを身に付けることが重要だとされている。ファブラボなどのメーカースペースは、ＳＴＥＭ教育をはじめ二十一世紀型スキルを推進していく活動にほかならない。メーカースペースで提供されるツールには、３Ｄプリンターやレーザーカッターなどのデジタルファブリケーション技術が含まれるが、それだけにはとどまらない。電子基板やドライバー、のこぎり、ハンマーなどの一般工具、ジグソー、ドリルなどの電動工具、そして木工、工作、裁縫、刺繡、クラフトのための様々なツールや材料も提供している場所も多い。なぜなら、デジタルやアナログにこだわらずに、必要に応じて適切なツールを選択していく自由な感覚を得るほうが大切だからだ。

図書館内メーカースペースでの学習について

図書館内のメーカースペースでの学習と教育についての研究はまだ初期段階だが、二〇一七年以降、ようやく多くの報告がされるようになってきた。現時点では、メーカースペースでの教育は、従来の教育理論に基づいている。それらは、フリードリヒ・フレーベルやマリア・モンテッソーリからジャン・ピアジェの構成主義にまでさかのぼり、特にシーモア・パパートの構築主義は、メーカームーブメントの先駆的な研究とされている。構築主義は、「つくることで学ぶ」という教育理論にしたがっている。(7) 一方で、ファブラボ・メーカースペース内での教育理論を発展させようという試みもある。例えば、アメリカでは「コネクテッド・ラーニング（つながりの学習）(8)」などのフレームワークを採用する図書館が増えている。このフレームワークでは、学習者の興味や情熱に基づき、実践的な探究や遊びを重視し、仲間同士の支え合いや協力的なプロセスに重点を置いているからだ。学びのプロセスでは、現実世界のプロジェクトや文脈から自分自身で意味や学びを構築し、仲間と協力して探究することが重視されている。これは、日本でも進められている探究学習と方向性を同じくするものである。

知の創造を推進する図書館へ

図書館でもデジタル化が大きなテーマの一つであり、既存の書籍や資料にオンライン上でアクセスできるようになっている。しかしながら、メーカースペースを設置することは、図書館のデジタル化とは少し文脈が異なる。メーカースペースを利用する人たちは、デジタルツールを使うだけでなく、デジタルツールを使って自分たちでコンテンツを作り出す人になっていくからだ。情報のあり方も多様化していて、紙媒体だけではなく、デジタル化された資料、動画、音声、3Dデータやプログラミングのコードなどもある。さらにAI技術が社会に浸透していくことを想定すると、従来の教授型や暗記型の学習方法が時代に合わなくなってきていることは明白だ。個々の学習者の興味や特性に合わせ、創造性を発揮するためのアプローチ方法や試行錯誤のプロセス（履歴）、身体性を伴う学習方法がますます重要になってくることが予想される。そうした社会的背景もあり、欧米諸国では「つくり」ながら学ぶメーカースペースの導入が進んでいる。

「つくる」ことで学ぶ行為には、自分の興味に合わせたアイデアを自由に形にしていくため、正解や間違いはない。試行錯誤を通じて、偶然生まれるアイデアも大事にできる。このような柔軟性は、いまの不確かな社会に必要なスキルの一つだ。学習者は、メーカースペースを通じて、デジタルや物質的な世界を経験し、多くの知識と出合うことができる。そして、自分で考え、形にすることで自信をもち表現力を向上させることができるのだ。また、将来のキャリアにつながるスキルに興味をもつ可能性もある。世帯収入によって教育や体験の格差がより顕著に生じているなか、図書館にメーカースペースがあることで、誰もが平等にこのような機会を得られることの重要性は強調しておきたい。

国内の図書館内メーカースペースの状況

日本での動向にもふれておきたい。まず、国内で最初に図書館に設置されたメーカースペースは、慶應義塾大学湘南藤沢キャンパスのメディアセンター内にあるファブスペースだとされている。[9]ここは、触れられるデジタルメディアなどを体験できる学習環境になっている。その後、二〇一五年には塩尻市立図書館で3Dプリンターの利用が始まり、一八年には工学院大学附属中学校・高等学校の図書館にもファブスペースが設置されている。[10]また、一九年には県立長野図書館が「信州・学び創造ラボ」を立ち上げた。[11]二二年には、石川県立図書館にもメーカースペースが採用され、少しずつではあるが、新たな試みをする図書館にはこうした創造的な空間が広がってきている。

3 学びのエコシステムをつくるために

メーカースペースのなかでもファブラボは、ファブラボ憲章を定め、共通機材を取りそろえていて、グローバルなネットワーク全体で新たな学びのインフラになっている。

メーカースペースの学びの要素として、ファブラボ鎌倉での実践を通じて重要だと考えるのは次の五つである。

図1　ものづくりのデータやノウハウの共有イメージ
(出典：FabLab Japan「What is FabLab?」「YouTube」〔https://www.youtube.com/watch?v=iiCtsrtGYe0〕［2021年11月20日アクセス］)

①多様性があるコミュニティ

　ファブラボは、人々が一緒に学び合える場所として、多種多様な年代や国籍、スキルをもった人々が集まることが重要である。なぜなら、多様性があるコミュニティは、多様な知の集まりでもあるからだ。

②リソースの共有

　ファブラボは、学ぶために必要なツールや機材、素材、教育プログラムなどを提供しながら、その過程で知りえたノウハウを共有知としている。そして、それらを誰もが活用できるようオープンソースとして知の創造に貢献することを推奨している。

③教育プログラムの提供

　ファブラボでは、STEM教育をはじめ技術教育など、様々な教育プログラムを提供している。教育プログラムは、ファブアカデミーなどの長期プログラムから、体験やオンラインプログラムなど、運営団体によって内容が異なる。

プレゼンテーション

イメージ作成：画像／動画／編集

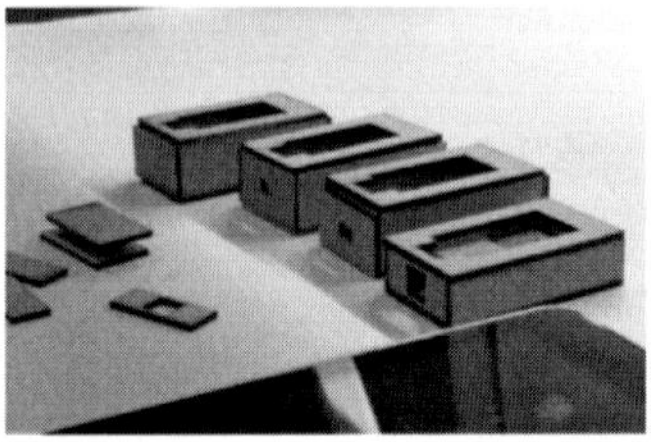

フォトブースでの作品撮影

プレゼンテーション用動画作成

ドキュメンテーション

試行錯誤の振り返り／内省

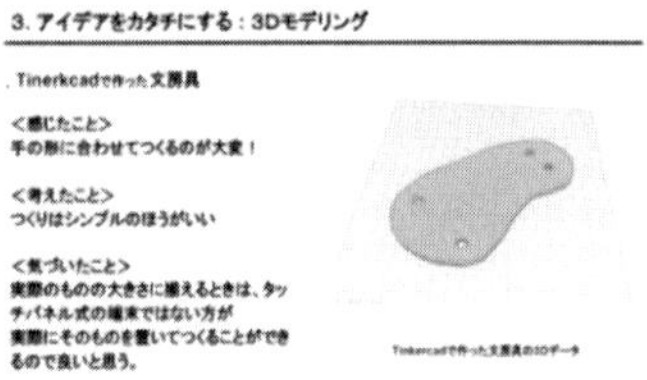

3. アイデアをカタチにする：3Dモデリング

. Tinerkcadで作った文房具

<感じたこと>
手の形に合わせてつくるのが大変！

<考えたこと>
つくりはシンプルのほうがいい

<気づいたこと>
実際のものの大きさに揃えるときは、タッチパネル式の端末ではない方が
実際にそのものを置いてつくることができるので良いと思う。

Tinkercadで作った文房具の3Dデータ

制作日誌を画像、文章を用いて作成する

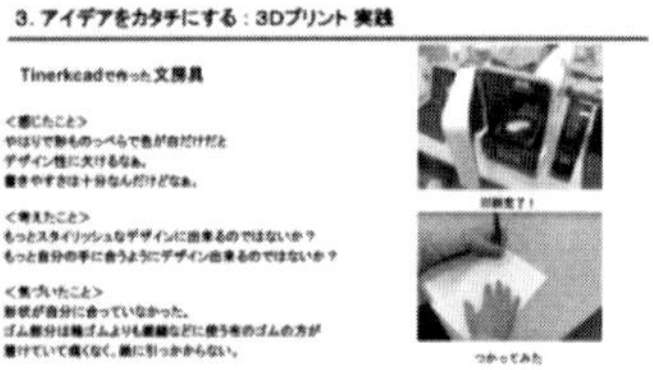

3. アイデアをカタチにする：3Dプリント 実践

Tinerkcadで作った文房具

<感じたこと>
デザイン性に欠けるなぁ。

<考えたこと>
もっとスタイリッシュなデザインに出来るのではないか？
もっと自分の手に合うようにデザイン出来るのではないか？

<気づいたこと>
形状が自分に合っていなかった。

つかってみた

何をどう工夫したのかを生徒自身で記述

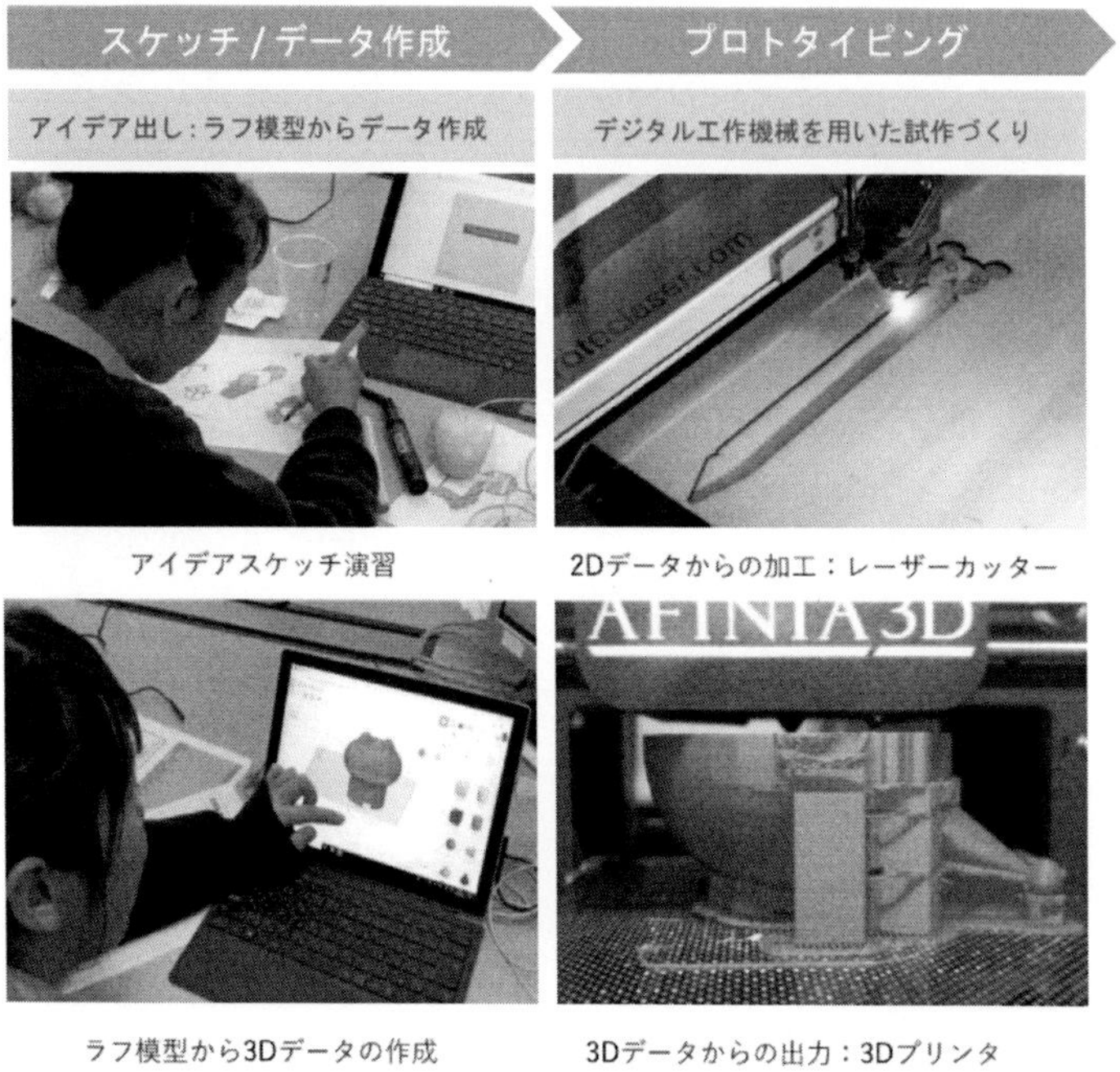

図2　アイデアをカタチにし、伝えるプロセス（提供：ファブラボ鎌倉）

④スキルをシェアして相互理解促進

ファブラボでは、集う人々がお互いのスキルを共有し、新たな知識を学び合うことを支援している。スキルシェアは、イベント、オンライン上でのアーカイブ、プロジェクト、勉強会や発表会など、様々な形式でおこなわれている。

⑤地域連携で課題解決

ファブラボは、地域内外のコラボレーションを促進させ、大小様々な課題を解決へと導く運動体になることを目指している。

これらの五つの要素が相互に循環することで、持続可能な学びのエコシステムを構築していくことができる。しかし、このエコシステムを確立するには、時間を要する。したがって、長期的な活動を実行しつづけるにあたって、段階的に始め、無理なく着実に進められる体制や内部での合意、評価指標の定め方などが重要になる。まずは試験的にメーカースペースとして活動する曜日を限定したり、試験期間を定めたりするなど、内部での理解を得ながら状況に応じて柔軟に対応していく方法がある。予算の確保も、段階的に規模を大きくしていく方法だと比較的理解を得やすい傾向がある。

忘れてはならないのは、図書館の成功は、運営方針や運営に関わる人々と利用者との関係性によって大きく左右されるということだ。ファブラボも同様に、機材や空間と同じくらい、適切なマネジメント能力を備えた人材が不可欠である。ただし、図書館員がすべてのスキルを身に付けることは現実的に困難だといえる。そのため、図書館がコミュニティとの協力関係を築くことで負担を分担していくことも大切な要因になる。人、情報、知識、地域との交流のなかで、図書館が抱える課題を共有し、地域で一緒に取り組んでいくことが、持続可能で発展的な活動につながっていくからだ。次世代の図書館が、利用者や地域コミュニティとの関係性のなかで、単独では解決困難な課題でも、お互いに協力することで創造的な解決策を見いだす場所であるとしたら、ワクワクしてしまう。

4 ファブラボ鎌倉の実践事例から考えてみよう

図書館内での取り組みではないが、ファブラボでの実践がどのように図書館で応用可能なのか、ファブラボ鎌倉での実践事例を通して、展開性や共通性を見いだしてもらいたい。ファブラボ鎌倉は、日本初のファブラボとして、二〇一五年五月に開設している。以来、国内には二十カ所ほどのファブラボが設立され、ファブスペースと呼ばれる施設の数は百四十四カ所にのぼる。各地域のファブラボやファブスペースの運営母体は異なり、それぞれの管理下で運用されている。そのため、倒産や活動停止などのリスクも分散管理された状態で活動が展開していて、多様な運営形態も特徴の一つだ。

地域内での周知や理解促進に対する取り組み

ファブラボ鎌倉では、開設以来地域に根差した活動をおこなっている。二〇一八年には、地域資源を活用した持続可能な社会を推進するために、鎌倉市と協力して日本で初めて「ファブシティー宣言」をしている。ファブシティーとは、地域資源やテクノロジーなど多岐にわたるアプローチを用いて、地域全体で持続可能な社会の実現を目指す取り組みである。しかしながら、宣言はしたものの市役所職員や地域住民にはファブシティーの考え方がまだまだ浸透していない。また、新型コロナウイルス感染症の拡大によって、活動が大きく制限された。二二年後半から、少しずつ対面での活動を再開している。ファブシティーとは何かを知ってもらうため、鎌倉市職員と連携して、市役所内に簡単な活動紹介展示ブースを設置した。展示期間中は、あえて昼の休憩時間に3Dプリンターを動かし、市役所職員に展示ブースを見てもらうよう試みた。この取り組みによって、デジタルファブリケーション技術に初めてふれる市役所職員が多く現れ、活動への理解や共感を得ることができた。その後、部署を超えた交流が始まり、活動に対する新たな動きが生まれている。

プロジェクトを通じた地域連携

二〇二二年、慶應義塾大学が鎌倉市らと推し進める「COI-NEXT」[12]プロジェクトの一環として、ファブラボ鎌倉がコーディネーターを担い、「鎌倉FABの13人」というプロジェクトをおこなっ

図3　市役所内の展示ブース（提供：ファブラボ鎌倉）
3D プリンターの試験運転や映像を用いた説明、作品やサンプル、実施プロジェクトなどを来場者に紹介した

た。これは鎌倉・湘南エリアの住民、教育機関、NPO法人などと共同で実施したものだ。この取り組みでは、鎌倉・湘南エリア内で大型立体地図を協力して制作することを目的にして、十三施設に3Dプリンターを設置し、各施設で分担して、一ピースずつ縦横十五センチの立体地図を出力していった。最終的に百四十四ピースを組み合わせて、縦横一メートル八十センチ、高さ五十センチの大型立体地図を完成させた。この立体地図には、中・高生たちが制作したプロジェクションマッピング映像を投影し、様々な情報が地図上に鮮やかに映し出された。制作した作品は、湘南モノレールの湘南江の島駅で約一カ月間展示され、地域内外の多くの人々が観賞した。この活動を通じ

て、地域内の関係者たちがつながり、地図が内包する豊富な情報を多くの人々と再認識する時間が生まれた意義は大きい。

大型立体地図の作り方

日本国内であれば、自分で3Dデータを作成しなくても、国土地理院のウェブサイトから立体地図データをダウンロードすることが可能である。欲しい地域の緯度・経度の範囲を指定すれば、高品質な立体地図データを誰でも無料で利用できるのだ。

ファブラボ鎌倉では、地元の有志の中・高生、社会人らと協力し、立体地図に映し出されるプロジェクションマッピングを制作した。写真部やパソコン部などの部活動単位で参加し、普段は交流が少ない文化系の部活にとっては新しい試みになった。学校の枠を超えて集まった生徒たちには集中講座をおこない、基本的な動画作成方法を伝えた。そして、制作する作品には、「鎌倉の文化、歴史、風土などの資源を活用すること」と「未来の社会」というテーマが提示された。

図4　市民ワークショップの様子（提供：ファブラボ鎌倉）
鎌倉在住や在勤の人々を対象に、ファブシティーワークショップを開催した。参加者たちは、まず3Dモデリングを体験し、地域課題に対してテクノロジーを活用した提案のためにチームを組み、アイデアを共有するセッションをおこなった

ある生徒は、季節の移り変わりを花で表現し、実際に花が咲く神社・仏閣を立体地図にマッピングするというアプローチですばらしい作品を制作した。また別の生徒は、宇宙から湘南エリアの一日の変化を可視化させていた。どの作品も、来場者が感覚的に情報を得ることができるように工夫され、印象的な作品だった。また、この活動によって、生徒たちや先生方と部活動を超えて交流を

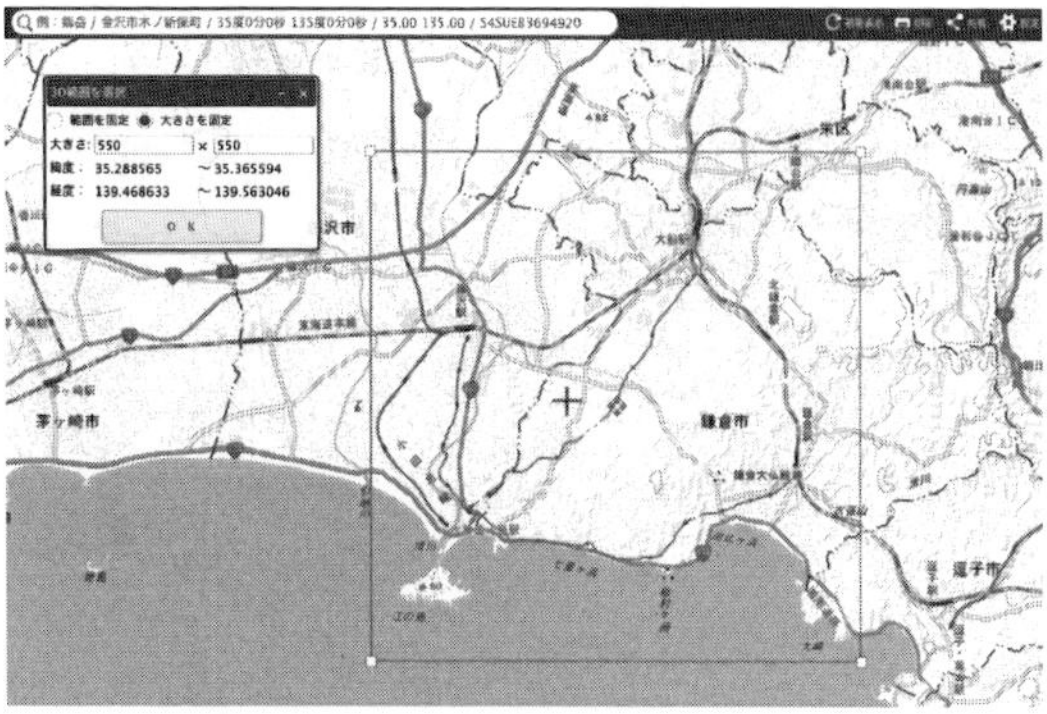

図5　立体地図の出力データ範囲を指定
(出典：「立体地図（地理院地図3D・触地図)」「国土地理院」〔https://maps.gsi.go.jp/3d/〕［2023年2月20日アクセス］)
どの地域でも位置を指定すれば立体地図のデータをダウンロードすることができる

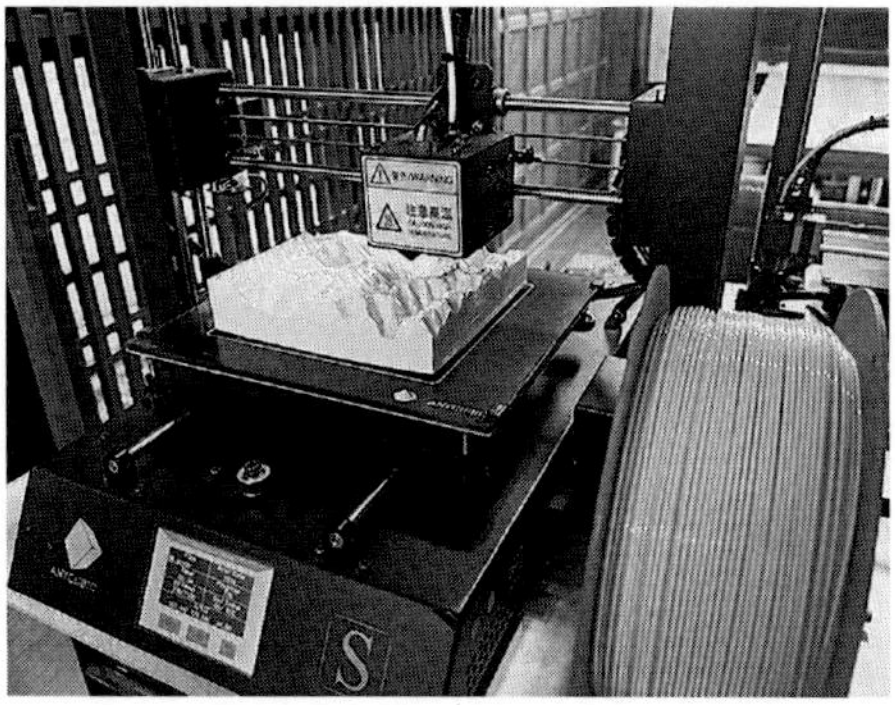

図6　3Dプリンターで立体地図が出力される様子（提供：ファブラボ鎌倉）
1ピース（縦横15センチ）出力するのに、高低差によっても異なるが約5時間から15時間が必要になる。造形素材は、回収されたペットボトルを再利用して作られている

図7　完成した大型立体地図（提供：ファブラボ鎌倉）
縦横1メートル80センチ、高さ50センチの大型立体地図は、144ピースの立体地図で構成されている。台座は、洗剤の詰め替えパックなどを再生したリサイクルブロックを使用している

図8　プロジェクションマッピングの様子（提供：ファブラボ鎌倉）
鎌倉女学院の学生による作品。立体地図に鎌倉の四季の花の移ろいが場所とともに反映されている

深め、新たな仕組みを作るという経験を得て、信頼関係を構築することができた。

　図書館は、地域の文化や歴史を保存する場所であり、地元の人々が自分たちのルーツや文化にふれることができる場でもある。これによって、地域のアイデンティティがより強固になり、共同体が形成される。地域には、大切に培われてきた資源がたくさん存在する。地域を知る機会や、相談できる専門的な知識をもった大人、そしてアイデアを試行錯誤できる場が存在することで、人と人が出会い、つながることができる。そうした関係性を土台にして、独自の取り組みが立ち上がってくることが大切だといえる。

膨大な情報が細切れに存在する現代社会のなかで、図書館は地域の特色を守り、過去、現在、そして未来への物語を紡ぎ出す重要な拠点と位置づけることができる。学生時代に、社会全体を俯瞰する視点をもつことや物事を文脈で考える経験をすることは、思考力や判断力を磨くうえでとても重要になる。また、小・中・高校で実施される探究授業やＳＴＥＭ教育と図書館の協力は、大いなる効果を生むと期待できる。学校と図書館がそれぞれの得意分野を生かし、協力することで、より充実した学習環境が築かれることになる。

触れて学ぶ空間へ

手で触れる学びの体験には、多彩な情報が含まれている。ファブラボで実際にモノや機材に触れたことで、生徒たちが自ら学びのエンジンをかける瞬間をたくさん目にしてきた。「触れる」という学習手法は、視聴覚とは異なる情報取得方法の一つといえる。細切れの視覚情報であふれる日常のなかで、触れることで得られる情報量は予想以上に多いことに気づかされる。耳で聞いても理解できないことでも触れることで理解し、体験を通じて情報をつなぎ合わせながら知識を深めるきっかけになる。例えば、立体地図では高低差を手で感じ取ることができる。さらに、多くの場所に触れることで新たな地理的つながりに気づくことがたくさんある。これは、地形には過去の歴史や地形学的な情報が多く含まれているからだ。一カ月の展示期間中に、私たちはとても印象的な場面に立ち会うことができた。今後の図書館内での活動に、新たな可能性を感じた瞬間でもあった。

私たちは、北鎌倉女子学園の生徒たちと事前調査をおこない、日中の展示会場は未就学児の親子の来場が多い傾向があることを事前に把握していた。そのため、展示台の高さを五十センチに設定

図9　立体地図に触れる未就学児
（提供：ファブラボ鎌倉）

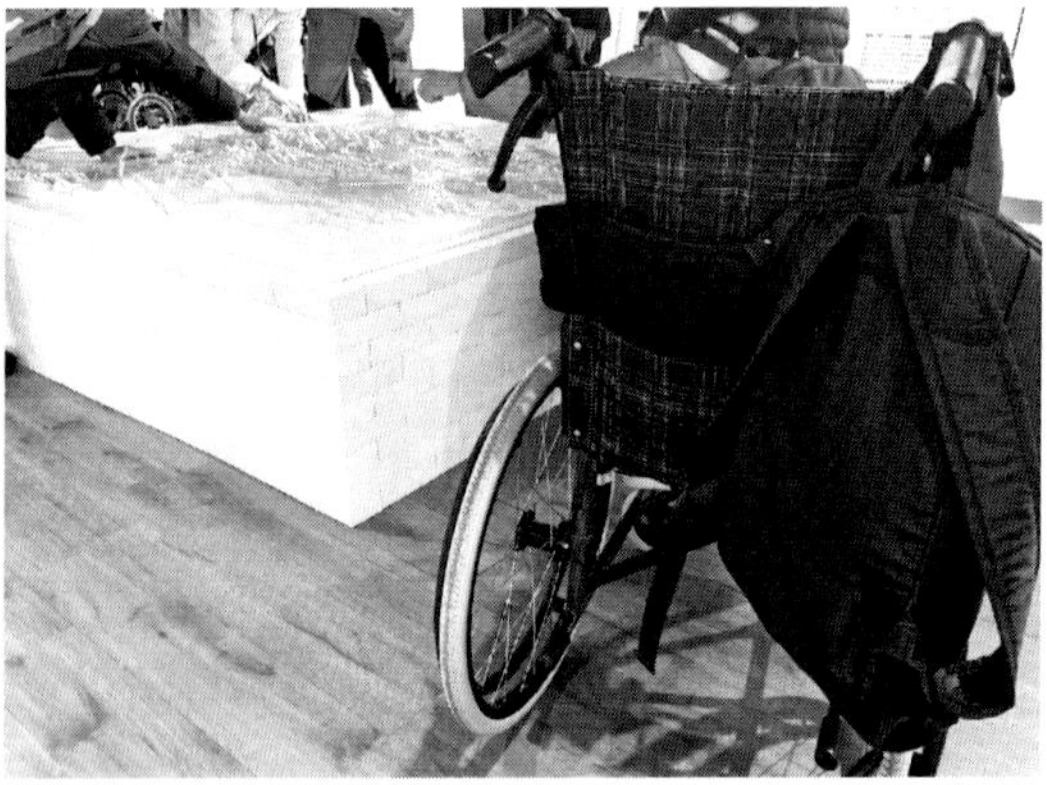

図10　車椅子を降りて立体地図に触れる小学生
（提供：ファブラボ鎌倉）

し、三歳児（身長八十センチから九十センチを想定）でも容易に触れることができるように設計した。そうした会場で、小さな子ども連れの親子にたくさん展示に触れてもらった。普段だとどうしても「触っちゃダメ」と保護者が子どもに注意をしてしまうなかで、自由に触れる機会をとても楽しんでもらった。

別の日には、小学生が車椅子で展示を見にきた。彼は立体地図に触りたくて車椅子から降り、自ら伝い歩きを始め、一つひとつの立体地図を確かめるように歩き回っていた。「触れてもいい」という環境が、彼の好奇心を刺激し、行動を後押しするきっかけになったのだ。些細なことでも「やってみたい」という気持ちを実現することは可能であり、それは地域の学び場を考えるうえで非常に重要な要素になる。身体性を伴う学びは、空間や時間を他者と共有できる。図書館内にそうした体験を伴う学びの場が増えることは、学ぶ楽しさをともに味わい、そして笑顔を増やす取り組みになっていくはずだ。

コンテストで、チャレンジするきっかけをつくる

小・中・高校生の新たなチャレンジを支援する活動として、二〇一六年からファブ3Dコンテスト(13)を実施してきた。この取り組みは、毎年決められた「テーマ」から着想して、それぞれが思い描いたアイデアをそれぞれ応募者が実際に形にしていくものである。

応募方法は、オンライン上で作成した制作プロセスについての記述ページのリンクを応募する、日本でも珍しいコンテスト形式になっている。現在でも、二〇一六年からの受賞者の作品ページを

図11　ファブ3D コンテスト
（出典：「FAB 3D CONTEST 2022」〔https://www.fab3d.org/〕［2021年12月20日アクセス］）

アーカイブとして見ることができる。オンライン上で蓄積された受賞作品のアーカイブが共有されることで、自然と過去の試行錯誤の文脈が引き継がれていく。そして、誰もがアクセスできるように公開されることで、蓄積された知識が自然と質の向上へとつながる流れを作り出しているのだ。

　ファブ3Dコンテストで使われるオンラインドキュメンテーションは、「fabble[14]（ファブル）」と呼ばれる。これは慶應義塾大学SFC研究所が開発した、制作プロセスを共有するためのプラットフォームだ。記述のフォーマットは決まっているが、そのなかでも使い手によって表現方法が異なっているように感じるのが面白い。制作日記のように作者の試行錯誤を書く方法もあれば、効率的に作り方を説明する方法などもあり、様々なスタイルを見ることができる。コンテストでは、うまくいかなかったことを積極的に書くことを推奨している。記述し、共有することで失敗から生じる自己嫌悪や自信喪失の恐怖から解放されるからだ。さらに、失敗を共有知にすることで俯瞰的に問題を捉え、課題への向き合い方が前向きに変わる効果が期待できる。コンテストは、同じ「テーマ」でも、異なるアプローチがあることを知るきっかけになる。また、他者に向けて発表することの意味や価値を見いだし、学校以外の評価軸のなかで自分を新たな視点で捉えることができる。オンライン上で公開することは、学習者が自分の強みや弱みを知る機会だけではなく、学習者自身が表現者としてどのように他者と関わり、社会とつながることができるかを考えるきっかけになる。

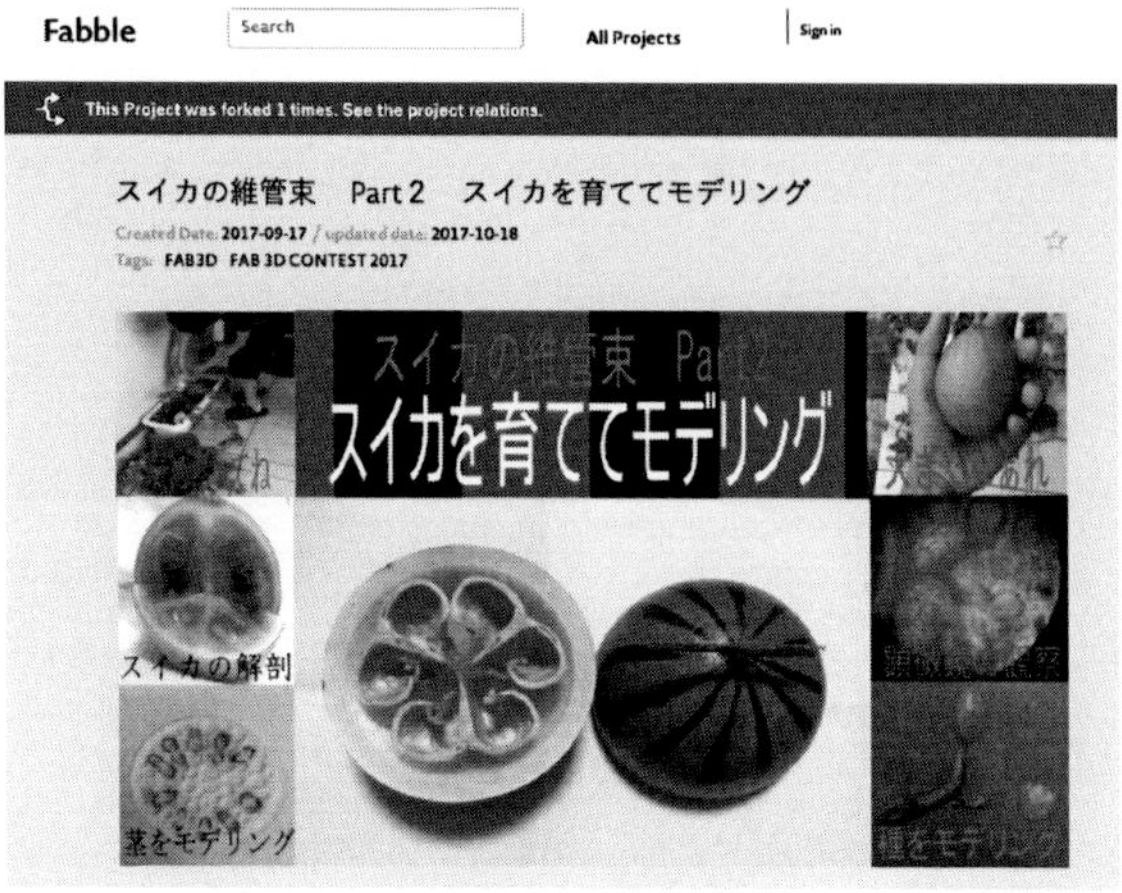

図12　2017年の受賞作品
(出典:「スイカの維管束 Part2 スイカを育ててモデリング」「Fabble」〔https://fabble.cc/hiratakaharu/2016-2017-suikanoikansoku〕［2021年12月20日アクセス］)

5 「第三の学び場」としての図書館

二〇二一年、小・中・高校生の不登校の生徒数が約二十四万人と報告された[15]。その数は増加傾向にあり、少子・高齢化が急速に進む日本社会では深刻な課題である。子どもたちは様々な状況下にあり、学校に行けない理由は一人ひとり異なる。より包括的に子どもたちを支援するため、二〇二三年四月にこども家庭庁が設立され、地域全体で子どもたちを見守り、育むための施策が進められている。子どもたちにとって学校とも家庭とも異なる「第三の居場所」に関する取り組みが、全国規模で積極的におこなわれている。[16] 図書館は、これまでも地域の居場所としての役割を担ってきたが、今後、さらに地域内の若年層の居場所としての役割を担うことが期待されている。なぜなら図書館には、学校にはない多様な出会いや新しい知識があるからだ。所得に関係なく、誰もがどんな本でも取り寄せることができる。専門知識をもったスタッフに相談することもできる。そして、すでに図書館は不登校や社会的孤立といった問題に直面している子どもたちにとって、社会とのつながりをもつための開かれた場として存在している。ファブラボやメーカースペースは、アイデアを形にする場所だが、活動の核になる考え方は、「ないなら、つくろう」と思える気持ちを育むことにある。子どもたちが学校に通わないという選択をするのであれば、図書館として何ができるかを考え、行動することは非常に重要である。この問題は簡単には解決できないが、一緒に考えてくれる人がいるだけで救いになる。メーカースペースやファブラボは場所だが、試行錯誤できる仲間や大人が近くにいることは、彼ら／彼女らにとっての希望にもなりうる。そのため、図書館がメーカースペースなどの新たな施設を導入することで、これまでにない社会的役割を果たすことができるといえるのだ。二十世紀の図書館の役割の文脈を引き継ぎながら、二十一世紀版の図書館としてどのようにアップデートしていくのかということと、次世代を担う若年層との関わりは深いのだ。図書館は地域の第三の居場所であり、さらに「第三の学び場」としての役割を積極的に担う存在であってほしいと願う。

誰もが機会を得られる未来を実現するために、私たち一人ひとりが自分なりの最初の一歩を踏み出し、ともに歩みを進めていきたい。

注

(1)「学習指導要領「生きる力」」「文部科学省」(https://www.mext.go.jp/a_menu/shotou/new-cs/index.htm)［二〇二一年十一月二十五日アクセス］

(2)文部科学省「社会に開かれた教育課程」文部科学省、二〇二〇年(https://www.mext.go.jp/a_menu/shotou/new-cs/__icsFiles/afieldfile/2020/01/28/20200128_mxt_kouhou02_03.pdf)［二〇二一年十一月二十七日アクセス］

(3)図書館をハブとしたネットワークの在り方に関する研究会「地域の情報ハブとしての図書館（課題解決型の図書館を目指して）」文部科学省、二〇〇五年(https://www.mext.go.jp/a_menu/shougai/tosho/houkoku/05091401.htm)［二〇二一年十一月二十五日アクセス］

(4)猪谷千香『つながる図書館――コミュニティの核をめざす試み』(ちくま新書)、筑摩書房、二〇一四年

(5)"YOUmedia" "Chicago Public Library" (https://www.chipublib.org/programs-and-partnerships/youmedia/)［二〇二一年十一月二十五日アクセス］

(6)"Museums, Libraries, and 21st Century Skills" "Institute of Museum and Library Services" (https://www.imls.gov/issues/national-initiatives/museums-libraries-and-21st-century-skills)［二〇二一年十一

月二十五日アクセス〕

（7）Sylvia Libow Martinez／Gary Stager、阿部和広監修『作ることで学ぶ——Maker を育てる新しい教育のメソッド』酒匂寛訳、オライリー・ジャパン、二〇一五年

（8）Mizuko Ito, et al.『つながりの学習——リサーチとデザインのためのアジェンダ：つながりの学習研究ネットワークによる総合研究レポート』デジタルメディアと学習研究拠点「つながりの学習」レポート、二〇一二年（https://dmlhub.net/wp-content/uploads/2012/12/CLJapanese.pdf）〔二〇二一年十一月二十七日アクセス〕

（9）「ファブスペース」「慶應義塾大学メディアセンター」（https://www.lib.keio.ac.jp/sfc/facilities/fabspace.html）〔二〇二一年十一月二十七日アクセス〕

（10）「「図書館」と「ファブ」の融合がもたらす「学びのエコシステム」」「工学院大学附属中学校・高等学校学園広報サイト mado」二〇一八年（https://www.kogakuin.ac.jp/mado/fabspace.html）〔二〇二一年十一月二十七日アクセス〕

（11）「「共に知り、共に創る」信州・学び創造ラボ」「県立長野図書館」（https://www.knowledge.pref.nagano.lg.jp/guidance/atsumaritai/manabilabo.html）〔二〇二一年十一月十二日アクセス〕、「石川県立図書館」（https://www.library.pref.ishikawa.lg.jp/）〔二〇二一年十一月十二日アクセス〕

（12）「共創の場形成支援プログラム」（https://www.jst.go.jp/pf/platform/）〔二〇二二年四月二十日アクセス〕

（13）「FAB 3D CONTEST 2022」（https://www.fab3d.org/）〔二〇二一年十二月二十日アクセス〕

（14）「Fabble」（https://fabble.cc/）〔二〇二一年十二月二十日アクセス〕

（15）文部科学省「令和3年度 児童生徒の問題行動・不登校等生徒指導上の諸課題に関する調査結果の

概要」文部科学省、二〇二三年（https://www.mext.go.jp/content/20221021-mxt_jidou02-100002753_2.pdf）［二〇二三年十二月二十七日アクセス］

（16）「学校図書館の位置付けと機能・役割」「文部科学省」（https://www.mext.go.jp/a_menu/shotou/dokusho/meeting/08092920/1282744.htm）［二〇二一年十一月二十七日アクセス］

V

第6章

デジタルネットワーク時代の著作権法

――未来の図書館員の意識改革のために

▼村井麻衣子

はじめに

デジタル技術やネットワークの進展に伴い、著作権法の改革が求められている。近年は頻繁な改正がおこなわれていて、二〇二一年には図書館関係の権利制限規定である第三十一条が改正され、インターネットを通じた図書館資料の利用可能性が拡大した。

図書館と著作権法の関わりについて、従来は、現行の著作権法を前提とし、どのようにして著作権法を順守して図書館サービスや業務をおこなうかということに焦点が当てられることが多かった。社会的にコンプライアンス（法令順守）が求められる以上、著作権法に抵触しない方法で図書館サービスを提供しなければならないのは当然のことではある。しかし、未来の図書館を視野に入れるならば、従来の著作権法を所与のものとせず、望ましい図書館のあり方を実現するために著作権法がどうあるべきなのかということを、図書館の側から提示していくことも必要になってくるだろう。(1)

デジタルネットワーク時代の現在、著作権法が変化しつづけているなかで、図書館員の著作権法に対する姿勢や認識もアップデートしていくことが求められる。本章では、現在様々な側面から指摘されている著作権法の課題を共有し、図書館と著作権法をめぐる問題を整理することで、未来の図書館員が時代に適した図書館の実現に向けて著作権法の課題を解決していくために、何が必要とされるかを考える。

1 背景——著作権法の課題

技術的環境の変化

デジタル技術やインターネットの発達によって、著作権法をめぐる状況は大きく変化した。「著作権法の第三の波論」では、著作権制度の歴史的変遷を三つの波に例えている。第一の波は著作権制度の成立を促した印刷技術の普及(十六世紀以降)であり、第二の波である複製技術の普及(二十世紀半ば以降)は、著作権を私人の活動を規制する権利に変容させた。さらに、インターネットの普及(二十世紀末)という第三の波によって、誰もが情報を公に送信することができるようになり、私的領域と公的領域が混然一体として分かちがたくなってきた。著作物の利用がきわめて容易

になり、その機会も増加している。(2)

このようにデジタル化が進みインターネットが普及した現在は、著作権法にとっての「憂鬱の時代」であるともいわれる。(3)著作権制度のあり方そのものを根本的に改革すべきだとして、パラダイム転換の必要性やリフォーム論も唱えられてきた。(4)

デジタル技術やインターネットの発展は、社会を豊かにし、図書館サービスやデジタルアーカイブをより便利で充実したものにする可能性をもたらす。著作権制度が足かせになって、技術による恩恵の享受に失敗することがあってはならないと指摘されているように、(5)現代の技術的環境に応じた著作権法のあり方を模索していく必要がある。

少数派バイアス――利用者の利益が法に反映されにくいという構造的課題

著作権法の政策形成は、少数派バイアスの問題に大きく影響されることが、近時、指摘されるようになっている。一般に、立法プロセスはロビイング活動の影響を受けやすく、組織化された利益は反映されやすいが、組織化されない利益は反映されにくい。特に著作権制度は、有体物のような物理的な歯止めが存在しないため、少数に集中した権利者側の利益が法に反映されやすく、広く拡散した利用者側の利益は、総体としては大きな利益であっても法に反映されにくいという、構造的なゆがみが生じやすい。(6)

このような構造的なバイアスを矯正するためには、利用者側の利益を十分に汲み取った著作権法の立法・運用がなされることが必要になる。著作権法の目的として、権利者の保護と利用者の利用の自由のバランスをとりながら、最終的に「文化の発展」に寄与することが掲げられているように（第一条）、権利者の利益とともに利用者の利益にも十分配慮することが求められる。

2　図書館と著作権法第三十一条

著作権法第三十一条

著作権法は、第三十一条に図書館に関する権利制限規定を置いている。著作権の存続期間が過ぎていない著作物については、原則として複製（コピーなど。第二十一条、第二条第一項第十五号を参照）や公衆送信（インターネット上へのアップロードなど。第二十三条、第二条第一項第七の二号を参照）など、著作権法が定める一定の行為に著作権が及ぶが、第三十条以下に規定される著作権の制限規定に定められている行為は、著作権者の許諾なく自由におこなうことができる。

第三十一条は、いわゆる「複写サービス」（第三十一条第一項第一号）や、「保存のための複製」（同項第二号）、「他の図書館等の求めに応じた複製」（同項第三号）などを図書館がおこなうことができる旨を定めてきた。

第三十一条に基づいた複写サービスとして、図書館等は調査研究をおこなう利用者の求めに応じ、公表された著作物の一部分を一人につき一部、図書館資料を複製して提供することができる。従来、複製と複製物の提供だけが認められていて、紙に複写したものを郵送することはできるが、ファクスやメールなどで送信すること（公衆送信）はできないという課題があった。

二〇〇九年には、現在の第三十一条第六項が新設され、国立国会図書館は納本と同時に図書館資料を電子化（デジタル化）することが可能になった。さらに一二年に現在の第三十一条第七項が追加され、絶版等資料（絶版などの理由によって一般に入手することが困難な図書館資料）に限って、ほかの図書館などへインターネット送信することが可能になった。[7] しかし、入手困難資料のデータの送信先は図書館などに限定されていて、利用者が電子化資料を閲覧するためには図書館などに赴かなくてはならないという課題があった。

二〇二一年著作権法改正

二〇二一年、新型コロナウイルス感染症の流行でインターネットを通じた図書館資料へのアクセスのニーズが顕在化したことなどを背景に、第三十一条が改正された。①国立国会図書館によって電子化された資料のうち、絶版などの理由によって一般に入手することが困難な図書館資料をインターネットを通じて個人向けに送信することが可能になるとともに、②利用者の調査研究の用に供するため、図書館資料である著作物の一部分を公衆送信することが可能になった。[8]

①「国立国会図書館による絶版等資料の個人向けインターネット送信」は、絶版等資料を利用者に直接インターネット送信することを可能とするものであり（第三十一条第八項）、二〇二二年五月十九日からサービスの提供が開始された。対象になる資料は、絶版等資料のうち三カ月以内に復刻などの予定があるものを除いた「特定絶版等資料」（第三十一条第十項）である。

②「図書館等による図書館資料の公衆送信」は、従来のいわゆる複写サービスについて、インターネット送信など（公衆送信）を可能とするものである（第三十一条第二項）。公衆送信が可能な範囲は、従来の「著作物の一部分」という原則を維持しながら、複写サービスを含めて、著作物の全部を複製もしくは公衆送信できる場合として、「国等の周知目的資料[9]その他の著作物の全部の公衆送信が著作権者の利益を不当に害しないと認められる特別な事情があるものとして政令で定めるもの」が規定された（第三十一条第一項第一号かっこ書き、同条第二項かっこ書き）。「政令で定めるもの」としては、改正前に著作物全部の複製が認められていた「発行後相当期間を経過した定期刊行物に掲載された個々の著作物」などが定められた（著作権法施行令第一条の四、同法第一条の五）[10]。また、「著作物の種類（略）及び用途並びに当該特定図書館等が行う公衆送信の態様に照らし著作権者の利益を不当に害することとなる場合」には、公衆送信をおこなうことができないと定めるただし書きが設けられた（第三十一条第二項ただし書き）。絶版等資料に限らず一般に入手可能な資料も対象になるため、権利者の利益に配慮して補償金の支払いが義務づけられている（第三十一条第五項）。

3 著作権法とどのように向き合うか

著作権法の運用への関与のあり方——関係者協議の課題

① 二〇二一年著作権法改正でのソフトローの活用

二〇二一年改正では、具体的な法の運用が関係者協議やガイドラインなどに委ねられた部分が多くある。例えば図書館等による公衆送信では、公衆送信の可否などに関する「ただし書き」の具体的な解釈・運用について、文化庁の関与のもと、幅広い関係者や中立的な第三者を交えてガイドラインを作成するものとされた。また、データの流出防止措置の具体的な内容や、公衆送信の主体になる図書館などの範囲（特定図書館等の要件）については政省令やガイドラインを定めるとされた。[11] 補償金額の決定方法についても、文化庁長官による認可を得るにあたり、図書館等の関係者から意見聴取をするものとされている（第百四条の十の四第三項）。

改正法の成立後、権利者側・図書館側の各団体によって構成される「図書館等公衆送信サービスに関する関係者協議会」が開催され、ガイドライン分科会、補償金分科会、特定図書館等分科会、事務処理等スキーム分科会に分かれて検討が進められた。[12] 関係者協議会によって取りまとめられた「図書館等における複製及び公衆送信ガイドライン」は、図書館等による公衆送信に関する改正法の施行日（二〇二三年六月一日）の直前に公表されている。[13] ガイドラインでは、公衆送信の「対象となる著作物の範囲」「全部利用が可能な著作物」「利用対象外となる図書館資料（法第三十一条第二項ただし書き）」、「特定図書館等の要件（法第三十一条第三項）」「著作権保護期間に関する補償金の要否判断について」などの項目について、改正法の解釈と運用が示されるとともに、今後も協議のもとで内容の見直しがおこなわれていく旨が記されている。

ガイドラインは法令のように法的強制力があるわけではなく、ソフトロー[14]の一つと位置づけられる。従来から、図書館実務での著作物の取り扱いについては様々なガイドラインが策定されてきた[15]が、今回は特に著作権法改正の審議の段階でガイドラインや関係者協議による具体化が織り込まれていることから、図書館実務にとって重要性の高いガイドラインだと考えられる。

②関係者協議の課題

このように第三十一条の改正に際してはガイドラインなどのソフトローを利用することで法の運用に当事者らの意向をよりきめ細かく反映し、法の予測可能性を高めることが企図されていたものと思われる[16]。

しかし、当事者間協議は権利者保護に偏りやすいという問題も指摘されている[17]。図書館関係のガイドラインには、利用を認める方向のガイドライン[18]が存在する一方で、利用を制約する方向のものもある。例えば、国立国会図書館による絶版等資料の送信については、関係者間協議による合意事項によって漫画・雑誌などが類型的に除外されたり、著作者からの申し出によって送信対象から除外するという扱いがなされている[19]。そのほか、図書館でのＤＶＤやビデオソフトを用いた映画上映会について、著作権法上は非営利などの要件を満たした上映であれば無許諾での利用が認められているが（第三十八条第一項）、日本図書館協会と日本映像ソフト協会との合意では、あらかじめ「上映会」での利用が権利者によって明示的に承認されている作品以外は、作品の販売元に「上映会」利用の可否について照会することなどが求められている。[20] このように著作権法上許容されているはずの行為が、関係者間協議によって制約されてしまうことに対しては、懸念が示されてきた。[21] 公衆送信ガイドラインでも、定期刊行物（新聞を除く）は公衆送信をすることができない期間が発行後一年間と複写サービスに比して長く設定され、図書館等公衆送信補償金管理協会（ＳＡＲＬＩＢ）が除外資料として指定したものが公衆送信の対象外にされるなど、公衆送信の範囲を限定する内容が盛り込まれている。

ソフトローの形成にあたっては、社会的公平性や客観的透明性、利害関係者の対等協議性の確保が重要であると指摘されていて、権利者・利用者双方の意見を適正に反映することが求められる。[22] 図書館関係の協議でも利用者側の当事者が協議に参加することが望ましいと考えられるが、[23]「図書館等公衆送信サービスに関する関係者協議会」は実質的に権利者団体と図書館関係団体とで構成されている。少数派バイアスの問題も踏まえると、権利者側との協議において、図書館側は利用者の利益を十分に汲み取って主張していくことが求められる。

著作権法の解釈のあり方について

図書館での著作物の取り扱いについては、Ｑ＆Ａとして事例ごとにまとめられているものも多く、実務上の指針になっている。[24] もっとも、法は様々な事例に適用できるよう一般的・抽象的に定められるため、実際の具体的な事例に当てはめる場合には法の意味内容を明らかにする「解釈」が必要になり、明らかに侵害もしくは非侵害と考えられるケースを除く多くのグレーゾーンでは、ケースバイケースで具体的な事情をみて判断せざるをえない。

日本の著作権法の条文は、国際的なロビイング活動などの影響を受けて、著作権を守る方向では複製・公衆送信など権利が相対的・包括的に定められている半面、著作権の制限は、柔軟な権利制限規定が導入されたものの個別具体的に定められている。このような条文の構造を法の解釈にそのまま反映しようとすると、権利を広げる方向では包括的な解釈を採り、権利を制限する方向では限定的な解釈をするということになるのかもしれない。しかし、少数派バイアスの問題を前提にすると、著作権法の文言どおりの保護を実現することは、バイアスの矯正を妨げることになりかねないという指摘に留意する必要がある。[25]

著作権侵害を避けるためには安全策を取りがちになるが、萎縮効果が生じることは望ましくない。法には様々な解釈の可能性がある。[26] 図書館実務では、法律や条文の趣旨を十分に踏まえたうえで、必要に応じて柔軟な解釈を探ることも検討すべきである。

4 公衆送信サービスの将来像

インターネットを通じた図書館資料の提供のあり方――国立国会図書館とほかの図書館との役割分担

インターネットによる送信は物理的・場所的制約を受けないため、各図書館などによる公衆送信サービスを今後どのようにして実施していくことが望ましいかということが検討課題になる。[27]

一つの方向性としては、各図書館による公衆送信が可能だという枠組みを維持しながらも、国立国会図書館が中心になってインターネットを通じて図書館資料を提供する体制が考えられる。[28] 各図書館などが公衆送信をおこなうためには逐一図書館資料をスキャンしなければならないのに対し、国立国会図書館はすでにデジタル化された資料を用いることで（第三十一条第六項、同条第八項）、より効率的に公衆送信サービスを提供することができる可能性がある。一方で、図書館の多様性の確保や分権の理念という観点からは、あくまで各図書館が公衆送信サービスをおこなうことが望ましいとする考え方がありうる。[29]

関連して、インターネットを通じた図書館資料の提供については、国立国会図書館による絶版等資料の個人送信サービス（第三十一条第八項）と各図書館などによる公衆送信サービス（第三十一条第二項）の関係をどのように位置づけ、整理していくかということも検討課題になる。

改正時の議論では、国立国会図書館による絶版等資料の個人送信サービスの対象について、将来的には送信対象資料の拡大を含めてサービスの利便性を高めながら、あわせて補償金制度を導入する方向性を目指すべきという意見が示されていた。(30) 国立国会図書館による個人送信サービスの対象を絶版等資料に限定せずに拡大していくのであれば、国立国会図書館を含む各図書館などの公衆送信サービスと実質的に重なってくることになる。(31) そうなれば、現在の絶版等資料の送信サービスと、広く図書館資料を対象とする公衆送信サービスの位置づけを整理する必要が生じる。

また、改正時の議論をまとめた報告書では、「大学図書館・公共図書館等が保有する入手困難資料の取扱い」として、国立国会図書館が保有していない貴重な資料（入手困難資料）を国立国会図書館に集約し、国立国会図書館から全国の図書館や個々の利用者に向けた送信をおこなうこと（いわば、国立国会図書館をハブとして資料の全国的な共有を図ること）が望ましい(32)と述べられていて、「国立国会図書館のデジタル化資料の個人送信に関する合意文書」にも、「大学図書館・公共図書館等の各図書館等は、国民の情報アクセスを確保する観点から、国立国会図書館及び文化庁・文部科学省からの依頼に応じて、国立国会図書館への積極的な絶版等資料の提供に努めることが望ましい(33)」という内容が盛り込まれている。これに対しては、図書館界全体での合意がないままに国立国会図書館への集約化が進むことへの懸念や、データを国立国会図書館に提供するための膨大な作業や費用を各図書館などが負担することへの批判もある。(34)

二〇二一年著作権法改正での第三十一条の見直しは、コロナ禍の影響を受けて早急な対応が求められていたという側面がある。そのため、従来の枠組みを前提に、国立国会図書館による絶版等資料の送信と、いわゆる複写サービスを、それぞれインターネット送信に対応させた内容になっている。

今後、図書館の将来像を検討するうえでは、絶版等資料の送信サービスとそれ以外の資料を含めた公衆送信サービスの関係、そして国立国会図書館とほかの図書館などとの役割分担のあり方を整理し、利用者のニーズなども考慮しながら、インターネットを通じた図書館資料の提供のあり方を検討していくことが必要になってくると思われる。

補償金制度の拡張可能性とその課題

元国立国会図書館長の長尾真によって、従来から国立国会図書館が電子化資料をデータベース化し、利用者に有償で貸し出したり販売したりすることで出版社や著作権者に対価を還流させる仕組み(いわゆる「長尾構想[35]」)が提案されてきていて、二〇二一年改正は長尾構想を一部実現させるものという指摘もある[36]。図書館でより自由な複製を認めながら補償金制度を導入するという提案も以前からなされてきた[37]。

現在の著作権法は個別に許諾を得る権利処理を前提としているが、その枠組みは複製をおこなうために相当の設備が必要だった時代に作られたものである。利用できる著作物や著作物の利用機会が爆発的に増えた現代では、著作物が利用される場面の特性に応じて、著作権を禁止権ではなく報酬請求権化して補償金制度を導入するなどの方策を採ることが望まれる[38]。現在のところ、国立国会図書館による個人向け送信サービスの対象は特定絶版等資料に、各図書館などによる公衆送信サービスの対象は原則として著作物の一部分に限られているが、将来的には、より広い範囲で公衆送信を認めながら、補償金によって権利者に対価を還流させるという制度設計も考えられる。

補償金制度が実効的に機能するためには、補償金の額の設定も重要になるだろう。[39] 図書館等公衆送信補償金を受ける権利を行使する団体として図書館等公衆送信補償金管理協会（ＳＡＲＬＩＢ）[40] が指定され、文化庁長官によって認可された補償金規定が公表されたが、[41] 例えば新聞や定期刊行物は、一ページあたり五百円、二ページ目以降一ページごとに百円とされていて、図書についても最低五百円と設定されるなど、利用者にとっては高額だと考えられる。これについては、補償金の額の認可の際に文化庁次長による留意事項が示され、[42] 金額の再考を望む声もある。[43] 補償金を高く設定して利用を抑制するよりも、利用しやすい金額設定にして多く利用されることで、結果として権利者により多くの利益が還流される可能性もあることから、権利者・出版者などには、既存のビジネスモデルから脱却し、権利者・出版者と利用者の双方に利益をもたらす料金設定や新しい出版流通システムのあり方を追求していくことが期待される。[44]

補償金制度は、著作物の利用と権利者への利益配分の両立を可能にするという中庸的な解決をもたらしうるものであり、近時の著作権法改正での導入も増えている。[45] しかし、著作物利用に対して補償金が課される場合には、その額がどんなに低廉だったとしても、特に経済的弱者にとっては著作物の利用が抑制されるおそれがあるということに留意する必要がある。[46] 複写サービスや公衆送信サービスの対象になっている「調査・研究目的」の著作物利用が権利者を含めて広く公益に資する可能性があることを考えれば、その額を低く抑えて十分な利用がなされることが社会全体にとって望ましいといえる。[47] また、国立国会図書館による個人送信サービスについて、送信対象資料の拡大と補償金制度の導入を検討すべきという意見[48]もあるが、国民の平等な情報へのアクセスを保証するという図書館の使命に照らせば、少なくとも絶版等資料のような入手手段が限られている図書館資料については、補償金制度の導入に対して慎重であるべきであり、そのような範囲については無料での送信を維持するか、補償金制度を導入するのであれば税金などで負担することが検討されるべきだろう[49]。

おわりに

以上のように、図書館と著作権法の問題を考えるにあたっては、技術的環境の変化に伴い、著作権法そのものの変革が求められているという状況や、利用者の利益が法に反映されにくいという少数派バイアスの問題を踏まえることが重要である。現代の技術的環境のもとで図書館がどのように資料を提供していくことが望ましいのかということを、図書館員自身が考え、提案し、それを可能にするための著作権法のあり方の実現に向けて積極的に関与していくことが望まれる。

注

（1）科学技術・学術審議会情報委員会／オープンサイエンス時代における大学図書館の在り方検討部会

「オープンサイエンス時代における大学図書館の在り方について（審議のまとめ）」文部科学省、二〇二三年、五ページ（https://www.mext.go.jp/content/20230325-mxt_jyohoka01-000028544.pdf.pdf）［二〇二三年八月一日アクセス］

（2）田村善之「デジタル化時代の著作権制度――著作権をめぐる法と政策」「知的財産法政策学研究」第二十三号、北海道大学大学院法学研究科21世紀COEプログラム「新世代知的財産法政策学の国際拠点形成」事務局、二〇〇九年、一五ページ以下、田村善之『知的財産法 第五版』（有斐閣、二〇一〇年）四一八―四二〇ページ

（3）中山信弘『著作権法 第三版』有斐閣、二〇二〇年、i―v、三―一三ページ

（4）田村善之「日本の著作権法のリフォーム論――デジタル化時代・インターネット時代の「構造的課題」の克服に向けて」「知的財産法政策学研究」第四十四号、北海道大学大学院法学研究科21世紀COEプログラム「新世代知的財産法政策学の国際拠点形成」事務局、二〇一四年、二五ページ以下、Maria A. Pallante「次世代の偉大な著作権法」石新智規／山本夕子訳、同誌第四十五号、二〇一四年、三三ページ以下

（5）「かくも容易に複製ができ、その質もオリジナルとほとんど変わりがないという時代が到来したということは、人間の生活がそれだけ豊かになる可能性が広がったということを意味している。旧態依然とした法制度が足かせとなってこのような技術恩恵の享受に失敗するようなことがあってはならない」（前掲「日本の著作権法のリフォーム論」六八ページ）

（6）同論文三〇―三四ページ

（7）当初、送信を受けることができる「図書館等」は国内の図書館などに限られていたが、二〇一八年改正によって、「図書館等に類する外国の施設で政令で定めるもの」（要件については著作権法施行令

第一条の四を参照）が追加された。

（8）「令和3年通常国会 著作権法改正について」「文化庁」（[https://www.bunka.go.jp/seisaku/chosakuken/hokaisei/r03_hokaisei/]）［二〇二三年八月一日アクセス］）および同ウェブサイト掲載資料、南亮一「著作権法第31条はどう改正されたか？——個人送信サービスと図書館公衆送信サービスを中心に」、図書館問題研究会編「みんなの図書館」二〇二三年一月号、教育史料出版会、三三ページ以下、池村聡「令和3年著作権法改正について」、高林龍／三村量一／上野達弘編「年報知的財産法2021-2022」日本評論社、二〇二一年、一ページ以下、村井麻衣子「令和3年著作権法改正——インターネットを通じた図書館資料へのアクセスの容易化と放送番組の同時配信等における権利処理の円滑化」「法学教室」二〇二一年十一月号、有斐閣、五八ページ以下

（9）「国等の周知目的資料」とは、「国若しくは地方公共団体の機関、独立行政法人又は地方独立行政法人が一般に周知させることを目的として作成し、その著作の名義の下に公表する広報資料、調査統計資料、報告書その他これらに類する著作物」（第三十一条第一項第一号かっこ書き）とされている。

（10）公衆送信サービスにかかる改正が施行された二〇二三年六月一日時点で、①国等の周知目的資料、②発行後相当期間を経過した定期刊行物に掲載された個々の著作物、③美術、図形または写真の著作物であって、図書館資料を用いた著作物の複製にあたって、その対象とする著作物に付随して複製される著作物（表示の精度その他の要素に照らし軽微な構成部分になるものに限る）の三つが定められている。

（11）文化審議会著作権分科会「図書館関係の権利制限規定の見直し（デジタル・ネットワーク対応）に関する報告書」二〇二一年二月三日、文化庁、一七ページ以下（https://www.bunka.go.jp/seisaku/bunkashingikai/chosakuken/pdf/92818201_03.pdf）［二〇二三年八月一日アクセス］

（12）「図書館等公衆送信サービスに関する関係者協議会」「日本図書館協会」（https://www.jla.or.jp/committees/chosaku/tabid/946/Default.aspx）［二〇二三年八月一日アクセス］

（13）図書館等公衆送信サービスに関する関係者協議会「図書館等における複製及び公衆送信ガイドライン」二〇二三年五月三十日、「図書館等公衆送信補償金管理協会ＳＡＲＬＩＢ」（https://www.sarlib.or.jp/wp-content/uploads/2023/05/31guidelines230530.pdf）［二〇二三年八月一日アクセス］。二〇二一年改正は第三十一条第一項第一号（複写サービス）の要件も変更したため、ガイドラインは複写サービスを含めた内容になっているが、複写サービスの実施について実質的な変更をおこなうものではない旨が記されている。

（14）ソフトローとは、法的な強制力がない民間のガイドラインなどの諸規範でありながら、私人や国の行動などに影響を及ぼしているものなどとされる。中山信弘編集代表、藤田友敬編『ソフトローの基礎理論』（ソフトロー研究叢書）、有斐閣、二〇〇八年、ⅰページ［中山信弘執筆部分］

（15）著作権情報センター附属著作権研究所「著作権分野におけるソフトローに関する調査研究報告書」文化庁、二〇一八年三月、二七ページ以下（https://www.bunka.go.jp/tokei_hakusho_shuppan/tokeichosa/chosakuken/pdf/r1393032_05.pdf）［二〇二三年八月一日アクセス］、吉田大輔「講演録 著作権分野におけるソフトローの現状と活用」「コピライト」二〇二二年四月号、著作権情報センター、二ページ以下

（16）今村哲也「著作権法におけるソフトローの意義」、高倉成男／木下昌彦／金子敏哉編『知的財産法制と憲法的価値』所収、有斐閣、二〇二二年、六六ページ以下

（17）中山一郎「政策・産業界の動き」、前掲「年報知的財産法2021-2022」一七一ページ

（18）例えば、日本図書館協会／国公私立大学図書館協力委員会／全国公共図書館協議会「図書館間協力

における現物貸借で借り受けた図書の複製に関するガイドライン」（二〇〇六年一月一日、「日本図書館協会」〔http://www.jla.or.jp/Portals/0/html/fukusya/taisyaku.pdf〕〔二〇二三年八月一日アクセス〕）、日本図書館協会／国公私立大学図書館協力委員会／全国公共図書館協議会「複製物の写り込みに関するガイドライン」（二〇〇六年一月一日、「日本図書館協会」〔http://www.jla.or.jp/Portals/0/html/fukusya/uturikomi.pdf〕〔二〇二三年八月一日アクセス〕）など。

(19)「国立国会図書館のデジタル化資料の図書館等への限定送信に関する合意事項」「国立国会図書館」〔https://www.ndl.go.jp/jp/preservation/digitization/digitization_agreement02.pdf〕〔二〇二三年八月一日アクセス〕、「国立国会図書館のデジタル化資料の個人送信に関する合意文書」「国立国会図書館」〔https://www.ndl.go.jp/jp/news/fy2021/kojinsoshin_agreement.pdf〕〔二〇二三年八月一日アクセス〕

(20)「資料・合意事項」、日本図書館協会図書館雑誌編集委員会編「図書館雑誌」二〇〇二年一月号、日本図書館協会、七〇―七一ページ

(21) 上野達弘「国会図書館による絶版等資料の送信――平成24年著作権法改正の意義と課題」、有斐閣編「ジュリスト」二〇一三年一月号、有斐閣、四一ページ

(22) 前掲「著作権分野におけるソフトローに関する調査研究報告書」一二〇ページ、生貝直人「図書館等のデジタル・ネットワーク対応」、有斐閣編「ジュリスト」二〇二一年十二月号、有斐閣、三二―三三ページ

(23) 鈴木康平「入手困難資料へのアクセスの容易化に係る令和3年改正著作権法の検討」、「図書館情報メディア研究」編集委員会編「図書館情報メディア研究」第二十巻第一号、「図書館情報メディア研究」編集委員会、二〇二二年、一一ページ

(24) 例えば、黒澤節男『Q&Aで学ぶ図書館の著作権基礎知識 第四版』（〔ユニ知的所有権ブックス〕、

太田出版、二〇一七年）、黒澤節男「図書館と著作権」「著作権情報センター」（〔https://www.cric.or.jp/qa/cs03/index.html〕〔二〇二三年八月一日アクセス〕）、国公私立大学図書館協力委員会／大学図書館著作権検討委員会「大学図書館における著作権問題Q＆A（第9.1.1版）」（〔国公私立大学図書館協力委員会〕〔https://julib.jp/wp-content/uploads/2022/12/copyrightQA_v9.1.1.pdf〕〔二〇二三年八月一日アクセス〕）など。

(25) 前掲「日本の著作権法のリフォーム論」五六―五七ページ、田村善之「法教育と著作権法――政策形成過程のバイアス矯正としての放任との相剋」、有斐閣編「ジュリスト」二〇一〇年七月号、有斐閣、四一ページ

(26) 例えば、第三十一条第一項第一号の柔軟な解釈として、田村善之『著作権法概説 第二版』（有斐閣、二〇〇一年）二三四ページ（「発行後相当期間を経過した定期刊行物に掲載された個個の著作物」については著作物全部の複製が認められていたことについて、再度増刷されることが想定されない定期刊行物に掲載された文献は、図書館などの複製に頼る必要性が高くなる半面、その売り上げに直接影響せず著作権者に与える不利益が大きくないことをその趣旨として捉えたうえで、単行本に関しても、発行後相当期間を経過し絶版になって市場で入手困難であることが推察される場合には、著作物全体の複製を認めてもいいとする）を参照。

(27)「図書館関係の権利制限規定の在り方に関するワーキングチーム（第4回）」（「文化庁」〔https://www.bunka.go.jp/seisaku/bunkashingikai/chosakuken/toshokan_working_team/r02_04/〕〔二〇二三年八月一日アクセス〕）で、茶園成樹委員は次のように発言している。「図書館がこの制度を運営することにコストがかかることを考えると、このような送信サービスは国立国会図書館に集中させて、基本的にそこでおこなってもらうほうが効率的かということになるのかもしれません。私は、この検討さ

れている制度に反対しているわけではありません。言いたいのは、送信サービスという、場所とか物理的な存在が必要でないサービスの提供で図書館はどうあるべきかについて、今後きちんと考えないといけないという〔こと：引用者注〕です」

(28) 伊藤真「講演録 著作権法31条の改正とそれに伴うガイドライン等の作成について」「コピライト」二〇二二年二月号、著作権情報センター、一五―一六ページ。国立国会図書館が公衆送信する図書館資料を地方の図書館等も送信することは税金の重複投資になるとして、公共図書館・大学図書館等は地域資料や貴重資料などの国立国会図書館が有していない資料の公衆送信や、利用者が国立国会図書館の個人送信サービスを利用するための支援などをおこなうべきと主張している。

(29) 糸賀雅児「図書館等公衆送信サービスをめぐる疑問と提言」、日本図書館協会図書館雑誌編集委員会編「図書館雑誌」二〇二三年一月号、日本図書館協会、四四ページ以下

(30) 前掲「図書館関係の権利制限規定の見直し（デジタル・ネットワーク対応）に関する報告書」五ページ

(31) 村井麻衣子「未来の図書館と著作権法のあり方の検討に向けて――令和3年著作権法改正の意義と課題」、未来の図書館研究所編「未来の図書館研究所調査・研究レポート 2021」未来の図書館研究所、二〇二二年、一五四ページ

(32) 前掲「図書館関係の権利制限規定の見直し（デジタル・ネットワーク対応）に関する報告書」一二ページ

(33) 前掲「国立国会図書館のデジタル化資料の個人送信に関する合意文書」三ページ、「国立国会図書館未収かつ入手困難資料のデータ収集事業へのご協力のお願い」（「国立国会図書館」〔https://www.ndl.go.jp/jp/preservation/digitization/data-acceptance.html〕〔二〇二三年八月一日アクセス〕）も参照

のこと。

(34) 前掲「図書館等公衆送信サービスをめぐる疑問と提言」四四ページ以下

(35) 長尾真、LRG編『未来の図書館を作るとは』達人出版会、二〇一四年(https://tatsu-zine.com/books/miraino-toshokan)[二〇二三年八月一日アクセス]、後藤敏行「長尾構想の検討――推進に向けた予測と提言」「図書館界」第六十四巻第四号、日本図書館研究会、二〇一二年、二五六ページ以下

(36) 糸賀雅児「長尾真先生の逝去と著作権法の改正」、日本図書館協会図書館雑誌編集委員会編「図書館雑誌」二〇二一年七月号、日本図書館協会、四二二ページ、南亮一「図書館における著作物の送信に関する著作権法の改正の意義――これまでの経緯を踏まえて」、機関誌委員会編「専門図書館」第三百八号、専門図書館協議会、二〇二二年、二ページ以下

(37) 細井五「21世紀の図書館活動と著作権問題――著作権料請求権の実態化事業はJLAの仕事である」、日本図書館協会図書館雑誌編集委員会編「図書館雑誌」二〇〇二年六月号、日本図書館協会、四〇八―四〇九ページ、前川芳久「図書館のこれまでの著作権論議と補償金に関わる二つの論点について」、同誌四〇六ページ。複写サービスなどで利用の可否を判断するにあたっては、図書館員が利用者と著作権者などの間で板挟みになりがちであり(山本順一「公共図書館の現場で多くの職員が悩んでいる諸問題」、桃山学院大学経済経営学会編「桃山学院大学経済経営論集」第五十八巻第一号、桃山学院大学総合研究所、二〇一六年、一〇八ページ)、利用者にとっては全く複写などができないよりも補償金を支払っても複写ができるほうが納得できるものと考えられることから、図書館にとってもトラブルを回避できると考えられる(戸田豊志「公共図書館は著作権法第31条第1号を守ることができるのか」、中部図書館学会編「中部図書館学会誌」第四十六号、中部図書館学会、二〇〇五年、

六四―六六ページ)。

(38) 田村善之「ポスト2018年改正下における日本の著作権法の中長期的課題――続・続・日本の著作権法のリフォーム論」「Law&Technology」第九十号、民事法研究会、二〇二一年、四―六ページ。①アンチ・コモンズ型(権利者や利用者が多数のため取引が困難な場合。例えば、雑誌記事のDVD化など)、②批評型(権利者が特異的に利用を拒否する場合)、③公益型(研究教育など外部性が高い利用の場合)を市場の失敗の例として挙げたうえで、例えば、③外部性による市場の失敗のケースでは、報酬請求権化したうえで低廉な補償金を課すという方策が考えられ、①アンチ・コモンズ型では、私的録音録画補償金制度のような集中処理などの対策が必要になると論じている。

(39) 小嶋崇弘「権利制限規定・法定許諾による著作物の利用と対価の還流――英豪両国の著作権法を手がかりに」、田村善之編著『知財とパブリック・ドメイン 第二巻 著作権法篇』所収、勁草書房、二〇二三年、二三五ページ以下

(40)「図書館等公衆送信補償金管理協会 SARLIB」(https://www.sarlib.or.jp/aboutus/)[二〇二三年八月一日アクセス]

(41) 図書館等公衆送信補償金管理協会「図書館等公衆送信補償金規程 令和五年三月二十九日認可」「図書館等公衆送信補償金管理協会 SARLIB」(https://www.sarlib.or.jp/wp-content/uploads/2023/05/sarlib-hoshokinkitei.pdf)[二〇二三年八月一日アクセス]

(42) 文化庁次長・杉浦久弘「図書館等公衆送信補償金の額の認可に関する留意事項について(通知)」「文化庁」(https://www.bunka.go.jp/koho_hodo_oshirase/hodohappyo/pdf/93860201_01.pdf)[二〇二三年八月一日アクセス]。運用実績がないなかで定められた金額であることから、必要に応じて補償金規程が定める見直しの期間である三年を待たずに見直しを検討すべきことや、実際の制度の運用状

況をみながら、利用者が受ける便益の維持・向上に努めること、補償金の下限が設定されたことについて、国民の情報アクセスの向上などの観点から継続的に検討することなどがＳＡＲＬＩＢに対して求められている。

(43)「図書館資料ネット送信、運用不透明 新制度施行 1冊の一部分、利用に最低500円」「朝日新聞」二〇二三年六月十一日付。山田奨治氏らの見解が紹介されている。山田奨治「図書館資料のメール送信も骨抜きにされてしまいそうだ」(「YamadaShoji.net」[https://yamadashoji.net/?p=1065]［二〇二三年八月一日アクセス］)も参照のこと。

(44)湯浅俊彦「図書館ＤＸとしての電子送信」(機関誌委員会編「専門図書館」第三百八号、専門図書館協議会、二〇二二年)八ページ以下や、長尾構想(前掲『未来の図書館を作るとは』参照)にかかる議論などを参照。前掲「図書館関係の権利制限規定の見直し(デジタル・ネットワーク対応)に関する報告書」二一ページの注88には、利用者と権利者の双方がWin-Winになる仕組みを構築することが重要という指摘が記されている。

(45)上野達弘「デジタル・ネット時代における権利制限」、有斐閣編「ジュリスト」二〇二三年五月号、有斐閣、四一ページ以下、孫友容「著作権法における補償金スキームによる利益配分モデルの補完」、前掲『知財とパブリック・ドメイン 第二巻 著作権法篇』所収、二六九ページ以下

(46)村井麻衣子「著作権の制限規定の立法をめぐる今後の課題――2018年・2021年著作権法改正を踏まえて」、前掲『知財とパブリック・ドメイン 第二巻 著作権法篇』所収、二三〇ページ以下。また、補償金制度の管理・運用などにコストがかさむ点にも留意が必要である。

(47)研究や教育目的の著作物利用は、経済学的にみれば正の外部性を有していて、利用によって生じる利益を内部化することができないため、市場の取引に委ねると社会的に望ましいレベルよりも過小に

しかおこなわれないことになる（村井麻衣子「フェア・ユースにおける市場の失敗理論と変容的利用の理論（4）――日本著作権法の制限規定に対する示唆」、北海道大学グローバルCOEプログラム「多元分散型統御を目指す新世代法政策学」事務局／北海道大学情報法政策学研究センター編「知的財産法政策学研究」第四十八号、北海道大学大学院法学研究科21世紀COEプログラム「新世代知的財産法政策学の国際拠点形成」事務局、二〇一六年、一〇四ページ以下）。山本順一「教育・研究目的の著作物利用に対してなぜ補償金が必要なのか？」（「図書館学」第百二十号、西日本図書館学会、二〇二二年）一九ページ以下も参照。ただし、第三十一条による著作物利用については、調査・研究目的で利用されることを担保することが難しいという問題は残る。

（48）前掲「図書館関係の権利制限規定の見直し（デジタル・ネットワーク対応）に関する報告書」五ページ

（49）前掲「未来の図書館と著作権法のあり方の検討に向けて――令和3年著作権法改正の意義と課題」一五五ページ。なお、図書館などによる公衆送信で、絶版等資料については補償金を不要とすべきという主張として、前掲「図書館等公衆送信サービスをめぐる疑問と提言」四五―四六ページ

［付記］本章はJSPS科研費21K01266の助成を受けたものである。

V

第7章

情報リテラシー支援の取り組み

──事例を中心に

▼磯部ゆき江

はじめに

情報リテラシー教育が図書館で取り組むべき重要なサービスであることは、学校図書館や大学図書館では共通の認識として定着してきている。アメリカの情報リテラシーに関する基準やガイドラインの紹介[1]が関係者の関心を集め、情報リテラシーをテーマにした研修会[2]が開催され、先進的な図書館の事例報告などがおこなわれている。ただし、先行している大学図書館や学校図書館でも、初歩的なIT技術や図書館利用法以外は、情報リテラシー教育の実践が広がっているとは必ずしもいえないようである。

一方、公共図書館では情報リテラシー支援はほとんどおこなっていない。[3]また、欧米ではよりどころになる基準などが新たに更新されているのに対し、日本ではそうした動きも停滞している。「図書館員が情報を扱う専門職として、今、社会で強く要請されている情報リテラシー（情報活用能力）の育成に携わることを宣言し、その方策を提言するもの」として二〇〇一年に刊行された『図書館利用教育ガイドライン合冊版』(4)（個々には総合版が一九九五年、学校・大学・専門図書館版が九八年、公共図書館版が九九年に公表）は、その後改訂されていない。国立大学図書館協会が一五年に策定した「高等教育のための情報リテラシー基準」も改訂されていない状況である。情報環境が急激に変化しているなか、図書館全体としてその変化に対応できておらず、情報リテラシー教育は個々の図書館の取り組み次第となっているのが現状だと思われる。

はじめに、本章ではインターネット利用が進む状況や、「Web2.0」以降のＳＮＳ（ソーシャル・ネットワーキング・サービス）が出現したいまの情報環境を理解することにしたい。まず、社会に大きな影響を及ぼしているフェイクニュースの拡散の背景と認知的・情報環境的要因、ニュースの作られ方などに関する講演の内容を紹介する。次に新型コロナウイルス感染症の流行下での市民を対象とするヘルスリテラシー、児童・生徒を対象とするメディア情報リテラシーの事例を取り上げる。そのあとにあらためてアメリカと日本の状況を確認し、公共図書館の情報リテラシー支援について考える。

1　図書館とポスト真実

進むインターネット利用と図書館の対応

「令和四年度 青少年のインターネット利用環境実態調査」（内閣府）によれば、小学生（十歳以上）の九七・五％、中学生の九九・〇％、高校生の九八・九％がインターネットを利用していて、接続機器は、スマートフォン（七三・四％）、学校配布のGIGA端末（六三・六％）などである。初等・中等教育の段階からインターネットが整備されるようになり、GIGA端末は自宅に持ち帰って利用することもある。この情報環境は切れ目なく高等教育や生涯学習、そして社会生活にもつながる。

公共図書館でも情報環境の整備は不可欠になってきた。利用者用のインターネットに接続されているコンピューターを設置している図書館は、公立図書館三千三百七十二館中二千四百九十四館で約七四％だ。このうち違法・有害情報を排除するための措置を講じているコンピューターを設置している図書館は二千三百七十五館で九五％を占め、ほぼすべての図書館でフィルタリング・ソフトが導入されている。[5] 図書館がインターネット環境を提供する際には、セキュリティー対策や有害・違法サイトから利用者を守ることは必要だが、それだけで図書館の役割が果たせるわけではない。憲法学者の松フィルタリングによって表現を受け取る自由を制限してしまうおそれがあるからだ。

井茂記は、フィルタリング・ソフト導入をめぐるアメリカの連邦および州最高裁判所、地方裁判所の判断などの議論を検討し、次のようなアメリカ図書館協会の立場を紹介している。すなわち、「アメリカ図書館協会は、連邦や州ないし地方公共団体によってインターネット・フィルタリングなど情報へのアクセスをブロックする技術的手段の使用が図書館に義務づけられている場合も、図書館は憲法的に保護された言論をブロックする度合いが最も低いレベルで使用すべきだ」とし、「アメリカ図書館協会は、ソーシャル・ネットワーキング・サイトの危険性を認めつつ、その使用を禁止することは子どもにその危険性を教えることにならないことを強調する。図書館及び図書館職員は、そのようなサイトへの接続を禁止するのではなく、その危険性と責任を持った利用の仕方を教育する方法を選ぶべきだ[6]」という立場である。松井はこれが妥当ではないかと結論づけている。

いまやWi-Fi環境も多くの図書館で提供されている[7]。図書館の内外を問わず、人々は多種多様なウェブ情報を受け取るようになり、身近で便利なコミュニケーション手段としてSNSが日常的に使われるようになってきた。それに伴って顕在化しているのが、誤情報や偽情報などの問題だ。社会のあり方に重大な影響をもたらすこの問題に対して、図書館はどう対応すべきなのか。

シンポジウム「図書館とポスト真実」開催

そのようななか、未来の図書館研究所が第六回シンポジウムのテーマとして取り上げたのが「図書館とポスト真実[8]」だった。このテーマは、図書館は国民のあらゆる資料・情報要求に応え、正確な情報へのアクセスを提供する役割があることと、すべての年齢層の人々への情報リテラシーの支援をすべきであるという問題意識から設定された。そのために、正確な情報の伝播を阻害するフェイクニュースの実態やそれを流布させる情報環境がどのようになっているのかを理解し、新聞というメディアを中心にしたニュースがどのように作られるのかを押さえて、図書館がなすべきところを考えようというのが趣旨である。シンポジウムの講師は、前者については計算社会科学の専門家である笹原和俊（東京工業大学環境・社会理工学院准教授）が、後者については伊藤智永（毎日新聞社専門記者）が務めた。いずれも第一線で活躍する専門家で、興味深いテーマがわかりやすく説明され大変示唆に富む内容だったので、講演の概要を紹介する。

フェイクニュースはなぜ拡散するのか

笹原は「フェイクニュースはなぜ拡散するのか」と題して、フェイクニュースの拡散の背景、拡散の要因について次のように説明した。フェイクニュースの大きな特徴は拡散することであり、特に興味・関心を同一にする人たちでつながっているソーシャルメディアでは、内容の真偽とは関係なく拡散する。しかも、フェイクニュースは速く遠くまでたくさん伝わる性質がある。

その理由の一つは、見たいものだけを見る私たち人間の認知の癖「認知バイアス」という認知的要因だ。認知バイアスには、繰り返し報道されたり、ネット上で繰り返し見聞きしていたりすると、無批判に正しいという認識が強化されてしまう「利用可能性ヒューリスティック」、自分の意見や価値観に一致する情報ばかりに目がいってしまう「確証バイアス」、自分の価値観に合わないような情報に接すると、自分の価値観にさらに固執するようになる「バックファイア効果」といったものがある。

二つ目の理由は、見たいものしか見えない情報環境の構造的要因である。似た者同士だけがつながった閉じた情報環境では同じ意見や思想が増幅し、それ以外は全部フェイクだと信じ込んでしまうような「エコーチェンバー」という現象が起きて、社会的な分断や意見の分極が必然として起こってしまう。そして、アルゴリズムが、ユーザーの過去の履歴——どの情報を見たか、どの情報を長く見たか、どの情報は見なかったのかということを学習して、その人により関係がありそうな情報だけをどんどん透過するようなフィルターが鍛えられ、ユーザーごとに違う世界が見えるフィルターに包まれた「フィルターバブル」ができてしまう。

講演の最後は、それではこれからどうしたらいいかという話で締めくくられた。それは、メディアリテラシーを高めることとファクトチェックである。メディアリテラシーはインターネットの情報読解力であり、メディアに関する知識、クリティカルシンキング、デジタルリテラシーなどをトレーニングした人は、フェイクニュースに騙されにくいという研究結果がある。また、ファクトチェックが、きちんと社会の制度として根付くことが大事になってくる。

ニュースが「つくられる」現場から

伊藤は、「ニュースが『つくられる』現場から」と題して、ニュース、特に政治に関わるフェイクニュースについて、政治記者としての体験談と考察を述べた。まず、スイス・ジュネーブ特派員時代の、新型インフルエンザ（二〇〇九年）、ギリシャ経済危機（同年）、アラブの春（二〇一〇—一二年）の三つの取材から、いまでは「あれは一体何だったんだろう」と思うほど、現地で実際に見聞きし体験したことと、ニュースとして日本で報道されることには違いがあると語った。ＳＮＳには独裁政権を倒すほどの力があるが、そのもとになった一つひとつの出来事は報道するに足る事実として確定できず、そこに気が遠くなるようなギャップがある。現場に行ってみるとストーリーに収まらないことが事実としては圧倒的に多く、様々な経験値でしか培えないものがあるともいう。

また、政治には本質的に嘘がつきものであり、信じたいものを信じ、それしか受け付けないという態度は、政治的立場の右か左かに関係なくどちらにもある。そのような政治的戦術が、インターネットによる宣伝で増幅され、それがまた実体化して現実の政治的な決定に抜きがたく食い込んでいる。使わないわけにはいかないこの情報技術が議論を成り立たない方向へ加速させてしまうという現象に直面しているのではないか、と述べた。

そして、アメリカの地方新聞が巨大メディアに買収されてどんどん少なくなっていて、つぶれた地方新聞のかわりに、図書館を地域のニュースを発掘する拠点にする試みが始まっているという新聞報道を紹介した。民主主義は、議論を重視し異論を認めることを前提として成り立つ。図書館の可能性はそのような原理原則を確認することによって開けるのではないか、という期待を語っていた。

2 コロナ禍の情報リテラシー

インフォデミックと情報リテラシー

笹原の講演で、WHOが作り出した「インフォデミック（Infodemic）」という言葉が紹介されていた。「情報（Information）」と、感染症の広がりを意味する「エピデミック（Epidemic）」を組み合わせた造語で、ウイルスが人から人へと伝染するように、SNSなどで真偽不明の情報が拡散し、結果として社会に大きな影響をもたらす現象を指す。偽情報を含んだ情報が世界的に氾濫する時代に発生したコロナ禍で、あらためて人々の情報を見極める力が問われた。本節では、コロナ禍で多くの人々にとってより関心事になった健康とニュースに関する情報リテラシーの取り組み事例を取り上げる。

聖路加国際大学「ヘルスリテラシー講座」

健康情報は人々にとっても最も身近で必要な情報である。健康情報についての情報リテラシー（ヘルスリテラシー）への関心は高い。「IFLA－UNESCO公共図書館宣言2022」では、公共図書館の使命の一つとして、健康情報の地域社会への提供が加えられた。[9] アメリカでは、アメリカ公共図書館協会（PLA）と国立医学図書館ネットワーク（NNLM）が、公共図書館員向けに健

康情報を評価し、関連する新しいプログラムやサービスを開発するための充実したオンライン学習ツールを提供している。(10)

聖路加国際大学は、地域住民向けのヘルスリテラシーに関する教材開発に取り組み、二〇一七年からは市民参加型ヘルスリテラシー・プログラム「健康情報の探し方、選び方、使い方を学ぼう！ヘルスリテラシー講座」を年二回開催してきた。(11) 筆者は二二年二月二十六日にオンラインで実施された「ヘルスリテラシー講座」に参加した。そのプログラム内容を報告しておこう。

受講者には事前にアンケートが送られてきた。講座前、講座終了直後、講座終了一カ月後の三回アンケートを実施するという。また、健康に関する本、雑誌などを二冊程度準備するようにと連絡を受けた。当日は二部構成で、プログラムを作成した図書館司書と看護教員が講師になり、講義とワークをおこなった。

健康情報を見極めるポイント

第一部では、受講者が自己紹介をし、参加の動機を語った。人数は十人ほどで、年齢も職業も参加の動機も様々だった。コロナ禍での健康やワクチン接種をめぐる情報の真偽や対応が話題になった。

そのあとで、講師からヘルスリテラシーや情報源の特徴についての説明があり、「健康情報を確認する五つのポイント」として「い・な・か・も・ち」が紹介された。読む前に読むべきものか情報源を見極めるときのポイントである。

い：いつの情報か？――情報の作成日と更新日。
な：何の目的？――対象者は誰で、何を伝えたいのか。
か：書いた人は誰？――誰がどのような立場で書いているのか、出版（運営）しているのは誰か。
も：元ネタは何？――根拠となる引用・参考情報の有無。
ち：違う情報と比べる――ほかの人や団体が出している情報と見比べる。

この五つのポイントについて、媒体が書籍の場合とインターネットの場合で、それぞれどこを確認したらいいか解説を受けた。例えば「い」の項目では、書籍なら奥付・まえがき・あとがきにある出版年・改版年、インターネットなら情報が掲載されているページの日付・ウェブサイトの開設日・更新日である。「な」以降の項目も、同様に具体的な確認箇所が示された。その後ワークに移り、受講者がそれぞれ自分で準備した書籍や雑誌を「い・な・か・も・ち」の項目ごとに確認して発表した。

第二部では、前半で、健康情報を理解する四つのポイント「ぜ・ひ・い・も」（ぜ：全体の数を意識する、ひ：比較して考える、い：いくつかの原因を考える、も：物事の両面を考える）についての説明がおこなわれた。これは情報源を読んでみてから、事実・データを確認して内容を理解するための視点である。後半では、書籍やインターネットの参考になる情報源が紹介された。参考図書・レファレンスブック、教科書・テキストブック、診療ガイドラインといったタイプ別に、目的や特徴などを解説していた。

オンラインでは対面のような受講者同士の交流は難しいが、自宅や職場から気軽に参加できるのがメリットだ。講座全体を通してよく練られたプログラムで、特に「い・な・か・も・ち」についての講義とワークが印象に残った。健康情報を見極める手法としてわかりやすいし、とても有効だ。書籍であれインターネット情報であれ、この手法で健康についての情報を見極める力がつけば、ヘルスリテラシーの向上につながる。

日本新聞博物館の緊急企画展「新型コロナと情報とわたしたち」

「ジャーナリズムの劣化は民主主義の劣化につながる」という危機意識をもちながら新聞と情報に関する様々な活動を展開しているのが、ニュースパーク(日本新聞博物館)だ。[12] そのなかでも特に情報リテラシーに関するプログラムとして、緊急企画展「新型コロナと情報とわたしたち」と、学校と学校図書館関係者が共働で作成している「新聞博物館学習キット」に注目したい。

日本新聞博物館の常設展示室には、間違った情報や不確かな情報によって起きる問題を新聞記事や漫画で振り返り、複数の情報を見比べて情報を見抜く力を養うことの大切さを伝える「情報社会と新聞」ゾーンが設けられている。その日本新聞博物館で、新型コロナウイルス感染症の拡大による休館の間に、再開後に向けて準備していたのが緊急企画展「新型コロナと情報とわたしたち」(二〇二〇年七月十八日—九月二十七日開催)だ。企画展終了後に簡易資料集[13]が作成され、展示内容が採録されるだけではなく企画意図やアンケート結果による来館者の評価も記録された。展示は第一章「新型コロナウイルス 新聞はどう伝えたか」、第二章「歴史に学ぶ感染症と情報」、第三章「情報」に惑わされる、励まされる」の三章立てでおこなわれた。第三章で「インフォデミック」の実情、中傷・差別の記事や報道を展示した。トイレットペーパーデマ騒動など、「情報」に惑わされる現象が専門家のコメントとともに示されているほか、人々を励まし連帯感を生む「情報」も取り上げている。

新聞博物館と学校関係者との協働

「新聞博物館学習キット」(新博キット)は、そのまま小学校・中学校・高校の授業で使える新聞記事・図書資料のセットだ。公共図書館の団体貸出のイメージだという。送料さえ負担すれば無料で利用できる。神奈川県内の司書教諭・学校司書・校長経験者など教職員、学校図書館関係者がキットを作成し、著作権処理は博物館側でおこなっている。「全国の新聞各紙」は同じ日の新聞百二十紙を読み比べることができて、返却は不要だ。そのほか学習キットのテーマには、紙面比較(地方紙の特色、版の違い)、新聞を知ろう(新聞のつくりと違い、時間の経過と情報の変化)、横浜・鎌倉、養蚕製糸、防災、地震、台風・豪雨、SDGsなどがある。

最新のSDGsの内容をみてみると、「小テーマを決めてミニ企画展示を企画して発表する」ために必要な情報を探す学習をする。情報は、図書資料、新聞記事、ウェブサイト、地域・企業の取り組みや体験学習、博物館といった複数のメディアから探すのだが、指導する先生向けに、それぞれのキットごとに活用プランが用意されている。例えばウェブサイトは、検索するときのコツとして、機関種別ごとのドメイン指定で検索する。go.jp、ac.jp、ed.jp、lg.jp などの説明をして、出どころをチェックする。複数の情報を比べることを説明したうえで、代表的なウェブサイトとして、官公庁、その関連団体、地方自治体、出版社、公共図書館、新聞社、放送局を紹介している。SNSにはふれていないが、現在、前記の企画展「新型コロナと情報とわたしたち」をもとにしたキット化の作業中ということなので、誤情報・偽情報など情報の見極め方も今後扱われることだろう。

新博キットは印刷メディアとデジタルメディアを含むメディアリテラシーの教材といえる。日頃の学校での学習と家庭での生活で子どもたちがどのように情報に接しているかを知る、学校・学校図書館関係者がキットをきめ細かく作成している。そういった専門性、特に送り手の博物館側では気づかないような受け取る側の生徒たちへの理解と配慮を、博物館は高く評価していた。それぞれの役割分担を明確にして、協働・連携したメディア情報リテラシー教育のプログラムなのである。情報リテラシーやメディアリテラシー教育を受ける機会がなかった大人たちのために、公共図書館でもこのようなツールを利用したプログラムを実施することがきわめて有効だと思われる。

3 公共図書館の情報リテラシー

情報リテラシーの定義

これまで述べてきた状況を踏まえ、本節では公共図書館の情報リテラシー支援について述べたい。日本がどのような状況にあるかを考えるために、あらためて「情報リテラシー」の代表的な定義を確認しておく。現在、広く使われているのは、アメリカ大学・研究図書館協会（ACRL）が「高等機関のための情報リテラシー能力基準」（二〇〇〇年）で示した定義「情報が必要なことを認識したときに、必要な情報を効果的に探索し、評価し、利用することができる人に要求される一連の能力[14]」だという。イギリスの図書館情報専門家協会（CILIP）の定義（二〇一八年）では、情報リテラシーとは、「私たちが見つけて利用するあらゆる情報について、批判的に考え、バランスのとれた判断ができる能力[15]」としている。情報リテラシーは印刷物、デジタルコンテンツ、話し言葉などすべての形式の情報に関連し、デジタルリテラシー、学術リテラシー、メディアリテラシーなどとも重なり合う。

アメリカの公共図書館の情報リテラシー

アメリカでは、連邦通信委員会が二〇一〇年に全米ブロードバンド計画を発表し、そこでデジタルリテラシー育成とデジタルインクルージョンの重要性が指摘された。それを受けて博物館・図書館サービス機構（IMLS）は二〇一二年に「デジタルコミュニティの構築――行動のためのフレームワーク」を発表した。そのなかで、すべての人のオンラインコンテンツへの公平なアクセスなどの具体的目標が掲げられた。その計画の担い手は公共図書館なのだという[16]。アメリカ図書館協会（ALA）のデジタルリテラシー・タスクフォースは一三年に、館種を超えたデジタルリテラシーの定義をおこない、デジタルリテラシーとは、「ICTを用いてデジタル情報を発見、理解、評価、創造、伝達する能力であり、認知および技術的スキルの双方を必要とする[17]」とした。

そして現在、PLAは、情報リテラシーを二〇二二年から二六年の戦略計画のなかに位置づけて、

「図書館がすべてのリテラシーを向上させ、コミュニティのウェルビーイングをもたらす有意義で重要なアクセスを拡大することを支援する」[18]と表明している。また、二〇二一年にGoogleと「スーパーサーチャープログラム」を開始した。このプログラムは、図書館利用者の検索技術と情報リテラシーを向上させるスキルを図書館員に提供し、オンライン情報をより効果的かつ批判的に評価できるようにするものだ[19]。

個別の公共図書館の事例としては、例えば、ブルックリン公共図書館本館には十年前にインフォメーションコモンズ（コンピューターや通信設備、学習スペースがあり、デジタル資源も伝統的な図書館サービスも利用でき、人的援助が受けられる）が設けられ、多くの情報機器と学習機会が提供されている。本館と分館には専門スタッフとボランティアがいる成人学習センターが設置されていて、無料でプログラムを提供し、様々なリテラシー修得を支援している。「情報リテラシーとは？」というウェブページには、図書館が情報リテラシーを支援するという動画もアップされている[20]。

日本の公共図書館の情報リテラシー

他方、日本の公共図書館の状況をみれば、彼我の違いは大きいといわざるをえない。二〇〇〇年に文部省（現・文部科学省）が公表した『2005年の図書館像[21]』では、週二回のペースで「情報リテラシー」講座を開催する、〇五年のある市立図書館像が描かれていた。〇六年の『これからの図書館像』でも、「IT化の進展に伴い、住民がこれを十分活用できるようにするため、利用の案内・支援や、ほかの社会教育施設などと連携して情報リテラシーの向上を目指した講座の充実を図ることも図書館の重要な役割である」[22]と提言している。しかし、これまでに文部科学省が施策として図書館の情報リテラシーを事業化したことはなく、日本図書館協会図書館利用教育委員会が作成した『図書館利用教育ガイドライン』（情報リテラシー教育を含む）の公共図書館版[23]は、先述のとおり、現状維持にとどまる目標設定で作成され、改訂もされていない状況である。

では、日本の公共図書館では実際にはどの程度情報リテラシー講座が実施されているのだろうか。高田淳子が二〇〇六年度と一一年度に都道府県立図書館と政令指定都市立図書館の中央館を対象に調査を実施している。[24]〇六年度調査では、情報活用法講座の実施はきわめて少なく、ＯＰＡＣ講座、データベースの使い方講座、パソコンやインターネットの使い方講座もそれほど取り組まれていなかった。一一年度調査では、課題解決を支援するための調べ方案内・パスファインダーなどのツールや調べ方講座などのプログラムが増加しているという。

個々の図書館の情報リテラシー支援の事例報告はあまりないが、二〇〇六年の鳥取県立図書館の報告[25]と最近のオーテピア高知図書館のデジタル化推進の報告[26]から、公共図書館の情報リテラシー支援について考えてみたい。

鳥取県立図書館の情報リテラシーに寄与する講座

鳥取県立図書館の事例は、積極的に外に出て、特定の領域の対象者に専門分野の情報を含む講座を開催しているところに特徴がある。それらの活動がどのようにして展開されていったか、経緯と結果を確認する。

①自治体職員向け「情報収集・活用力養成講座」

二〇〇六年に自治体職員を対象にして開催した鳥取県自治研修所の講座「情報活用力養成講座」の講師を、県立図書館職員と県庁内図書室職員が務めた。情報の活用に関しての内容が薄かったという意見が寄せられたため、〇七年度には、受講者の情報活用能力を高めるようカリキュラム内容を変更し、政策に詳しい地元シンクタンクの調査研究ディレクターを講師に迎えた「情報の総合的活用による施策提案への展開」が追加された。そして、事前課題レポートの提出を義務づけ、「情報収集ツールの活用」をツールごとではなくテーマごとの時間割にした。その結果、図書館・図書室の機能を認識してもらえた成果があった。またツールの存在を知ることで探索の入り口に案内できたという。

②教職員のための図書館活用セミナー

鳥取県立図書館が、高等学校図書館の活動を支える支援策の一つとして始めたのが、「教職員のための図書館活用セミナー」である。県立図書館からは公共図書館の機能、情報収集の実際などについて、学校図書館からは司書教諭が学校図書館の役割や位置づけ、学校司書が方針や利用実態を説明し、授業支援としてのブックトークの実演をおこなった。図書館のPRにとどまるものだが、講座実施後、教職員の図書館利用が増えたという効果はあったようだ。

③看護学校などでの出前講座

鳥取県立図書館が二〇〇六年から「県民のための健康情報サービス」を実施するなかで把握したのが、看護関係者の来館が多いことと、看護系雑誌記事・論文のニーズが高いことだった。そのため、看護学生と看護師を対象にした「情報リテラシー支援」の必要性を強く感じて、〇六年に鳥取県立鳥取看護専門学校の一年生と三年生を対象に講義を実施し、次年度にはほかの看護専門学校や病院でも出前講座を展開した。内容は、医学関連図書資料や健康講座の活動などを含む県立図書館の利用案内と情報検索講習である。講義後、「医中誌 Web」を利用したいという感想が寄せられ、記事・論文の複写依頼の新たな需要拡大に結び付いた。

以上の講座・セミナーはそれぞれの機関との連携・協力のもとでおこなわれていて、図書館の役割に対しての意識や期待があるからこそ実現できていることである。内容は、利用者の専門分野や仕事に沿って構成される。図書館のなかで一般的な講座を実施することももちろん必要だが、受講者が実際に欲しているニーズや課題の文脈に位置づけられた情報収集・情報活用への支援は、仕事や学習に直結した影響や効果をもたらす。地域の情報活用能力の向上に貢献している事例である。また、講師を務める図書館員には、図書館がもつ機能を自覚してPRする能力とスキルアップが求められ、図書館員自身の情報リテラシー能力向上のモチベーションにもなっている（③に関して、鳥取大学附属図書館医学分館と図書館職員の相互派遣事業を実施しているという）。ただし、図書館が情報リテラシー能力の向上に寄与できたかについては、入り口に案内できたというレベルと報告されている。

オーテピア・アプリと情報リテラシー講座

オーテピアは、県と市の合築図書館オーテピア高知図書館、オーテピア高知声と点字の図書館、高知みらい科学館の複合施設として、二〇一八年七月に開館した。オーテピア高知図書館のコンセプトの一つは進化型図書館である。

高知県立図書館と高知市民図書館のシステム統合をしたときに、第三者がアプリを開発できるようにAPIを公開したことによって、高知工業高等専門学校の学生が開発したのが「オーテピア・アプリ」だ。ただ、現在位置と本がある位置がマップで表示され、使っている人には大変好評だが、PRしても伝わらず、知らない人が多いのが課題だったという。そこで「情報リテラシー講座」を開催して、オーテピア・アプリの使い方やWeb-OPACの一歩進んだ使い方を説明した。「オーテピア高知図書館」のサイトを見ると「情報リテラシー講座」ではオーテピア・アプリの使い方講座が繰り返し開催され、「情報にダマされないチカラ講座」といった講座も実施していた(問い合わせ先を「オーテピア高知図書館　情報リテラシー担当」としているのも、図書館で情報リテラシーが業務になってきていることを表しているかもしれない)。

デジタル化推進の課題をいくつか挙げるなかで、オーテピア高知図書館の山重壮一は次のことを指摘している。①データベースについては家や職場などで使えないのかという質問がくる。来館前提のデータベースの提供は限界がある。課題解決支援には、データベースの活用や多種の専門の雑誌の記事・論文が利用できることが必要で、その課題が公共図書館としてはきわめて大きい。②ディスカバリーサービスや電子ジャーナルの導入も検討していく必要がある。国民の教育水準が上がった現在、図書だけではなく専門の雑誌の記事・論文を公共図書館でも流通しやすくするための制度・システムが必要である。

つまり公共図書館は利用者が使いやすい方法でデジタルツールを提供しておらず、現在の社会に求められる知的・専門的で多種多様な資料の提供が十分ではないということだ。進化型図書館を掲げるオーテピア高知図書館だからこそ、デジタル化での大学図書館からの遅れや、利用者の知的ニーズに対応するための技術的・制度的不備を認識したのかもしれない。デジタルツールやデジタル資料の利用はデジタルリテラシーによって促進される。逆にいえば、公共図書館のDX化の遅れと、新しい技術を図書館サービス向上につなげる意欲が希薄であることが、デジタルリテラシーにあまり取り組まれない要因の一つであるともいえる。もちろん、図書館が提供するのはデジタル資料だけではない。伝統的な資料とともに現代のメディアと技術で、あらゆる種類の情報へのアクセスを提供しなければならない。それだけではなく、知識社会では、図書館は様々な情報のなかから利用者が必要とする知識を獲得することに貢献する役割も求められる。日本の公共図書館は、情報リテラシーの定義でいえば、情報の探索のところで立ち止まっている段階で、批判的に評価し、バランスがいい判断を支援するところまでの活動は十分にはできていない。

おわりに

拡張された（拡張されていく）情報環境は、学校や職場、社会生活に広がっている。そのなかから必要な情報を探し、評価し、利用することができる能力がすべての人に求められる時代になってきた。

「IFLA－UNESCO公共図書館宣言2022」では、知識社会での公共図書館の使命として、次のことを掲げている。

・情報に基づいた民主的な社会を整備していくという観点で、（略）あらゆる年齢層のすべての人々のメディア・情報リテラシーとデジタルリテラシーの技能の発達を促す。
・デジタル技術を通じて、情報、コレクション、およびプログラムの利用を対面でも遠隔でも可能にして、いつでも可能な限り地域社会にサービスを提供する。(27)

公共図書館はあらゆる年齢層や社会層に情報リテラシー技能の支援をしなければならない。「デジタルインクルージョン」や「デジタルエクイティ」といった考え方だ。すべての人がデジタルテクノロジーを安全かつ自由に活用できるようにするために、また、不利な立場に置かれている人も公平にデジタル経済に参加する機会を得られるようにするために、ツールを提供し、能力を身に付けることを支援する。

十分に情報を得ている市民が、積極的な役割を果たすことによって、コミュニティの活力は維持されていく。これからの公共図書館がそれに貢献するためには、コミュニティへの情報リテラシー支援が不可欠になるのではないだろうか。

注

(1) 高等教育では、アメリカ大学・研究図書館協会の「高等教育のための情報リテラシー能力基準」(二〇〇〇年)、同「高等教育のための情報リテラシーの枠組み」(二〇一五年)、初等・中等教育ではアメリカ・スクール・ライブラリアン協会／教育コミュニケーション工学協会共編『インフォメーション・パワー――学校図書館メディア・プログラムのガイドライン』(全国学校図書館協議会海外資料委員会訳、全国学校図書館協議会、一九八九年)、同編『インフォメーション・パワー――学習のためのパートナーシップの構築』(同志社大学学校図書館学研究会訳、同志社大学、二〇〇〇年)、など。

(2) 例えば、第百一回全国図書館大会(二〇一五年)の第二分科会「学習支援の次なるStep――ラーニング・コモンズと情報リテラシーのおいしい関係」、日本図書館協会学校図書館部会夏季研究集会(二〇一九年)の「学校図書館から考える情報の信頼性――インターネット・新聞・ニュース：時事的な情報とどう向き合うか」など。

（3）藤田節子「公共図書館における情報リテラシー支援の現状——情報リテラシー支援講座の立案に向けて」「川村学園女子大学研究紀要」第十八巻第二号、川村学園女子大学図書委員会、二〇〇七年、など

（4）日本図書館協会図書館利用教育委員会編『図書館利用教育ガイドライン合冊版——図書館における情報リテラシー支援サービスのために』日本図書館協会、二〇〇一年（https://www.jla.or.jp/portals/0/html/cue/gl-a.html）［二〇二三年八月二十八日アクセス］。以降、URLのアクセス日はすべて同日。

（5）文部科学省「社会教育調査 令和三年度」文部科学省、二〇二三年

（6）松井茂記『図書館と表現の自由』岩波書店、二〇一三年、六一—六二ページ

（7）電子出版制作・流通協議会監修、植村八潮／野口武悟／長谷川智信編著『電子図書館・電子書籍サービス調査報告2022——これまでの10年とこれからの10年』（樹村房、二〇二二年、一九九ページ）では、「利用者が使える無料のWi-Fiサービスがある」と回答した館は六百館中三百九十三館で六五・五％。

（8）未来の図書館研究所編『図書館とポスト真実』（未来の図書館研究所調査・研究レポート）、未来の図書館研究所、二〇二二年、一一—八二ページ

（9）「IFLA－UNESCO公共図書館宣言2022」"IFLA"（https://repository.ifla.org/handle/123456789/2766）

（10）"Health Literacy, Programming, and Consumer Health Information" "Public Library Association"（https://www.ala.org/pla/initiatives/healthliteracy）

（11）髙橋恵子／佐藤晋巨／松本直子／中村めぐみ／大垣尚子「市民を対象にしたヘルスリテラシーの向

上をめざすオンラインプログラムの構築」、聖路加国際大学紀要委員会編「聖路加国際大学紀要」第八号、聖路加国際大学、二〇二二年

(12)「ニュースパーク 日本新聞博物館」(https://newspark.jp/)

(13)「新型コロナと情報とわたしたち 簡易資料集 第二版」日本新聞博物館、二〇二二年

(14)根本彰『情報リテラシーのための図書館——日本の教育制度と図書館の改革』みすず書房、二〇一七年、五三ページ

(15)"CILIP Definition of Information Literacy 2018" "Information Literacy Group" (https://infolit.org.uk/ILdefinitionCILIP2018.pdf)

(16)坂本旬「〈講演記録〉メディア情報リテラシーをめぐる国内外の動向と新たな図書館の機能——第107回全国図書館大会図書館利用教育分科会基調講演」「生涯学習とキャリアデザイン」第十九巻第二号、法政大学キャリアデザイン学会、二〇二二年

(17)坂本旬「デジタル・リテラシーとは何か——批判的デジタル・リテラシーからデジタル・メディア・リテラシーへ」「生涯学習とキャリアデザイン」第十八巻第一号、法政大学キャリアデザイン学会、二〇二〇年

(18)"Information Literacy" "Public Library Association" (https://www.ala.org/pla/initiatives/informationliteracy)

(19)"Super Searchers launch" "Public Libraries 2030" (https://publiclibraries2030.eu/2022/10/super-searchers-launch/)

(20)"Info Commons" "Brooklyn Public Library" (https://www.bklynlibrary.org/locations/central/dept/infocommons)、"Adult Learning" "Brooklyn Public Library" (http://www.bklynlibrary.org/adult-learning)、"What is Information Literacy?" "Brooklyn Public Library" (https://www.bklynlibrary.org/information-literacy)

（21）地域電子図書館構想検討協力者会議『2005年の図書館像——地域電子図書館の実現に向けて：報告』文部省、二〇〇〇年（https://www.mext.go.jp/b_menu/shingi/chousa/shougai/005/toushin/001260.htm）

（22）これからの図書館の在り方検討協力者会議『これからの図書館像——地域を支える情報拠点をめざして：報告』これからの図書館の在り方検討協力者会議、二〇〇六年（https://warp.da.ndl.go.jp/info:ndljp/pid/286184/www.mext.go.jp/b_menu/houdou/18/04/06032701.htm）［二〇二三年八月二十八日アクセス］

（23）日本図書館協会図書館利用教育委員会編『図書館利用教育ガイドライン——公共図書館版』日本図書館協会、一九九九年

（24）高田淳子「公共図書館における情報リテラシー教育の現状」、日本図書館協会現代の図書館編集委員会編「現代の図書館」第四十五巻第四号、日本図書館協会、二〇〇七年、同「情報リテラシー育成を支援する公共図書館のサービス——実践のヒントを中心に」、同誌第五十一巻第一号、二〇一三年

（25）小林隆志／網浜聖子／松田啓代「図書館の活用法を伝授します!!——鳥取県立図書館の実践から：図書館は公務員・教職員の情報リテラシー向上に寄与できるか？」、日本図書館協会現代の図書館編集委員会編「現代の図書館」第四十五巻第四号、日本図書館協会、二〇〇七年

（26）山重壮一「オーテピア高知図書館におけるデジタル化推進の取り組み」、日本図書館協会現代の図書館編集委員会編「現代の図書館」第六十巻第四号、日本図書館協会、二〇二二年

（27）前掲「IFLA‐UNESCO公共図書館宣言2022」

第3部

地域への貢献

第8章

まちづくりと図書館

▼大串夏身

はじめに

地域住民、図書館の利用者は、誰でも自分の生活・仕事を、さらに地域をよりよいものにしたいと思っているだろう。図書館のまちづくり[1]への取り組みは、こうした地域住民の思いに共感するところから始まる。共感から共有へと進むと、図書館がまちづくりに取り組む姿が地域住民の目に映るようになり、まちづくりに関心を寄せるグループが図書館の空間で活動するようになる。

本章では、まちづくりに取り組む図書館と図書館員のために、まちづくりの基本から、図書館としてまちづくりに取り組むための考え方、準備、企画立案、実現、効果などについて論じる。さらに、章末に図書館員が自主的に取り組むための研修プログラム案を付けた。

1 戦後のまちづくりの始まり

戦後は、まちづくりといえば国土復興、基盤整備だった。地方自治体、住民が取り組むまちづくりが国の政策として採用されたのは一九七〇年前後からである。最初は「まちづくり」という言葉は使われておらず、「コミュニティ政策」と呼ばれた。七一年、自治省（当時）は「コミュニティに関する対策要綱」を発表し、各地にモデル・コミュニティを指定した。指定地区は全国八十三地区で、自治省はこれをモデルにしてコミュニティ政策に取り組むように都道府県と市町村にはたらきかけた。この背景には、日本の高度経済成長がもたらした農村部から大都市部への人口移動や核家族化などがあり、以後、これに社会的な変化と課題が加わり、継続的に取り組まれてきた。八〇年に都市計画法が改正されて「地区計画」制度が作られ、八三年からはコミュニティ整備に取り組む地方自治体に特別地方交付税が措置され促進が図られた。九八年には「まちづくり三法」（都市計画法、中心市街地活性化法、大規模小売店舗立地法の三法）が成立し、中心市街地活性化事業がはじまった。二〇〇〇年の地方分権一括法の施行を経て、〇四年の「まちづくり交付金」、〇八年の「歴史まちづくり法」（地域における歴史的風致の維持及び向上に関する法律）など、「まちづくり」を意識した法律や政策が作られるようになった。

2 住民と地方自治体のまちづくりへの取り組み

他方、地方自治体は、それぞれの財政状況・地域の条件などを踏まえてまちづくりに取り組み、まちづくり計画やまちづくり条例などが作られるようになった。「まちづくり」という言葉が入った最初の条例は、一九八一年の「神戸市地区計画及びまちづくり協定等に関する条例」といわれ、翌年、世田谷区の「東京都世田谷区街づくり条例」が続いている。[2] この時期の条例は、ハード面でのまちの整備に関わるものだった。しかし以後、各地でまちづくり条例が制定され、その関係するテーマも自治、生活、文化、環境、防災、防犯、福祉、人権、SDGsなど様々な分野に広がっている。八〇年代には地方自治体の基本計画を「まちづくり計画」と表現した例もある。七〇年代から自治体の基本計画（総合計画）には図書館についての記述が増えてきたが、それらのほとんどは図書館の建設と全域サービスや貸出、レファレンスなどの図書館サービスの充実に関するものだった。図書館それ自体が自治体のまちづくりのための基礎的な施設であるという点で、市役所・町村役場とともに図書館がまちづくりに取り組んでいるといえなくもないが、やはり地域に向けた図書館の主体的取り組み、あるいは地域の諸団体と連携した取り組みがあってこそ、まちづくりに取り組んでいるといえるだろう。また例えば、八〇年代の「まちづくり計画」の例では、北海道富良野市のように図書館のサービスの充実のなかに「生産活動における情報センターの機能の充実」を掲げたケースもある。これは図書館が主体的にまちづくりに取り組んでいる例として挙げていいだろう。[3]

現在、地域の様々な主体が多様なテーマでまちづくりに取り組んでいる。それは先にふれたように広範囲に及ぶ。地域の伝統や自然などの資源・特性を生かした特徴的なものには、「タンチョウと共生できるまちづくり」（北海道長沼町）、「〝江戸前アユ〟でまちづくり」（東京都世田谷区）、「歌舞伎のまちづくり」（埼玉県小鹿野町）、「二十一世紀に夢かける源氏物語のまちづくり」（京都府宇治市）、「写真文化のまちづくり」（北海道東川町）などがある。さらに、特定の施設を中心に据えたものに、「公民館を拠点とする生涯学習のまちづくり」（山梨県山梨市）、「図書館を核にしたまちづくり」（北海道幕別町）、「世界文化遺産を活用したまちづくり」（群馬県伊勢崎市）、「かさま歴史交流館井筒屋を拠点としたまちづくり」（茨城県笠間市）などがある。[4]

現在、まちづくりが注目されている背景には、少子・高齢化、人口減、自治体の財政難、公共施設の再編の必要性、地球規模・地域の課題の解決、格差の拡大と社会の分断化、地域住民の自主的な意識の高揚などが挙げられる。これは、さらに資本主義のあり方に関連づけて論じられることもある。[5]

図書館は、地域住民の自治の基盤のうえに作られた施設である。まちづくりに取り組むことは、ごく自然のことといっていいだろう。図書館がまちづくりに取り組むことで、地域社会にいい効果をもたらす。次に、図書館がまちづくりに貢献するサービス・事業について考えてみよう。

3　図書館がまちづくりに取り組むにあたっての考え方

まちづくりの定義[6]は多様だが、図書館としては、特にそれらにこだわる必要はない。むしろ、範囲を広くとって、まちの活性化につながるもの、例えば、まちの人の動き（心の動きも含む）や活動をもたらすもの、また図書館をよりどころにした地域に関わる人の集いや活動がおこなわれることなども含めて図書館としての「まちづくり」と捉えておいたほうがいい。例えば、図書館がまちづくりのために本や情報を集めて提供したとして、それらがすぐに役立ち、貢献するということはあまりないだろう。しかし、本や情報をいくつも調べてみた結果、活用できそうなものを見いだし、それを参考に実際の行動を起こしてみたら役立ったということはあるかもしれない。また、地域の活性化、つまり、人の移動や流れを作り出すとか、特定のテーマに関心がある人が集まるとか、そのようなことを継続すれば人の数が増えたり、そのなかからまちへのはたらきかけが生まれたりもする。すぐにまちづくりに直結するわけではなくても、段階を踏んで徐々に貢献していく。図書館の取り組みとしてはこのようなケースのほうが多いだろう。

4 図書館がまちづくりに取り組むための準備

ここでは、館内にチームを組織して、そこで取り組みを開始するという状況を想定する。作業としては、次のものが挙げられる。①まちづくりに関する基本文献を読む、②地域を知り、コミュニティアセットを把握する、③手書き地図を作成する、④地図を手に地域を歩く、⑤各種計画を調査する、⑥全国の取り組みを調べる、⑦レファレンスの事例なども調べておく、である。順次説明していこう。

①まちづくりに関する基本文献を読む

まず、まちづくりとは何かについて学ぶ必要がある。これは、本を読むのがいちばんだ。読んだ文献を報告しあって意見交換をするといい。基本文献には次のようなものがある。

入門書として最適なものは、山崎義人ほかの『はじめてのまちづくり学』(7)だ。ハードとソフトの両面に目配りして、バランスよく書かれている。複眼的・多重学問的な視点からまちづくりの全体像を示したものとしては、田中道雄の『まちづくり大全』(8)がある。図書館員としては、『観光・まちづくりレファレンスブック』(9)もみておきたい。図書館とまちづくりについては、福留強の『図書館がまちを変える』(10)に詳しい。各地の事例の紹介もある。拙著『まちづくりと図書館』(11)では、中心市街地活性化事業のなかの図書館に注目し、図書館がまちづくりに大いに貢献して評価されていることを明らかにし、さらにまちづくりに取り組む図書館の事業・サービスについても論じている。永田治樹の『公共図書館を育てる』[12]は、第6章「未来の図書館に関する提言」で紹介している北海道幕別町図書館などでの図書館とソーシャルイノベーションの試み、エリア価値を高める図書館・紫波町のオガールプラザの試みが参考になる。これらは、二〇一七年から一八年の未来の図書館研究所のシンポジウムの記録でもある。[13]

②地域を知り、コミュニティアセットを把握する

次に、地域を知ることが必要だ。まず、地域を客観的に把握する。地域を知るためには、地域の資源（コミュニティアセット）を把握することだ。コミュニティアセットには、次のようなものがある。(1)コミュニティ住民、(2)社会的機関（学校、病院、図書館、博物館、公園など）、(3)経済的資産（会社、個人のビジネス活動など）、(4)物語（コミュニティの歴史など）、(5)協会・自治会・クラブ、ボランティア、(6)物理的資産（公共交通、上下水道、警察署など）[14]。さらに、地域の統計のなかから関係するものを抽出して把握する。例えば、町々ごとの人口とその構成などだ。まちづくりに関する統計のガイドには『まちづくりの統計学』[15]がある。

③手書きの地図を作成する

②をまとめて地図上に書き込んだものを作成する。地図は、新旧の地形図や地域の商業・経済地

図なども参照して、手書きの地図を作る。手書き地図は親しみがもてるし、誰でも書き込めるという利点があるからだ。地図は、グループの参加者がそれぞれに作り、最後に突き合わせてまとめるというのもいいだろう。人によってそれぞれの見方があるし、地域との関係にも違いがあるからだ。地図を作る際には、『地元を再発見する！手書き地図のつくり方』[16]という手引書があるので、参考にするといいだろう。

④地図を手に地域を歩く

地図を手に地域を歩いて、位置などを確認するとともに、まちづくりのために活動している組織や図書館に関係する人などを確認して情報を加えていく。例えば、図書館に関心をもっている店主の店が商店街にあり、店主は図書館の活動に参加していて、図書館に対しどのような意見をもっているかとか、スポーツ団体の関係者がよく図書館に来館していて、スポーツ関係の本をリクエストするついでにカウンターで話をしていく、などの情報を付け加えていくのである。時間があれば、まちづくりに取り組んでいる人やグループにインタビューをするのもいい。

⑤各種計画を調査する

自治体や地域の各種計画なども調べておく。そのなかで、図書館に関する記述があれば、抽出しておく。なお、時間が許せば、地域情報はさらに詳しく調べておきたい。

⑥全国の取り組みを調べる

全国の図書館の取り組み事例もみておきたい。これらは、自館で取り組むことを念頭に置いて、事例集をもとに検討する。事例集には、文部科学省がウェブサイトに公開している実践集や、日本図書館協会が実施したアンケート結果「自治体の総合計画等における図書館政策の位置づけアンケート（2018年度版）図書館のまちづくり事業事例集」などがある。これらから広い視野で抽出して検討する。実践事例の区分で「まちづくり」という項目にあるものだけでなく、読書推進、文化、地域の課題などへも目配りするといいだろう。[17] また、単行本として出版されているものもある。最近出版されたものには『アンフォーレのつくりかた[18]』がある。

地元で取り組んでいるテーマがあるなら、それらと同じテーマに取り組んでいる自治体、地域の図書館にサービス・事業などを聞いてみることも必要だ。これは図書館として取り組みを企画するときや、実際に取り組みを始めるときなどに問い合わせの対象になる。

⑦レファレンスの事例なども調べておく

レファレンスの事例を国立国会図書館の「レファレンス協同データベース」で調べ、まちづくりに関する調べ方案内（パスファインダー）があれば参照する。

5 まちづくりに貢献するサービス・事業を創造する

準備が終わったら、いよいよまちづくりに貢献するサービス・事業の創造だ。まず、いままでの作業のまとめも兼ねて、自館の運営、サービス・事業をまちづくりの観点から見直す。見直しの視点は、ほかの図書館の取り組み事例からも得られる。図書館の存在自体に対するものから、個々のサービス・事業まで全体を検討してまとめておく。レファレンスサービスでは、質問・回答事例集からまちづくりに関するものを抽出してまとめておく。また、地域の課題解決支援サービスでも具体的な支援事例を抽出しておく。これらは、市役所や議員、外部からの視察、住民に説明するときなどに紹介すると、意外と関心を高める効果があり、質問を誘発し、会話を弾ませるきっかけにもなる。

次に、企画を立てる。企画案は、①すでにまちづくりに関係しているもの、②新たに取り組むもの、に分けることができる。①は、内容を高め、継続を促すような企画になる。同時に、予算の面から企画案を⒜既存の予算の流用と人員の枠内で実施できる、⒝新たな予算を必要とする、⒞新たな予算に加えて人の増員が必要、の三つに分類する。図書館内の会議でこれらの企画案を検討して優先順位をつけ、順位が高く、条件が整うものから取り組むことになるだろう。

具体的な企画案としては、まず、まちづくり関係資料と情報の収集、それらも含めた資料・情報の活用が考えられる。例えば、まちでおこなわれるイベントに関連する資料・情報の展示、レファレンスサービスや地域の課題解決支援サービスでの活用、図書館を使った調べ学習などである。さらに、地域の文化財や地域出身の文学者、芸術家、漫画・コミックの聖地巡礼に関係する資料の紹介、展示、リストの作成、住民のまちづくりに関わる活動の紹介、ニュースの発行、動画の作成とネットへのアップロード、まちのイベントへの参加、講座の開催、図書館まつりなど図書館が主催するイベントの開催、まちめぐりなど各種イベントの主催なども考えられる。まちのイベントには、直接参加するだけではなく、図書館として関係資料・情報を展示して、リストを作成するなどで貢献することもできる。まちでのイベントは、図書館の資料・情報を知ってもらういい機会と捉える。さらに、全国の事例などを参照すると、住民が作る「まちライブラリー」などと図書館がタイアップするということも考えられる。すでにこれらに取り組んでいる図書館は、さらにそれらを継続・充実させるということになる。

図書館の特性を生かしたイベントとしては、佐賀県基山町立図書館がおこなった「きやまRESASデジタルアカデミー」のように、図書館の本と国が提供しているビッグデータを活用し、まちの課題を調査してその解決策を取りまとめるという試み[19]もある。

講座を開催する場合は、参加者のつながりを生むように工夫して、開催後に図書館が、関心がある住民グループの集まりと活動の場になるように努力したい。そのためには、資料・情報を活用するうえで、人が語り合い、学び合うことができる空間を用意して、できるだけ参加者が自由に利用できるようにしたい。また、そうした空間をもっていない図書館は、時間や曜日を決めたり、ときには期間限定（夏休みなど）にしたりするなどしてシェアするように工夫するといい。

取り組みにあたっては、担当者・職員が楽しみながらおこなうことだ。イベントや主催事業などは苦労も多いし、時間を割かれて負担が増えるが、続けるためには、楽しんで取り組むことが欠かせない。

最後に、取り組みの効果、地域社会へのインパクトなどについてみておきたい。実施するときは、サービス・事業などがまちづくりにもたらす意義や効果、地域社会へのインパクトなどを、企画段階で明らかにすることが必要だ。これは予算、人員の獲得だけでなく、議会などへのアピールや、住民への告知のためにも必要だ。

6 図書館がまちづくりに取り組む効果、地域へのインパクト

図書館がまちづくりに取り組む効果やインパクト、評価については、いくつかの見方がある。参考になるものを、ここでは三つ紹介しておきたい。

それは、①ISO（International Organization for Standardization：国際標準化機構）の「図書館のインパクト評価のための方法と手順 ISO16439:2014」、②まちづくりのなかでの図書館への期待、③図書館が提供する個々のサービスがもたらす効果について、である。紙幅の関係でそれぞれ詳細に検討することはできないが、大枠だけ示しておく。詳しくは注に示した文献などを参照されたい。

①は、個人、親機関（図書館を設置した上位機関）、社会、経済と四つに分かれている。個人には

学校のクラスやコミュニティでの集団も含まれている。社会に対するインパクトは、⑴社会生活、⑵情報と教育、⑶地域の文化、⑷文化的多様性、⑸コミュニティの展開、⑹個人の福祉、⑺文化的遺産の保存についてである。[20]個人に対しても、それが継続的にかつ量的に増えていけば、地域住民の意識を変えていくことになる。例えば、図書館が開催する情報リテラシー向上に関する講座は、地域の情報リテラシーの向上、ひいてはまちづくりにつながることになる。同じようなことは、読書推進などについても考えられる。

②の図書館への期待には、次のようなものがある。⑴人が来ることによる、人と人とのつながり、⑵人が集まってにぎわいが生まれることによる、まちの活気、⑶経済的な波及効果、⑷複合施設の場合、その利点を生かしたサービス・事業などの提供、⑸地域の課題の解決や産業の支援、健康、医療、環境などへのいい効果→地域社会の質の向上、⑹図書館の独自性の発揮と同時に、多様なサービス・事業の提供。

⑴から⑹は、おもに中心市街地再開発、まちづくり三法に基づく中心市街地活性化事業などに組み込まれた図書館に対しての期待を取りまとめたものだが、事業評価では各項目にそれぞれ高い評価が与えられている。[21]ただし、これらは、図書館の個々のサービスに対する期待というより、図書館の存在自体と、図書館が提供するサービス・事業全体に対するものである。

③は、資料提供、レファレンスなどの個々のサービス・事業のまちづくりに関する効果である。個々のサービスの利用者個人に対する効果については、例えば、桑原芳哉の論文「公共図書館評価におけるアウトカム指標」[22]にある「図書館サービスにより利用者が得られる効用としての指標事

例」がある。これは、図書館の個々のサービス・事業に対して、アウトプット、中間的アウトカムになりうるアウトプット、利用者が得られる効用（アウトカム）を示したもので、例えば、レファレンスサービスについては、アウトプットはレファレンス受付件数、利用者が得られる効用は、情報や知識の獲得、未知の分野への関心の拡大、調査方法の判明、仕事上の成果向上、学業の成果向上、調査に必要な時間・労力の節約、が挙げられている。これらは、特に「利用者」という限定があり、地域社会が対象になっていないので、まちづくりへの効果、インパクトについてはわからない。しかし、これを手がかりに地域社会、まちづくりへの効果、インパクトを考えることができるという点で貴重である。

具体的には、ビジネス支援ではレファレンスが事業の起業に役立ったなどの様々な事例が明らかになっているし、まちの活性化にもレファレンスサービスが役立っているということが、地方創生レファレンス大賞の応募、受賞事例などでも示されている。(23) こうした効果は、図書館が住民や利用者に説明しないと伝わらない。また、サービス・事業を企画し、始めるにあたって説明するときにも必要なことだ。ただ、これは結果が伴わなければ仮説にとどまることになるため、その点には留意が必要だ。

付：まちづくりへの取り組みに向けた研修（演習）の試み

職場のグループ、地域のグループの自主研修、さらに教育委員会、県立図書館などが主催する研修で、まちづくりに関する研修がおこなわれることを期待したい。そのために、プランの実例を考えてみよう。

研修は、座学ではなく、演習・ワークショップが望ましい。始める前に、本章で述べたように、基本的な文献や各地の実践事例などに目を通しておくことが望まれる（グループの取りまとめ役、あるいは実施組織が事前に文献を指定する、またこれはと思うものを中心に実例集をまとめて配布しておくといいだろう）。期間は、半日、一日、あるいは職場・地域の自主グループなら、楽しみながら何日かにかけてということも考えられる（例えば、ひと月に一回、四カ月にわたってとか）。

まず「何日かにわたって」というものを考えてみよう。グループを分け、各グループのまとめ役を決めて、その人を中心にグループの作業を進めるようにする。自己紹介などのあとに、以下のことに順次取り組む。

(1)地域の資源（コミュニティアセット）を調べてリストアップする。

(2)それを手書きの地図にまとめる（時間があれば、まちづくりに関わる統計や地域の課題をチェックするといい）。

(3)地図を手に地域を歩いて、地図上の情報や位置関係を確認する。
(4)まちづくりに関わる事業・サービスを企画する。
(5)広報誌・パンフレットを作る。企画した内容を広報誌などで住民に知らせるというイメージ。意義、効果、事業・サービスの内容など。イラスト、写真なども組み込んで、楽しく、住民の関心を喚起するものを目指す。また、住民のなかで協力したいという人がいれば、どのように協力・参加してもらうかなども考えて、書き込む。それぞれグループごとにまとめたものを発表しあい、意見交換をする。企画などは全員に配布して共有すると、さらに研修の実が挙がる。

次に、一日のプランを考えてみよう。グループを分け、各グループのまとめ役を決めて、その人を中心にグループの作業を進める。
(1)まず、自己紹介を兼ねて、地域の団体、会社、組織、あるいは活動している個人、イベント、祭りなどを思い浮かべて、それらと図書館との関わりについて具体的に考えてみる。実際に、連携や支援の事例を知っている人には、それを紹介してもらう。図書館に勤務している人で、実際にまちづくりに関わる活動、サービス・事業、イベントを経験したことがある人は、それを紹介する。
(2)自分が勤務している図書館（図書館員ではない人は自分が住んでいる地域）を頭に思い浮かべて、図書館がまちづくりに貢献するための取り組みの企画案を考える。
(3)企画案を住民などにアピールする広報誌やパンフレットを作る。企画案で示したサービス・事業などに即して、具体的に、まちづくりにどのような点で貢献していくのか、その意義なども、住民に役立てることができるようにする。

(2)(3)はプリントして全員に配布し、仕事などを考えるとき

論、作業、発表、意見交換をおこなう。(1)から(3)をそれぞれ二時間として、グループでの討

時間は、午前二時間、午後四時間を目安に、

にわかりやすく説明する内容にする。

注

(1)「まちづくり」は、ひらがなのほかに漢字の「街」「町」を使う用法があるが、本章では、ひらがなの「まちづくり」という表現を用いることにする。「街」は基盤整備などハードのイメージが強く、「町」は行政区画、自治体のイメージがつきまとう。ひらがなは広く様々なイメージをもつことができる。また、本章で参照しているウェブサイトのアクセス日は、二〇二三年五月一日から五日の間である。個々の注ではアクセス年月日を省略した。

(2)秋田典子「まちづくり条例の発展プロセスに関する研究」「都市計画報告集」第七号、日本都市計画学会、二〇〇八年

(3)大串夏身『図書館政策の現状と課題――国・自治体の行政計画を中心とした』青弓社、一九八五年、四三ページ

(4)大串夏身『まちづくりと図書館――人々が集い、活動し創造する図書館へ』青弓社、二〇二一年、一八―二一ページ

(5)例えば、ポール・コリアー／ジョン・ケイ『強欲資本主義は死んだ――個人主義からコミュニティ

の時代へ』(池本幸生/栗林寛幸訳、勁草書房、二〇二三年)。コリアーとケイは、個人の利益を追求する社会=社会の混乱と分断からの転換として、コミュニティでの人と人のつながりの重視→コミュニティ作りを通した資本主義の再生を提唱している。
(6) 定義としては、山崎義人/清野隆/柏崎梢/野田満『はじめてのまちづくり学』(学芸出版社、二〇二一年)一一ページで紹介されている佐藤滋の定義「地域社会に存在する資源を基礎として、多様な主体が連携・協力して、身近な居住環境を漸進的に改善し、まちの活力と魅力を高め「生活の質の向上」を実現するための一連の持続的な活動」がいちばん妥当と思われる。ただ、自治体では、それぞれに定義しているところがあるので、取り組むときは、地元の自治体の定義を確認する必要がある。
(7) 前掲『はじめてのまちづくり学』
(8) 田中道雄『まちづくり大全』中央経済社、二〇二一年
(9) 日外アソシエーツ編『観光・まちづくりレファレンスブック』日外アソシエーツ、二〇一九年
(10) 福留強、全国生涯学習まちづくり協会監修『図書館がまちを変える――発展する生涯学習都市の姿』東京創作出版、二〇一三年
(11) 前掲『まちづくりと図書館』
(12) 永田治樹『公共図書館を育てる』青弓社、二〇二一年
(13) 同書一二一―一九三ページ
(14) 永田治樹「図書館とコミュニティアセット」「未来の図書館研究所」(https://www.miraitosyokan.jp/future_lib/symposium/7th/lib_and_community_asset_nagata.pdf)。第7回「未来の図書館研究所シンポジウム」から。表記はそのままを採用した。
(15) 宇都宮浄人/多田実編著『まちづくりの統計学――政策づくりのためのデータの見方・使い方』学

芸出版社、二〇二二年

（16）手書き地図推進委員会編著『地元を再発見する！手書き地図のつくり方』学芸出版社、二〇一九年

（17）文部科学省総合教育政策局地域学習推進課「図書館実践事例集～地域の要望や社会の要請に応えるために～」文部科学省、二〇二〇年（https://www.mext.go.jp/a_menu/shougai/tosho/mext_01041.html）、文部科学省生涯学習政策局社会教育課「図書館実践事例集～人・まち・社会を育む情報拠点を目指して～」文部科学省、二〇一四年（https://www.mext.go.jp/a_menu/shougai/tosho/jirei/index.htm）。アンケートは日本図書館協会「自治体の総合計画等における図書館政策の位置づけアンケート（2018年度版）図書館のまちづくり事業事例集」日本図書館協会、二〇一九年（http://www.jla.or.jp/Portals/0/data/bukai/public/2019anketo02-2.pdf）。このほか国立国会図書館の雑誌記事なども参照しておきたい。

（18）岡部晋典編『アンフォーレのつくりかた——図書館を核としたにぎわいの複合施設』樹村房、二〇二三年

（19）前掲『まちづくりと図書館』八一―八三ページ、なお、二〇二一年発行の中学校教科書地理（例えば、東京書籍発行『新しい社会 地理』をみると、第三編「日本のさまざまな地域」の第四章「地域の在り方」で地域の課題とその解決策の提案にグループで取り組む内容になっている。こうしたことを考えると、基山町立図書館のような試みは、各地の図書館で取り組まれていいだろう。

（20）前掲『公共図書館を育てる』二一三―二一五ページ

（21）前掲『まちづくりと図書館』第4章「図書館関係事業の評価」の一一〇―一四〇ページを参照されたい。

（22）桑原芳哉「公共図書館評価におけるアウトカム指標——行政評価の事例調査に基づく提案」

「Library and information science」第六十号、三田図書館・情報学会、二〇〇八年。なお、公民館の分野では、個々の事業・サービスについて、それぞれ地域づくりにどのような効果をもたらすか考察した研究がある。原義彦『生涯学習社会と公民館――経営診断による公民館のエンパワーメント』（日本評論社、二〇一五年）は、なかでもまとまったもので、特に第五章「公民館の地域づくり支援に着目した公民館経営診断技法」は参考になる。

（23）前掲『まちづくりと図書館』一八一―一八八ページ

第9章

学校との連携・協働

▼中山美由紀

はじめに

「十五（歳）の春までに図書館を」。中学卒業までに誰もが図書館機能を使えるようになっていてほしいと思っていた。私たちは中学で義務教育が終わることを忘れてはいないだろうか。学校図書館は社会教育への扉にならなくてはと思っていた。

「ユネスコ学校図書館宣言」（一九九九年採択）の前文[1]には「責任ある市民を育てる」とあり、そのインパクトは強い。「識字」を保障し、「読書の習慣と楽しみ」「学習の習慣と楽しみ」を経て「問題解決」「情報およびコミュニケーション技術」の技能を向上させ、生涯学習者たる「責任ある市民」を育てる。それは、学校図書館も公共図書館も同じではないだろうか。中学生であれば、もう数年後には社会人となり、いや、社会人でなかろうと、子どもも一市民である。そういう前提のもとに、学校教育と社会教育、学校図書館と公共図書館が、ともにこの目標に向かって考え行動していけたら、それこそが今日求められている連携であり協力というものだろう。

1 平成からの教育の変遷——知識詰め込み型から子ども主体へ

学校教育は一九九〇年代から大きく変化した。知識詰め込み型の学習から子どもの体験を重視する学習への移行である。体験重視の学習では、子どもの主体的な活動を支援するという趣旨から、学校図書館の活用が注目されることになる。

一九八九年、小学校に「生活科」が新設された。一、二年生の社会と理科が廃止され、学校探検・まち探検に始まり、栽培・観察をしたり、木の実で作ったおもちゃを並べてお店屋さんごっこをしたり……といった体験的な学習が導入された。このときの学習指導要領では「生涯学習の基盤を培うという観点に立ち、二十一世紀をめざし社会の変化に自ら対応できる心豊かな人の育成を図ること」が基本的な狙いとされた。

学習指導要領は、ほぼ十年ごとに改訂されている。[2] その後の変遷を概観してみよう。

一九九八年・九九年改訂では完全学校週五日制が実施されることになり、教育内容が厳選され授業時数が削減された。小学校三年生以上には教科を横断する課題解決型の学びになる「総合的な学習の時間」が創設され、各学校で創意工夫して特色ある教育活動が進められるようになった。生涯学習を視野に入れ、自ら学び、自ら考える力などの「生きる力」を育成する観点から、各教科でも体験的な学習や問題解決的な学習の充実が図られ、調べる活動が盛んになった。

社会科や総合的な学習の時間で、米づくりについて調べるために小学生が各地の公共図書館に押し寄せたという「米騒動」はそのころの話である。学校の課題の出し方も単に「調べておいで」という大ざっぱな放り出し方だった。基本的な下調べもなしに、各国大使館をはじめ様々な機関に子どもからの問い合わせが殺到して迷惑をかけたという話もある。学校では、正解がない課題に向かって子どもたちが多様な過程をたどる教育についていけないと早期に退職した教員もいた。一方、公共図書館では、調べ学習に関連して授業内容や題材にも目が向くようになり、学校専用の資料ストックを設けた団体貸出などが広がっていった。

二〇〇一年には子どもの読書活動の推進に関する法律の公布によって、訪問おはなし会やブックトーク、一斉読書などもさらに盛んになっていった。キャリア教育の一環として小学校での町探検や社会施設見学、中学校での職業体験がおこなわれ、学校から出かける学習機会も増えた。

コンピューターが学校に入ってきたのもこのころである。一九九八年の「情報化の進展に対応した初等中等教育における情報教育の推進等に関する調査研究協力者会議 最終報告」(3)では、司書教諭を「メディア専門職」と位置づけ、学校図書館を含めた校内をＬＡＮでつなぎ、校外ともつながるネットワーク構築などの情報化推進を担う職として描いている。学校図書館は学習情報センターと並記され、視聴覚室とコンピューター室が隣接していて、三教室合わせて新しいメディアセンターというイメージが図示された。しかし、この構想の実現は私学など一部の学校にとどまり、多くの学校では蔵書のデータベース化と、学校図書館支援センターがある地域などの担当職員同士の運営上のインフラ整備にとどまった。

二〇〇八年・〇九年の学習指導要領[4]では基礎的・基本的な知識の習得も再び注目され、「生きる力」育成の路線も維持してバランスよく育むことになり、言語活動の充実を図ることとなった。授業時数は再び増加し、総合的な学習の時間が削られ、小学校高学年には外国語活動が導入された。総合的な学習の時間では、単なる「調べ学習」から「探究的な学習」へと、さらに深い学習活動の展開が示された。「探究的な学習における生徒（児童）の学習の姿」とは「課題の設定」「情報の収集」「整理・分析」「まとめ・表現」の四段階が繰り返されながらスパイラルに発展していくもので、生涯学習へとつながっていくものである（図1）。調べ学習はある課題を調べてまとめ、知識を得ることが目的だが、探究的な学習は、自ら見つけた問いを解決する（調べ、考え、判断して、表現し、対話する）過程で自らの価値観や生き方が変わるような成長を含む深い学習活動をいう。調べ学習は探究的な学習の一部と捉えることができる。

教員の課題の出し方にも学級全体の大きいテーマを班別に小テーマにするなどの工夫がみられるようになり、発表し、対話することに重点が置かれて指導法も変化していった。

二〇一七年・一八年・一九年改訂の現在の学習指導要領[5]では、「よりよい学校教育を通じてよりよい社会を創る」という理念が掲げられ、これを学校と社会が共有し、連携・協働しながら、子どもたちに新しい時代に求められる資質・能力を育む「社会に開かれた教育課程」の実現を目指して

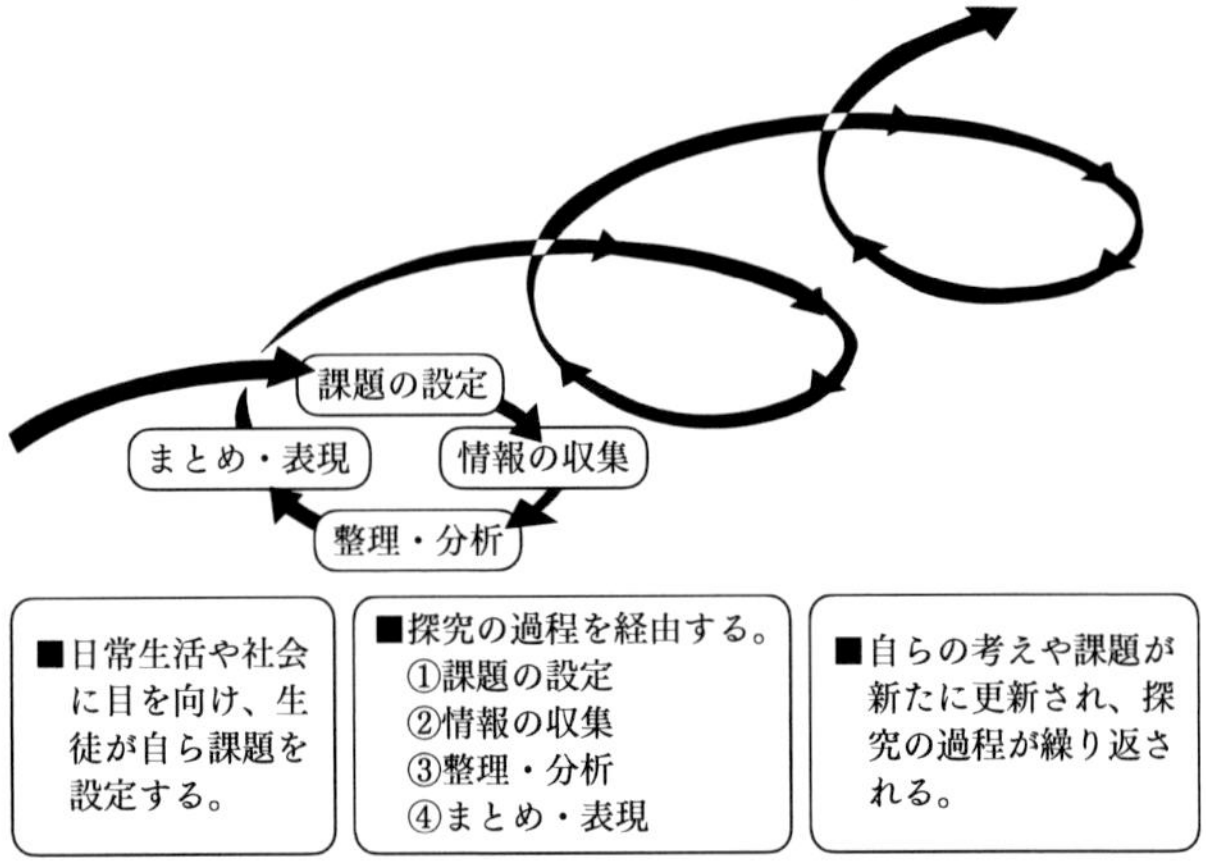
課題の設定
情報の収集
整理・分析
まとめ・表現
■日常生活や社会に目を向け、生徒が自ら課題を設定する。
■探究の過程を経由する。
①課題の設定
②情報の収集
③整理・分析
④まとめ・表現
■自らの考えや課題が新たに更新され、探究の過程が繰り返される。

図1　探究的な学習における生徒の学習の姿（「児童」でも同様の図が「小学校学習指導要領解説」にある）
（出典：「中学校学習指導要領解説 総合的な学習の時間編」文部科学省、2008年、16ページ〔https://www.mext.go.jp/component/a_menu/education/micro_detail/__icsFiles/afieldfile/2011/01/05/1234912_013.pdf〕［2023年7月19日アクセス］）

いる（図2）。これまでの「知識及び技能」と「思考力・判断力・表現力等」とをバランスよく育むことが継続され、さらに学びを人生や社会に生かそうとする「学びに向かう力・人間性等の涵養」とを加えた三つの資質・能力が「生きる力」として整理された。教育活動の質の向上のためには「主体的・対話的で深い学び」（アクティブラーニング）の実現につながる授業改善を教師がおこない、特色ある教育活動の実現のために必要な内容などを教科横断的な視点で組み立てていくカリキュラム・マネジメントを学校がおこなうものとした。また、地域の実態を考え、地域の願いを実現する教育活動の実施のためには、必要な人材や体制などの地域社会の協力や連携・協働は欠かせないとされている。

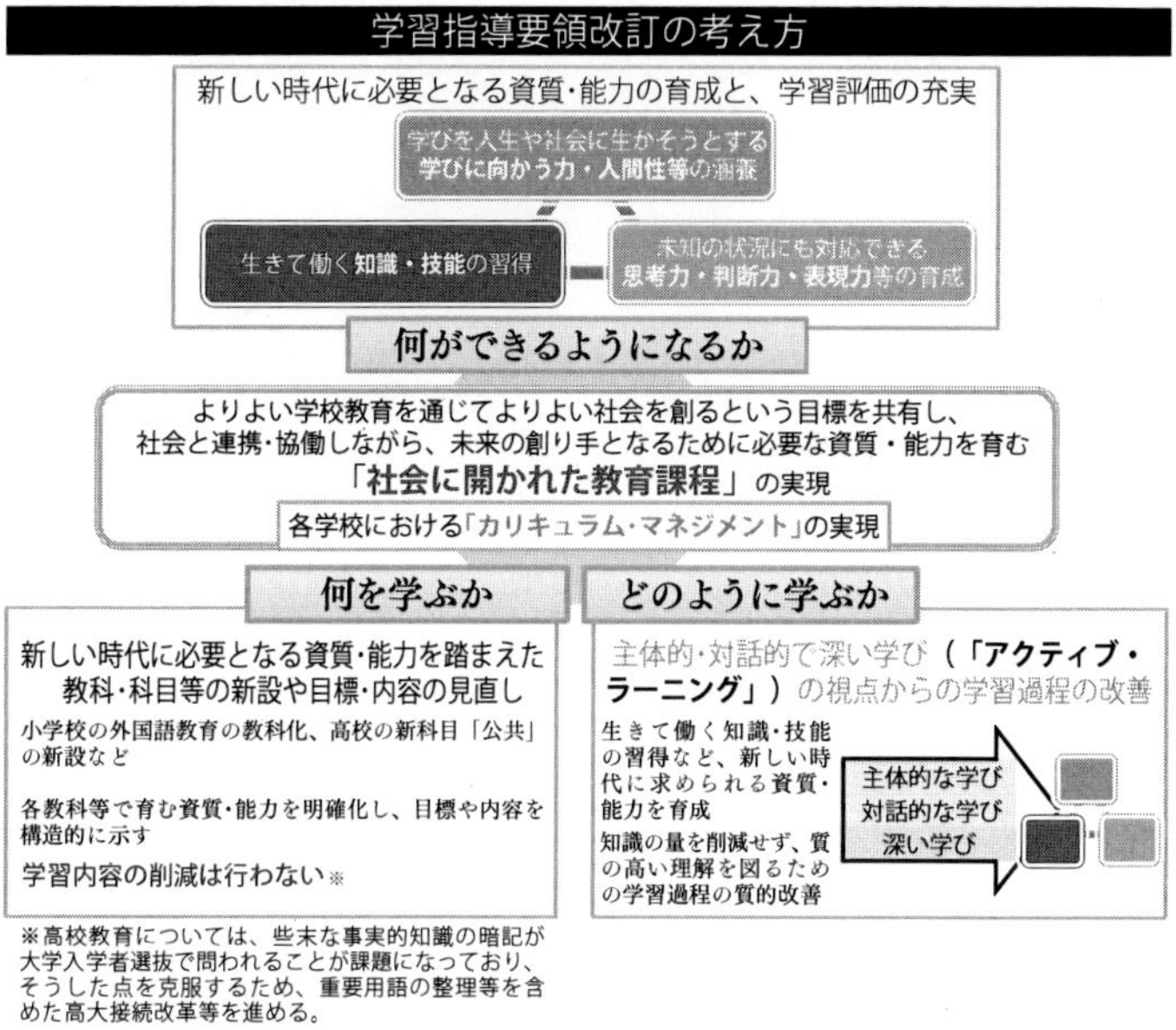

図2　学習指導要領改訂の考え方
(出典：「平成29・30・31年改訂学習指導要領（本文、解説）」「文部科学省」〔https:// www.mext.go.jp/a_menu/shotou/new-cs/1384661.htm〕［2023年5月10日アクセス］)

2 公共図書館と学校図書館の連携——「してあげる」から「子ども主体」へ

学校教育の変化に合わせて、学校と公共図書館との連携も多様化し、盛んになっていった。調べ学習や課題解決型の学習の支援が読書活動とともに推進すべきものとして注目されるようになった。この間、学校図書館法の改正があり、一九九七年には十二学級以上の学校には司書教諭が必置になり、二〇一四年には努力義務ではあるが学校司書配置が明記された。

この四半世紀におこなわれた各地の実践を、私の経験や願いもあわせて、学校からの視点で挙げてみたい。

おすすめブックリストやパスファインダー

公共図書館の子どもに向けた各種のブックリストを、学校でも案内したい。学校での子どもたちの様子や教員たちのニーズや願いを反映させ、合同で推薦ブックリストを作るのもいいだろう。また、よくおこなわれる調べる活動や時の話題に関してはパスファインダーがあると便利だ。サイト情報を充実させてリンクやＱＲコードを付ける工夫も始まっている。地域内で作ったものはウェブサイトに載せるなどして情報共有を図りたい。

学校団体貸出

各地の公共図書館で、家庭文庫への貸出と同様に、図書館から学校への貸出のシステムが整っていった。市内の学校と公共図書館の間の配送システムをもつところもある。

学校貸出は、学年別の読書やよく使われる調べ学習用のセットもあれば、そのときの各校のリクエストに対応する場合もある。後者は授業の目的や方法について十分に聞き取り、最適な資料を探すようにしたい。同じ題材でも授業デザインが違えば違う資料が必要な場合もある。学校では、借りてよかった資料はその年か翌年には購入するように心がけ、コレクションの自立を図っていく必要がある。そのためには、学校図書館予算はしっかりとる必要がある。

国際子ども図書館の全国を対象にしたセット貸出には「国際理解」「科学」「バリアフリー」をテーマにしたものがあり、様々な種類の本と出合えるように選ばれている。石川県白山市では「先生文庫」を職員室に貸している。学校図書館支援センターが、学校生活や指導の本のほか旅行や料理、エッセーなどの多様なセレクトをし、好評である。(6) 教員への支援のほかにも、子ども食堂や子どもの居場所、それらの支援者への支援も、今後ますます重要になっていくだろう。

学校訪問――おはなし会やブックトークなど

公共図書館から学校への訪問おはなし会やブックトーク訪問を続けているところも多いだろう。学校図書館での読み聞かせなどは、授業内容に合わせて適時にできるという強みがある一方で、公共図書館や地域の人の訪問には普遍的・文化的なセレクトに魅力がある。ブックリストの配布だけではなく、紹介した本が学校にあった場合でも、図書館の本を複数冊置いていってくれるのもありがたかった。公共図書館利用を誘うチャンスにもなっている。

図書館見学と職業体験

小学校二年生や三年生の図書館見学は、それぞれ生活科や社会科のまちの学習の一環であり、キャリア教育としてもおこなわれる。また、国語の教科書にも学校図書館の発展として公共図書館の活用について掲載されている。家族に公共図書館の利用者がいない子どもが図書館を身近に感じられる意義は大きい。ブックスタート以前は、利用カードを持っていない子どもには学級から家庭に連絡をしてもらって見学時に作成したこともあった。学校で訪問おはなし会に参加した児童が、次の年に図書館見学にいくという連続体験は効果が高い。

中学生・高校生の職場体験を図書館が受け入れるケースもよくあり、ときには高校生のインターンシップやボランティア活動先にもなる。図書館の仕事として展示、掲示、配架、読み聞かせや検索などを体験し、彼らが描いたPOPやポスターなどが成果として館内に掲示・展示してあるのをよく目にする。学校としては普段接することがない世代とコミュニケーションをとり、協力する機会とも捉えている。職場体験の前後には、調べる活動がおこなわれることが多い。活動のまとめとして学校ではそれぞれの体験を発表して共有しあっているが、公共図書館でも、図書館に限らずほかの職業体験の成果も取り上げ、地域全体の活動紹介とするのもいいのではないだろうか。

子どもたちの校外での読み聞かせと社会参加

学校のなかで異年齢同士の読み聞かせや読み合いを実施することはあるが、これを公共図書館やその他の機関でおこなうこともある。その際の選書相談や技術指導、場の設定は公共図書館や学校図書館がパイプ役になって一緒に進める。職場体験の中学生が小学校に読み聞かせにいく例や、洋書の読み聞かせを公共図書館でおこなうという中等教育学校の例もある。長野県松川村では、夏休みに各地から訪れる安曇野ちひろ美術館来館者に対して中学生ボランティアがおもてなしをするという取り組みを二〇〇二年から実施している。[7] ガイドツアーやワークショップ指導などとともに、生徒会図書委員会が〇八年から読み聞かせを担当する。学芸員や中学校司書、図書館長が選んだ絵本のなかから読み聞かせをする本人が一冊を選び、六月に図書館長から技術指導を受けて校内練習を重ね、八月に実演する。一九年の「平和のための朗読会」も公共図書館がサポートした。

図書館の仕組みを理解し読書リーダーとなって学校や地域に貢献する「子ども司書」の取り組みが全国に広がっている。岐阜市立図書館では子ども司書とそのOB・OGが読書活動・情報活用をもたらす主体的な活動として、地域のFMラジオ番組の企画から発信までをおこない、注目されている。[8]

子どもたちの学校外での展示

現在の学校の読書活動は、読んでインプットしたあとに思いや考えを伝え合うアウトプットまで

図3　大崎市図書館ティーンズコーナー展示
（提供：宮城県立松山高等学校）

を範囲としている。教科書にもＰＯＰや本の帯、読書新聞などを作る単元があるが、作品は校内にとどまらず公共図書館や地元書店で展示するケースもある。地域の人々を意識することで、表現することのモチベーションも上がり、仕上げも丁寧になる。

宮城県大崎市図書館のティーンズフロアでは、年間を通して十二校の地元高校図書委員会などが輪番で展示[9]をおこなっている。二連ある書架とその両脇にある黒板も使って、ＰＯＰを付けた本の展示のほか、各校の様子や特色ある活動も紹介しているのが好評である。輪番なので無理なく続けられ、展示のレベルも年々上がっている。地元の中学生には進学の選択の参考に、ＯＢ・ＯＧたちには後輩たちの活躍を知る機会にもなっている。高校生にとっては自分たちの展示が校外で一般利用者に見てもらえる機会（社会的発信）になっていることに達成感があるだろう。公共図書館のパワーあふれる一角になっている。

ひとはこ図書館展示

二〇〇五年に東京の「不忍ブックストリート」で始まった一箱古本市の影響か、民間の交流空間としても一箱オーナーがはやっている。東京の東久留米市立図書館が「ひとハコ図書館」[10]を交流型展示として始めたのは一五年のことである。「ひとハコ図書館」のオーナーが来館者に棚を説明するなど交流の機会を設けている。二〇年八月には長野県高森町で町内の小・中学生が一箱の本棚を制作した。公共図書館内の本から自分でテーマを決めて選書し、POPを作ってひと月あまり館内に展示するというこの「ひとはこ図書館」[11]活動は、地元の森林組合と学校図書館と公共図書館が一体になっておこなった。展示中は何度も訪れて本を補充していた子も、展示後に家に持ち帰った本棚がいっぱいになったといって、一年後にもう一つ棚を作りにきた子もいたという。子どもの主体的な活動として各地で広がりをみせている。

調べる学習コンクール

一九九七年に「図書館を使った調べる学習コンクール」がNPO法人の図書館の学校（のちの図書館振興財団）で始まり、徐々に全国に普及していった。学校司書の配置を始めた千葉県袖ケ浦市がこれにいち早く参加し、夏休み中の相談会は学校でも公共図書館でもおこなわれた。教員が市内の審査をおこなうことで、調べる活動の成果を目にして図書館活用の重要性を理解する好機になり、市内全体での学校図書館・公共図書館振興へとつながっていった(12)。

公共図書館主体では、地域コンクールを催した一年目に、「トビの生活におどろいた！＋ノスリ」（二〇一五年）でいきなり文部科学大臣賞を受賞したのが岩手県紫波町(13)である。たまたま拾った大きな羽の主を探し出し、鳥が空を飛ぶ仕組みを調べ上げた小学校五年生の探究に、二年間丁寧に寄り添う公共図書館員の姿がみえる。

公共図書館に入賞作品を展示するだけでも刺激はある。あとは学校教育のほうで、それを組織的に生かせるかどうかである。読書感想文以外の応募できるコンクールについても案内・支援していきたい。

地域を学ぶ総合的な学習の時間での連携と協力

二〇一八年六月から十月にかけておこなわれた長野県塩尻市立丘中学校三年生の総合的な学習の時間では、七十三年前の戦争を自分ごととして捉えてほしいという教師の願いから、戦争中に地元で起こった出来事を調査し、発信することになった。この事例では、公共図書館の学校担当と地域資料担当の司書が、資料を貸すだけではなく授業にも参加している。資料の特性や探索の手順、情報の整理の仕方、インタビューすべき人材の紹介、絵本にして発表するグループへの技術支援なども担当した。地元の新聞や公民館広報など、公共図書館ならではの資料が生かされた授業だった。中学生も資料を提供されるだけでは読みこなすことができなかったかもしれない。成果は学校だけではなく、地元の塩尻市立図書館にも掲示し多くの市民が知ることになり、地元の新聞にも取り上

げられた。(14)

子どもの地域資料の編纂

「わたしたちの○○市」という小学校中学年が使う地域学習の副読本を作成する自治体は多い。たいがいは地域教員の社会科教育研究部会が作成を担っている。しかしそのような副読本以外に、子どもたちが自力で読める地域資料は少ないのが現実だろう。

東京都北区では中央図書館が小学生向けに地域資料を作成している。(15) 総合的な学習の時間で地域を題材に調べることは多く、ニーズはある。資料がないことを嘆くだけではなく、図書館や郷土資料館と学校や教育委員会が一体になって作成したい。できれば、子どもたちの学習の成果も取り込んだ子ども向けの地域資料が作れないだろうか。子どもたちにとっても、自分が解決した課題が地域資料になってほかの誰かの役に立つというゴールがあれば、探究のプロセスや情報の質にもこだわりが出てくる。一校では、作るにも活用するにも限界がある。これからの図書館のDX(デジタルトランスフォーメーション)化の進むべき方向でもあるのだが、子どもの学びが社会へ向かう一歩として、そのような情報の循環基盤を、図書館を中心に地域共同で作ってもらえないだろうか。

近年、ウィキペディアタウンの催しが図書館でもおこなわれるようになった。これはインターネットで検索すると高確率で上位に表示される百科事典「Wikipedia」に地域情報をアップする営みだが、地域探究や情報活用、世界への情報発信として学校でも取り組む事例が出てきている。(16)

3　GIGAスクール構想の対応――一人一台タブレットの時代を迎えて

リンク集・電子書籍・デジタルアーカイブ

一人一台端末の時代を迎え、おすすめのウェブコンテンツやアプリケーションをブックリストのように作成していくことも図書館の大事な仕事になってきている。パスファインダーもウェブサイト情報を増やしていくべきだろう。「NHK for School」や「ジャパンサーチ」「国立国会図書館デジタルコレクション」など、使い方を含めて教えていく必要がある。きちんと編集された百科事典や辞書、新聞などのオンラインデータベースや電子書籍の導入も学校図書館には望まれる。一校単独では負担が大きいが、公共図書館で地域一括、あるいはいくつかの自治体がまとまって契約を進めてくれるとありがたい。

長野県松川村は、二種の新聞データベースを長野県大北地域の五自治体で共同契約していて、電子書籍は市町村と県による協働電子図書館「デジとしょ信州」[17]に参加して利用している。電子書籍の学校利用や読書バリアフリーも検討していくという。また、県内の知の情報サービスのポータルサイト「信州ナレッジスクエア」の「eReading Books」に「わたしたちの松川村」（図4）というウェブ地域学習の副読本を公開している。副読本は、冊子体だと使える人数に制限が出てくるが、ウェブ上に公開されているのでタブレットがあれば何人でも同時にアクセスが可能だ。また eReading システムを採用していて、本文中の単語やキーワードの情報が同時に表示される仕組みになっている。

情報教育と学校図書館――情報活用能力の育成

二〇二二年十二月に策定された「学校教育情報化推進計画」には次のように書いてある。

「学校図書館は、「読書センター」機能のほか、ICTの活用を含めた、情報の収集・選択・活用能力を育成し、教育課程の展開に寄与する「学習センター」「情報センター」としての機能も有することから、各教科担当職員と司書教諭、学校司書がより一層連携し、教職員のICT活用能力を高めることが必要である[18]」

図4 「わたしたちの松川村」
(出典:「eReading Books」「信州・知のポータル 信州ナレッジスクエア」〔https://ereading.cs.nii.ac.jp/nagano/book/index.html〕［2023年5月10日アクセス］)

学校図書館はこれまでも探究的な学習支援として情報へのアクセスの仕方を図書館利用教育のなかでおこない、情報活用能力の一端を担ってきた[19]。単に検索エンジンに単語を入れて検索して終わり、ではなく、ネットにも確かな情報にたどり着けるところとそうでないところがあること、情報発信者に注目して確からしさを判断すること、引用するときには情報源を明記して著者に敬意を払うことなども子どもたちに理解してもらう必要がある。[20]

二〇〇三年に学校図書館大賞をとった山形県鶴岡市立朝暘第一小学校の三年生を対象にした「図書館クイズ」[21]は、図書館利用指導の系統立ったスキルが身に付くようにできていた。私が勤務した小学校で六年生を大学図書館の参考図書コーナーに連れていったときは、子どもたちは「世の中にはこんなに多様な辞書・事典類があったのか」という驚きの顔を見せていた。[22]義務教育が終わる十五歳までに、図書館がもつ知の集積とそれを引き出す力をしっかり感じ養う機会をもっと作れないものかと思う。

学校の情報化が進む現在、検索技術や情報の確かさ、情報モラルや著作権だけではなく、表現・発信のスキルなど、デジタル技術の利用を通じて積極的に社会に関与していこうとする優れたデジタル市民を育成するデジタルシティズンシップ教育[23]の必要性は文部科学省、経済産業省、総務省などでも取り上げられている。ＳＴＥＡＭ教育、プログラミング教育、メーカースペースの活用なども視野に、新たな時代の新たな活動のための情報リテラシー育成と探究のプロセス支援に関するプログラム開発は、学校だけではなく公共図書館とともに展開したい開拓分野になってきている。

おわりに

二〇一五年十二月の中教審答申「新しい時代の教育や地方創生の実現に向けた学校と地域の連

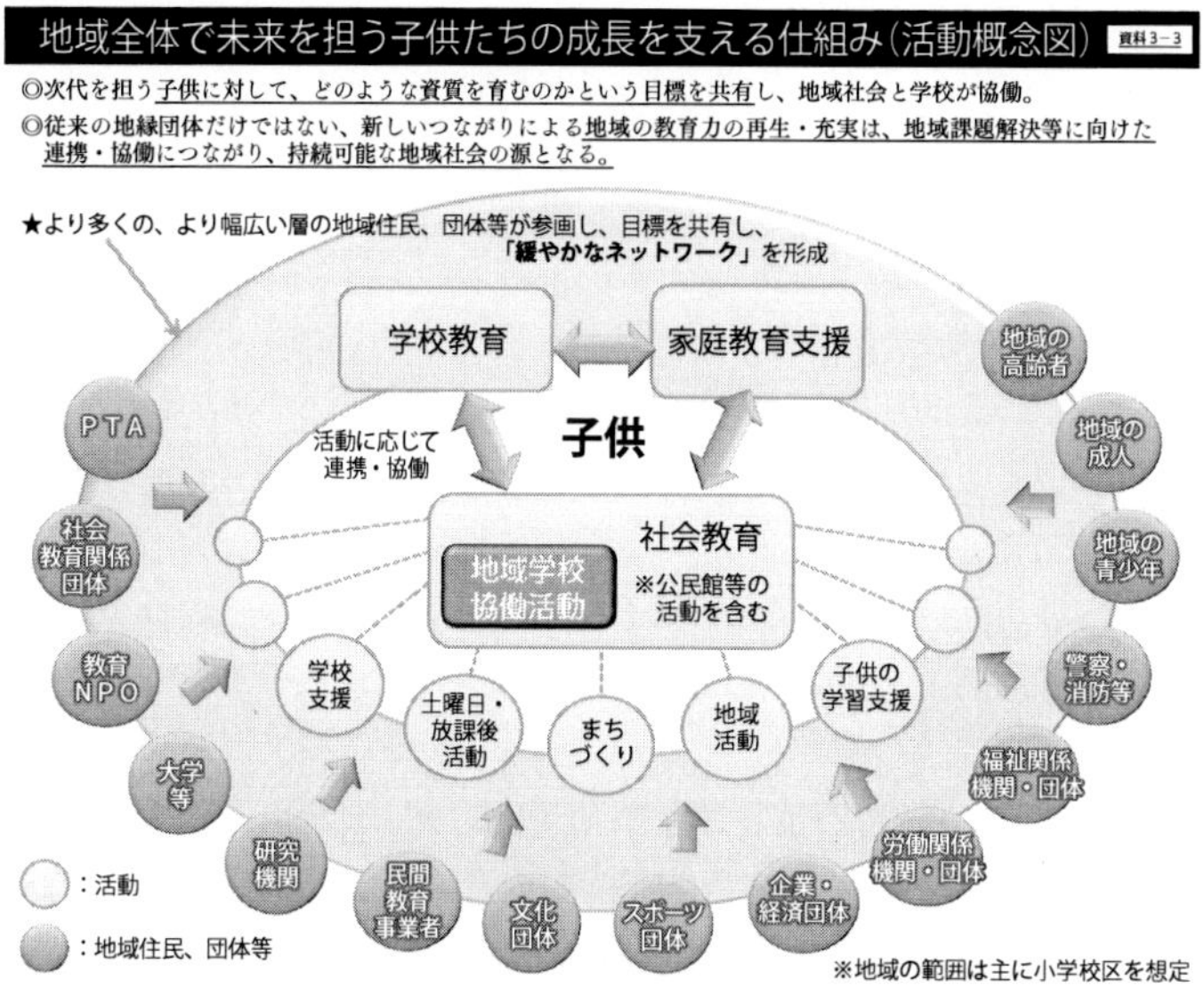

図5 「地域全体で未来を担う子供たちの成長を支える仕組み」(活動概念図)
(出典：「地域学校協働活動」「学校と地域でつくる学びの未来」〔https://manabi-mirai.mext.go.jp/torikumi/chiiki-gakko/kyodo.html〕［2023年7月19日アクセス］)

携・協働の在り方と今後の推進方策について」(24)の内容は最新の学習指導要領に反映されていて、学校は「社会に開かれた教育課程」をどのように進めていくかが問われている。「地域に開かれた学校」からいまや「地域とともにある学校」を目指し、学校と地域との関係は「支援」から「連携・協働」へ、「個別の活動」から「総合化・ネットワーク化」へと変わろうとしている。学校の運営に関しては、保護者や地域住民の意見を反映させる仕組みとしてコミュニティスクール(25)がある。そして、「学校を核とした地域づくり」では地域住民と学校が子どもや学校の課題、学校の達成したい教育目標について学校と共通の理解をもち、それぞれの役割を自覚しながら相互の活動に協力して一体になって子育てしていこうとする「地域学校協働活動」[26]がある。学校図書館は「チーム学校」の一員として学校教育を担う自覚が必要である。また、公共図書館は地域創生を目指す地域プログラムに参加して地域のつながりを作りながら次世代を担う子どもの育成を、学校図書館とともに進めていくことを目指してほしい。主体的な子どもの活動は関わる大人にも成長を促す学びの機会でもあり、ともに育っていくことが可能である。

三重県多気町の勢和地区では「おまめさんかなぁプロジェクト」[27]で、勢和小学校と多気町立勢和図書館、さらに農林水産省の多面的機能支払交付金の支援を受けた多気町勢和地域資源保全・活用協議会が連携して、食と農業を核とした地域の共同活動をおこなっている。遊休農地を使って子どもたちが米やサツマイモ、大豆を育てる体験をし、大豆はきな粉にしたり味噌を作ったりして、六年生は集大成として収穫したものを料理して食べるという営みである。勢和図書館のサービスが、図書館や、学校を超えてつながり、地域の世代を超えた体験活動とともに学ぶ場を支えている。二〇一〇年の学校図書館問題研究会の大会でも報告[28]され、その取り組みは二三年も続いている。

私たちは、いま社会・地域に生きる子どもたちを「責任ある市民」としてどのように育てていきたいのか、地域と学校の願いの実現のなかで、図書館の機能で育むべきものは何かを館種を超えてじっくりと一緒に考え、ともに実践していくことがこれからの「学校連携・協働」になると考える。

注

（1）「ユネスコ学校図書館宣言 IFLA/UNESCO School Library Manifesto 1999」長倉美恵子／堀川照代訳、「先生のための授業に役立つ学校図書館活用データベース」（https://www2.u-gakugei.ac.jp/~schoolib/htdocs/?action=common_download_main&upload_id=11415）［二〇二三年五月十日アクセス］

（2）「学習指導要領「生きる力」」「文部科学省」（https://www.mext.go.jp/a_menu/shotou/new-cs/index.htm）［二〇二三年五月十日アクセス］

（3）「情報化の進展に対応した教育環境の実現に向けて（情報化の進展に対応した初等中等教育における情報教育の推進等に関する調査研究協力者会議 最終報告）」「文部科学省」（https://www.mext.go.jp/b_menu/shingi/chousa/shotou/002/toushin/980801.htm）［二〇二三年五月十日アクセス］

（4）「学習指導要領等（ポイント、本文、解説等）（平成20年3月・平成21年3月）」「文部科学省」（https://www.mext.go.jp/a_menu/shotou/new-cs/youryou/1356249.htm）［二〇二三年五月十日アクセス］

（5）「平成29・30・31年改訂学習指導要領（本文・解説）」「文部科学省」（https://www.mext.go.jp/a_menu/shotou/new-cs/1384661.htm）［二〇二三年五月十日アクセス］

（6）「学校図書館支援センターだより 第116号」「白山市」（https://www.city.hakusan.lg.jp/_res/projects/default_project/_page_/001/002/206/116.pdf）［二〇二三年七月十九日アクセス］

（7）棟田聖子「地域に根差した図書館活動」「先生のための授業に役立つ学校図書館活用データベース」（https://www2.u-gakugei.ac.jp/~schoolib/htdocs/index.php?action=pages_view_main&block_

id=128&active_action=journal_view_main_detail&post_id=1290#_128）［二〇二三年五月十日アクセス］
（8）「子ども司書8期生いよいよ始動！」「岐阜市立図書館からのお知らせ」（https://g-mediacosmos.jp/lib/information/2022/12/8-23.html）［二〇二三年五月十日アクセス］
（9）「図書館実践事例集――主体的・対話的で深い学びの実現に向けて（学校図書館）」「文部科学省」（https://www.mext.go.jp/a_menu/shotou/dokusho/link/mext_00768.html）［二〇二三年五月十日アクセス］
（10）藤井慶子「E1696「ひとハコ図書館」からはじめる新しい図書館」「カレントアウェアネス・ポータル」（https://current.ndl.go.jp/e1696）［二〇二三年五月十日アクセス］
（11）「「ひとはこ図書館」参加者募集中」「高森町」（https://www.town.nagano-takamori.lg.jp/soshiki/12/5/5658.html）［二〇二三年五月十日アクセス］
（12）鴇田道雄「調べる学習コンクールが袖ケ浦市にもたらしたこと」、神代浩／中山美由紀編著『学校図書館の挑戦と可能性』（「困ったときには図書館へ」2）所収、悠光堂、二〇一五年、一三〇ページ
（13）「特別企画展示「第1回紫波町図書館調べる学習コンクール入賞作品展示」」「紫波町図書館」（https://lib.town.shiwa.iwate.jp/topics/sp_20151227_01.html）［二〇二三年五月十日アクセス］
（14）青山志織／塩原智佐子「身近な地域と戦争のつながりを学ぶ総合学習」「先生のための授業に役立つ学校図書館活用データベース」（https://www2.u-gakugei.ac.jp/~schoolib/htdocs/index.php?action=pages_view_main&block_id=121&active_action=journal_view_main_detail&post_id=936#_121）［二〇二三年五月十日アクセス］
（15）保垣孝幸「『北区の歴史はじめの一歩』の刊行とその活用」「先生のための授業に役立つ学校図書館

活用データベース」（https://www2.u-gakugei.ac.jp/~schoolib/htdocs/index.php?action=pages_view_main&block_id=121&active_action=journal_view_main_detail&post_id=505#_121）［二〇二三年五月十日アクセス］
（16）諸田和幸「地域を〝知る〟、そして世界へ発信する」「先生のための授業に役立つ学校図書館活用データベース」（https://www2.u-gakugei.ac.jp/~schoolib/htdocs/index.php?action=pages_view_main&block_id=121&active_action=journal_view_main_detail&post_id=690#_121）［二〇二三年五月十日アクセス］
（17）「デジとしょ信州（市町村と県による協働電子図書館）」「県立長野図書館」（https://www.knowledge.pref.nagano.lg.jp/collection/elibrary/shinshu-kyodo-library.html）［二〇二三年五月十日アクセス］
（18）文部科学省「学校教育情報化推進計画」文部科学省、二〇二二年（https://www.mext.go.jp/a_menu/other/mext_02144.html）［二〇二三年五月十日アクセス］
（19）鳥取県立図書館学校図書館支援センター「とっとり学校図書館活用教育推進ビジョン 改訂版」鳥取県立図書館、二〇二一年（https://www.library.pref.tottori.jp/support-center/%E3%83%93%E3%82%B8%E3%83%A7%E3%83%B3%E3%83%AA%E3%83%BC%E3%83%95%E3%83%AC%E3%83%83%E3%83%88.pdf）［二〇二三年五月十日アクセス］
（20）梅澤貴典『ネット情報におぼれない学び方』（岩波ジュニア新書）、岩波書店、二〇二三年
（21）山形県鶴岡市立朝暘第一小学校編著『こうすれば子どもが育つ学校が変わる――学校図書館活用教育ハンドブック』国土社、二〇〇三年、一三一―一三四ページ
（22）中山美由紀「小学生が大学図書館に行ってみました！」「先生のための授業に役立つ学校図書館活用データベース」（https://www2.u-gakugei.ac.jp/~schoolib/htdocs/index.php?action=pages_view_

main&block_id=121&active_action=journal_view_main_detail&post_id=373#_121)［二〇二三年五月十日アクセス］

(23) 坂本旬／芳賀高洋／豊福晋平／今度珠美／林一真『デジタル・シティズンシップ――コンピュータ1人1台時代の善き使い手をめざす学び』大月書店、二〇二〇年

(24)「新しい時代の教育や地方創生の実現に向けた学校と地域の連携・協働の在り方と今後の推進方策について（答申）（中教審186号）」「文部科学省」(https://www.mext.go.jp/b_menu/shingi/chukyo/chukyo0/toushin/1365761.htm)［二〇二三年五月十日アクセス］

(25)「コミュニティ・スクール（学校運営協議会制度）」「学校と地域でつくる学びの未来」(https://manabi-mirai.mext.go.jp/torikumi/chiiki-gakko/cs.html)［二〇二三年五月十日アクセス］

(26)「地域学校協働活動」「学校と地域でつくる学びの未来」(https://manabi-mirai.mext.go.jp/torikumi/chiiki-gakko/kyodo.html)［二〇二三年五月十日アクセス］

(27)「おまめさんかなぁプロジェクト」「多気町勢和地域資源保全・活用協議会」(https://seiwashigen.jp/omame/)［二〇二三年五月十日アクセス］

(28) 林千智／井戸坂由香里「つながりが生まれる場、図書館――糸を紡いで布を織るように」「がくと」第二十六号、学校図書館問題研究会、二〇一〇年、三九ページ

第10章
町と人に寄り添う図書館

▼手塚美希

1 紫波町図書館ができるまで

紫波町《しわちょう》図書館は、二〇二二年八月に開館十周年を迎えた。岩手県のほぼ中央に位置する紫波町は、人口約三万三千人、盛岡市と花巻市に隣接し、鉄道三駅、高速自動車道、いわて花巻空港も近く県内外からの交通アクセスがいい町である。豊かな自然環境を背景に、古代からの歴史も深く、農業を基盤産業とした住みよい町でありながら、十一年前まで図書館も博物館もなかった。名誉町民である作家の野村胡堂が「町に図書館を」と多額の寄付をしたのを機に、「胡堂文庫」と愛称がついた中央公民館図書室をスタートし、人々の読書欲を支える役割を担っていた。

胡堂文庫が誕生して四十八年、財政状況は非常に厳しく、道路や下水道などの生活基盤づくりを優先させるなかで、町民は近隣市町の図書館も利用しながら本格的な図書館を待ち望み、長年、「なぜ図書館が必要か」「どんな図書館が町にあればいいか」を話し合い、学びながら基本構想を描いていた。

一方、紫波町のまちづくり政策は以下のような変遷をたどっていた。二〇〇〇年から、持続可能な社会構築を図るために資源の循環を目指した「循環型まちづくり」に取り組み、次いで市民が主体になる活動を促進する「協働のまちづくり」が進められた。さらに将来を見据えて財源的にも補助金に頼りすぎずにすむように、今後生産年齢人口が減少しても農村と都市が共生できるような、人にも地球にもやさしいまちづくりを目指した「公民連携（Public Private Partnership＝PPP）によるまちづくり」オガールプロジェクトへと進み、その中心施設となるオガールプラザに町で初めての図書館、紫波町図書館が誕生した。このオガールエリアには図書館をはじめ、役場庁舎、町最大の産地直売所、全国初のバレーボール専用アリーナ、ホテル、岩手県サッカー協会、医療機関など、暮らしに必要な官民の様々な施設が作られた。

現在は、町内全域の空き地・空き家などの遊休不動産を新たな使い方をすることでその魅力を引き出していく、「リノベーションによるまちづくり」も同時に進んでいる。

市民協働と公民連携のまちづくりを経て市民が描いた図書館像は、「紫波町図書館基本構想・基本計画」として結実することになった。そのなかには、「知りたい、学びたい、遊びたいを支援する図書館」をコンセプトとして、図書館の果たすべき「七つの目的」が盛り込まれた。それは図書館と交流館の機能をあわせもった「情報交流館」の運営によって実現されることになった。

2 紫波町図書館の立地と特徴

オガールプロジェクトの中核として作られた官民複合施設のオガールプラザ（図1）は、西側の紫波町最大の産地直売所、東側の医療機関や飲食店など（民間棟）、中央にある公共の部分として町が買い上げた情報交流館（地域交流センター＋図書館）で構成され、町が運営している。交流センター部分は、「自主企画・自主運営・自主参加」の理念のもとに運営され、複数のスタジオや外の広場は有料で貸し出し、やりたい人がやりたいことにチャレンジできる場所になっている。展示販売会、フリーマーケット、映画会、講演会、会議、教室、結婚式、音楽ライブなど、市民の自由な発想による予想もしていなかった使われ方で日々にぎわっている。この中央棟の情報交流館だけで年間約三十万人、図書館は約十五万人の来館者がある。

開館準備をおこなっていた二〇一〇年当時の町の状況や課題から、当面は「子どもたちと本をつなぐ」「地域資料の収集・保存・提供・活用」「町の産業（農業）支援」を「運営の三本柱」として、現在に至るまで取り組んでいる。筆者は二〇一〇年七月、オガールプロジェクトの担当部署である紫波町企画課公民連携室に図書館準備専門嘱託員として採用され、設計段階から司書として開館準備に携わり、現在も図書館司書として紫波町図書館に勤務している。

紫波町図書館の大きな特徴は、コミュニケーションを大切にして、情報と人、人と人をつなぐことである。子どもや障害がある人など、どんな人たちでも「許容しあえる空間」にするため、張り紙などは極力せず、声がけや会話、図書館員を介したコミュニケーションで解決している。

最も大切にしているのは、まずは誰にでも必ず心からの笑顔であいさつをすること。また、館内の十数万冊の蔵書ではあらゆる人のニーズに応え、必要な情報を手渡すことができないと知り、図書館員は町や世界の情報、その人が必要とする物語とつなげる媒介者であるという自覚をもつ。来館者には積極的に話しかけ、この空間で情報交換を促し、人と人もつないでいく。来館者同士の交流も自然に生まれやすくなる仕組みとしてＢＧＭをかけて、話し声も気にならないようにしている。

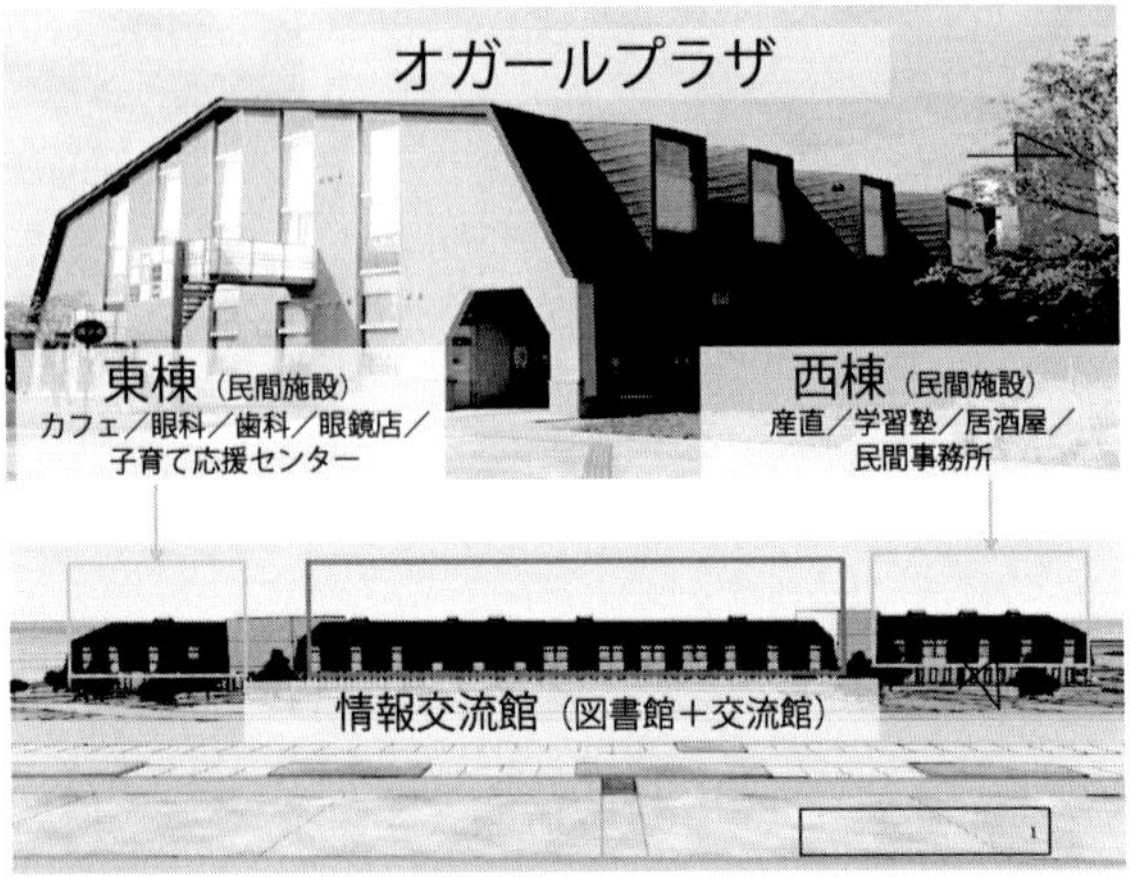

図1　図書館を含むオガールプラザの外観

ワンフロアに赤ちゃんのためのフロアも、新聞を読むコーナーも、レファレンスのカウンターもすべてがあるため、必要があればすぐに図書館員が駆け寄る。泣いてしまったり、退屈して走りだしたりする子には片手にぬいぐるみ、片手に絵本を持って、「一緒に絵本読む？」と話しかける。居心地のよさも人を安心させる要素であるため、飲食可能にし、異質な感じの場所が生まれないよう、掲示物などもデザインの質感を統一するようにしている。

朝の開館準備中に、窓辺に隣の産地直売所で農家から購入した季節の花を飾り、フロアや事務室の掃除をする。これはオガールエリア全体の特徴でもあるが、誰もが気持ちよく過ごせるよう、「また行きたくなるエリア」としての価値を高めるために、設計段階からデザイン会議を立ち上げ、館内サインや名札、名刺に至るまでデザイン監修をASYLにしてもらい、ロゴや色、フォントなどを統一し、デザインコントロールをしている。ユニフォームも農業の町・紫波に合わせて近代ヨーロッパの農婦のイメージからデザインした地元発注のオリジナルである。

現在、蔵書は約十二万冊で、館長、事務局長、司書など専門職員十四人で運営している。開館準備時から町長部局である企画課公民連携室に位置づけられていて、現在も企画総務部に所属、教育委員会の補助執行という体制で運営されている。

さて、この世界の限りない情報と人、人と人をつなぐ目的を実現していくためには、実際どうすればいいのか。「町で何が起こっているか」「どんな課題があるか」「どうしたら解決できるか」の三つの考え方をもとに、目的ごとに何をするべきか手段を選択することにした。

まずは課題のテーマに合わせて手段を決め、必要なところに情報を収集または提供にいく。それが新しい課題の発見につながることもある。前述した「運営の三本柱」に置き換えると、「子どもたちと本をつなぐ」ためには「調べる学習コンクール」の開催を、「地域資料の収集・保存・提供・活用」のためには企画展示、日々のレファレンスを、そして「町の産業(農業)支援」のための「出張としょかん」、こんびりカフェ、産直POP、キッズ店長などの取り組みをおこなってきた。

3 町の農業を応援する

運営の三本柱の一つ、町の産業（農業）支援には、どんな課題があり、どんな方法で対処しているか、例を挙げたい。農業が基盤の紫波町にとっていちばんの課題は農家の後継者不足である。紫波町は全国でもいち早く産地直売所（産直）が誕生した。図書館開館当時は十カ所あり、地域の経済基盤になっていたが、近年は生産者の減少と高齢化によって、産直への出荷者も減少傾向にある。生産者は農村部にいて朝から晩まで農作業をしているため、図書館への来館は難しい。また、JAいわて中央（岩手中央農業協同組合）に所属していない生産者は農業指導を受ける機会がなく、困ったときは近所の人などに聞くようだが、解決に至らなかったり、効率がいい方法などに気づけなかったりするまま毎年続けることになっていた。

産直を活性化し、農業を始める人を増やすことなどを目的に、図書館になかなか来られない農家に直接情報を届けることができないか考え、「出張としょかん」と銘打って「観て学ぶ 野菜作り名人になる！コツと裏ワザ」という講座を各地区公民館で開催することにした。

なぜ地区公民館で実施するのか。農家の人が来やすい場所であることはもちろんだが、公民館はその地で暮らし、地域の実情を知り、信頼が厚い人として推薦された館長と、地域の活動を支援する人脈豊富な「指導員」によって運営されている。この地域にどんな課題があるか、どんなことをしたら効果的かなどを聞き取りして、それぞれの地域に合ったメニューを、農業専門の出版社である農山漁村文化協会（農文協）に相談しながら組み立てている。

当日は、農文協が『直売所名人が教える　野菜づくりのコツと裏ワザ』のDVDを上映し、全国で見聞きした農業ネタを紹介。司書が、「図書館は紫波の農業を応援していて、農業書だけではなく、こうしたDVDや農業のデータベース、新聞、雑誌、いろいろな農業情報があること」「パソコンが苦手でも司書が調べ、電話でも受け付けしていること」「図書館でわからないときは、農林課、JA、農文協などに聞くこと」を説明し、実際に本やDVDの貸出をおこなう。

講座に参加するだけでも、全国の農家がおこなっている、簡単な一工夫で収量がアップしたり、楽に農作業ができたりする裏ワザを知ることができるため、「農業が楽しくなる」と喜ばれるが、いちばんの効果は、農業やそれ以外の相談を何でも図書館にしていいと気づいてもらえることである。実際、そのあとは図書館に直接相談がある。

こうして農家や関係者から直接声を聞いて地域の実情を知る過程で、さらにいろいろな課題に気づくことになる。

4 鳥獣被害という課題

そんななか、数年前から、レファレンスに鳥獣害対策の相談が多くなっていた。対策の本を紹介するが、たいがい「一人ではなんともならない」と嘆かれるのだ。ニュースでは、農作物被害だけでなく、山菜取りでの遭遇、住宅地への出没情報が出始めていた。

調べてみると、鳥獣害対策の根本解決には「すみかをなくす」「エサ場をなくす」を地域ぐるみでおこなうしか手立てがないとわかった。捕獲は最終手段なのだが、それがいちばんの解決だと思われ、駆除を求められがちであり、目撃されても情報が役場の担当課（環境課）にあまり寄せられず、町内でも東はニホンジカ、西はイノシシなど、困っている動物がエリアによって違うなどの現状があった。

これらは、個人でも地域でも「知らない」または「情報共有されていない」から起こることではないか。個人の課題は、地域全体で共有できる課題でもあることに気づいていく。

やがてコロナ禍になり、サークル、教室、イベントなどはすべて中止、公民館にも人が集まれなくなるという事態になり、恒例の「出張としょかん」も中止になった。

そんな折、以前「出張としょかん」に参加していた人が図書館に相談に訪れた。「ニホンジカの農作物被害がひどく、どうにかしたい。個人ではなんともならない。自分の地域で考える機会を設けたいので、シカ対策の「出張としょかん」をやってもらえないか」。すぐに農文協に相談し、初めて獣害対策の勉強会を自治公民館で開催した。地元新聞にその様子が掲載され、ほかの地域からも要望があり、地元の人々で勉強会を開催した。

翌年には町農政課の鳥獣害対策担当から連絡があり、「岩手大学の教授や大学院生と鳥獣害対策のモデル地区として赤沢二区を対象に地域ぐるみで対策したところ、四年目の今年、ニホンジカの被害がなくなった。この成功例を知ってもらい、ほかの地域でも取り組んでほしいが、説明会を開いてもなかなか人が集まらない。「夜のとしょかん」で取り上げてもらえないか」と相談があった。「夜のとしょかん」とは、日中に仕事がある働き盛りの人でも参加しやすいよう、図書館の閉館後におこなっている参加型トークイベントのことである。

まずは、どうやって成功したのかについて、関係者に聞き取りをおこなった。「どこからニホンジカがきて、どこに被害があるのか、現地を調査し、地域のみなさんでマッピングをおこない、侵入経路を把握し、点ではなく面で電気柵を張り、草刈りなどの管理をした」という回答が得られた。そこで、助言をおこなった教授、赤沢二区に移住して調査をおこなった大学院生、中心になった区長を招いてトークイベントを開くことにした。

実情を知るため、赤沢二区の現場に向かう農政課の職員に同行。広範囲に電気柵が張り巡らされていた。自分の畑などの草刈りだけでも膨大な作業量だが、地域でさらに電気柵周囲の草刈りもすることになり、大変な労力であることは一目瞭然だった。電気柵の抜け道や漏電がないかなど、日々のチェックも欠かせない。

図2　2021年10月企画展示「知って防ごう！鳥獣被害」の様子

同時進行で、「知って防ごう！鳥獣被害」と題して企画展示をおこなった。岩手県で被害が大きいニホンジカ、ツキノワグマ、イノシシ、ハクビシン、カラスの五鳥獣に絞り、紫波町の被害の現状と防除の仕方を知る展示である。

対策とは実際どのようなものなのか、電気柵やくくりワナの実物を置いたり、鳥獣被害が増えている実感はあるが、実際の数字はどうなのか、被害はどのくらいか、農政課や環境課から写真やデータをもらってまとめた。ほかにも、獣害対策を担当しているのは誰なのかを調べ、それら関係者に「鳥獣害対策にどう関わっているのか」「これはやってはいけない、これは失敗するということ」「一人ひとりができること」など行動につながるようなインタビューをおこない、おすすめ本を紹介してもらって展示した。

環境課からは、目撃情報があれば駆け付けられるし対策もとれるが、そもそも目撃情報が寄せられないという意見を聞いたため、目撃した際の連絡先一覧と目撃マップを作り、来館者に地図上の目撃場所にシールを貼ってもらうことにした。例えばクマが多い地域は見かけることに慣れているのでわざわざ通報しないが、住宅地である中心部でも実は目撃されている、どこからどこを通って侵入しているのかなど、全体が可視化される。クマの人身被害など「ニュースで見たがどこだったんだろう？」という場所は環境課からデータをもらい、シールを貼っておいた。こうして二カ月の間にこのマップも充実し、来館者がマップの前で話し込んでいたり、詳しく状況を話してくれたりするようになった。

実際に対策にあたる町の有志で結成している実施隊員が少ないことが課題と聞けば、実施隊のユニフォームやインタビューなども掲示した。また、「夜のとしょかん」でトークをおこなった岩手大学農学部の山内貴義准教授と同大学修士課程の大学院生である近藤雄太さんが、地元の小学校にクマとの共生を考える出前授業をしたときの様子や、当町だけではなく県内でも同様に鳥獣害対策をしているため、各市町村の対策が特集された広報も掲示した。

この展示中に、「岩手日報」に「夜のとしょかん」の告知を掲載してもらった。地元の新聞は図書館での広報よりもはるかに効果がある。一度も図書館に来館したことがない人や町内外の獣害に悩む地域の人などからも多くの申し込みがあり、あっという間に満員御礼になった。

「夜のとしょかん」で初めて来館した人は図書館に情報があることがわかり、それ以降は図書館を利用するようになった。参加者にも気軽に声をかけるようにしていたため、相談を受けることも増えた。農政課と環境課に相談し、次の一手としていよいよ地域に出ていくことにした。

まずは町内九カ所の地区公民館に相談にいくと、農業が盛んな地区である七つの公民館で開催希望があった。鳥獣害の困りごとや、どんな情報があればいいかを詳しく聞き、一緒に内容を固める。それから農文協の講師と内容を共有し、地区の希望に合わせてニホンジカとイノシシの対策の「出張としょかん」をおこなった（図3）。

農業専門の農文協が動物の生態や全国の対策などを映像で紹介し、農政課からはその地区の実際の被害状況や補助を受けるにはどうすればいいかを、環境課からはなぜ捕獲が進まないのかなどを説明してもらった。最後に図書館から、図書館には様々な情報があり、農文協やJAなどの専門機関にもつなぐことができること、知りたいことを調べるお手伝いをすることが仕事なので気軽に相談してほしいこと、図書館カードをもっていない人はその場で作ってすぐ借りることができることなどを伝えた。

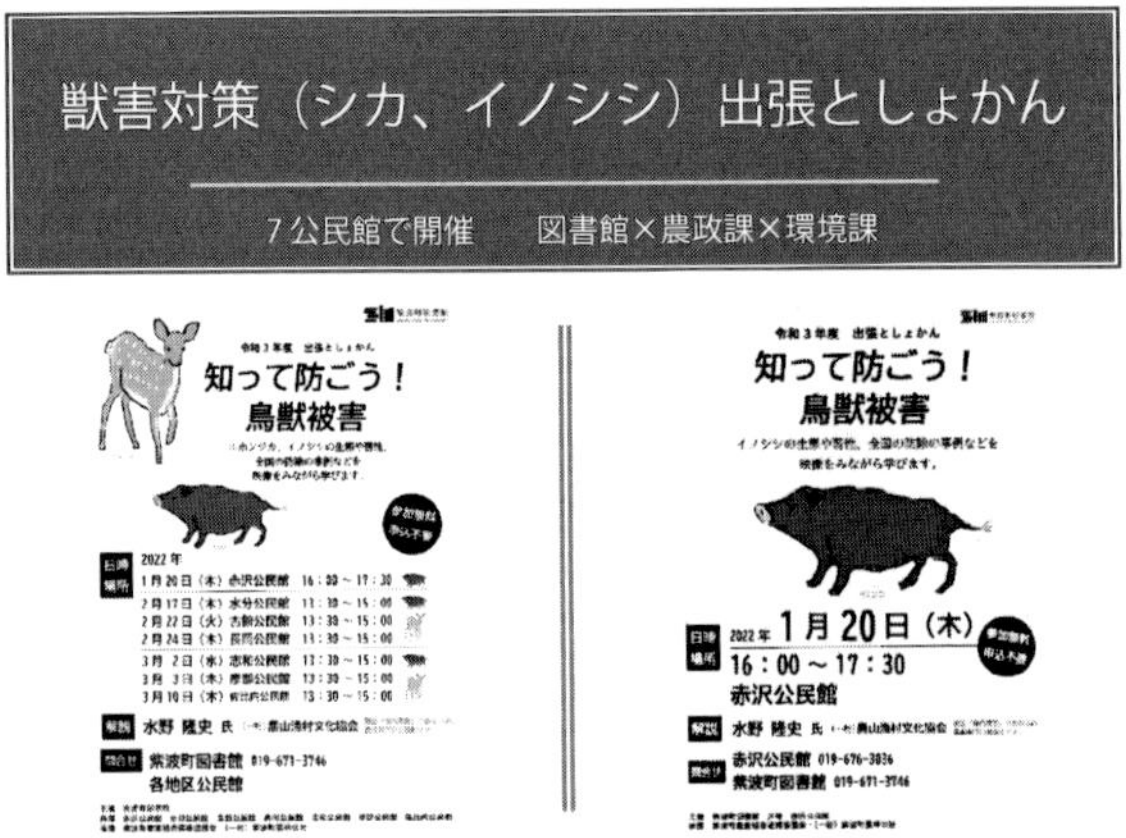

図3　町内7公民館で開催した「令和3年度出張としょかん 知って防ごう！鳥獣被害」のポスター

このように、テーマが決まれば目的を定め、町、県、国、専門の団体など、関係機関を探し、まずは自分たちで調べ、人づてに情報を取りに地域へ出かける。そこで情報をまとめ、インタビューしたり雑談したりするなかで、だんだん課題が見えてくる。「この情報があれば次に進めるのに」という「まだ資料になっていない情報」「可視化されていない情報」があると気づくことができるのだ。例えば、鳥獣害対策であれば、目撃情報の通報先や実際の被害データ、目撃マップ、間違った対策などである。図書館にできることは、それを情報として可視化して、次の行動を起こしてもらいやすくすることだ。

同じように、林業の担い手を増やしたいと相談があった場合、可視化されていなかった情報には、「紫波では林業に関わるどんな仕事先があるか」「現場がどんな問題を抱えているか」などがある。これについては、展示だけではなく、「夜のとしょかん」も開催した。林業の担い手については、実際に企画を持ち掛けてくれたのが、岩手の林業の担い手を育成している県の林業技術センターの職員だったため、町内の森の仕事の従事者、林野庁図書館長、森の仕事のいまを伝える漫画を描いている林野庁職員に、森の仕事の実情と面白さを伝えてもらった。

5 町の記憶を記録する「聞き書きスト養成講座」

もう一つ、「地域の資料の収集・保存・提供・活用」の例として、どんな課題にどんな方法をとっているかについて示す。動きだすまでの経緯には、以下のような発端があった。

開館してしばらくして、地域の歴史に関する問い合わせや相談が増え、町の郷土史家や郷土研究団体とつながりができるなかで、あることに気がついた。団体の代表や活動している人がみな八十代で、自費出版をして紙で地域の記録を残す人も少なくなっていた。また、「平成史」などはまだまとまって記録されていない。これからも町の歴史は続くが、記録として残す人が減少すれば、未来に町の歴史が残らず、アイデンティティの喪失につながるのではないか――。

そこで目標として「町の歴史の記録を後世へつないでいくこと」を掲げ解決手段を探っていたところ、「聞き書き」という手法に行き着いた。地域の記録は「人」がもっている。町の人が町の人から「聞き書き」し、記録していけばいいのではないか。町で「聞き書き」したい人、できる人を増やすことで継続的に残していけるかもしれないと考えた。

まずは「聞き書き」とは何かを知ってもらい、関心をもってもらうため、企画展示をおこなうことにした。聞き書きの第一人者で全国で聞き書きの講座を開催する作家の塩野米松氏に相談し、聞き書きの作法をわかりやすく掲示した。

塩野氏からすでに地域で聞き書きに取り組んでいる兵庫県姫路市の「大人の放課後聞き書きクラブ」を紹介してもらい、「聞き書きしようと思ったきっかけ」「聞き書きで学んだこと」「聞き書きを通して伝えていきたいこと」を掲示した。また、塩野氏が毎年講師を務めている秋田県仙北市内の中学校三年生を対象とし、一年間をかけて地域の大人に聞き書きをして記録を残すという取り組みの授業を見学した。また、全国の高校生が、日本の様々な地域で暮らす森・川・海の名人を訪ね、一対一で聞き書きをするプロジェクト「聞き書き甲子園」も紹介した。

また、「聞き書き」という意識ではなくても、町内で様々な人の話を記録している人がいるという情報も日頃の雑談のなかで得ていたため、この人も「聞き書きスト」として紹介した。

小学生のころから明治・大正生まれの近所の人など百人以上に話を聞いている人、全国に出稼ぎに出て引退し帰町した南部杜氏から杜氏の技術などを聞き取る蔵元、同じく出稼ぎしていた杜氏と残された家族の暮らしを生活面から聞き書きしていた人、前勤務地で離島の在宅医療に携わり、その人らしい人生の閉じ方を知りたいと「九十歳ヒアリング」という手法で患者の聞き書きをしていた医師などにインタビューし、聞き書きをする意義と思いを語ってもらい、その内容を展示した。

展示を経て関係者とつながりができたところで、いよいよ町で聞き書きする人「聞き書きスト」を募集するためのキックオフイベントを開催した。「聞く・書く・伝える　聞き書きのはじめかた」と題し、午前中は高校生の「聞き書き甲子園」の代表を務める澁澤寿一氏に「聞き書きだからこそ伝わる町の記憶」と題して、聞き書きが町に与える影響やその根底にあるものを語ってもらった。午後は、「聞き書き甲子園」のドキュメンタリー映画『森聞き』（監督：柴田昌平、二〇一一年）を上映し、塩野米松氏とワークショップをおこなった。塩野氏が実際に聞き書きした人物のプロフィルを見て、「自分なら何を質問するか」を付箋に書きながら、インタビューの仕方を学んだ。

キックオフイベントの目的は、町の人たちのなかから聞き書きしたい人を集めることである。ワークショップに参加したうえで、次回も参加を希望する人には連絡先を記入してもらい、翌年、その人々を中心に、実際に町の八十代の人から聞き書きする「聞き書きスト養成講座」を開催した（全三回）。翌年も同様に四回の講座を企画している。前回の受講生は、新規受講生をサポートする

ふれあいミーティング
（月１回）

・コミュニティ・ソーシャルワーカー
・障害者福祉施設
・社会福祉協議会　困窮支援担当
・福祉課高齢者支援室
・コミュニティ・ナース
・医師
・司書

図4　月1回、町の社会福祉協議会で有志が情報交換をする「ふれあいミーティング」

「サポーター」になり、彼ら自身は「聞き書きスト」として、一対一で話し手の自宅で聞き書きをする予定である（二〇二三年七月時点）。話し手は紫波町図書館で調査した八十代以上の人々だ。

6　町の「情報」や「人」のデータバンクになる

このように各司書が図書館から地域に出て、町の様々な人に会って話を聞くことで、町の「人」のデータバンクになり、人や機関をつなぐことによって、より本人の満足につながるレファレンスサービスができるようになってきた。また、図書館員自身が、町が直面している問題を理解している。

図書館の強みは、情報と人だけではなく、人と人もつなげることができることだと考えている。官・民・個人・団体・地域、ひいては世界のあらゆるものと垣根なくつながることができる場が、町中にほかにあるだろうか。

いうまでもないが、来館者以外にも困りごとを抱えた人、生きるために情報が必要な人は、見えていないだけで大勢存在する。そのニーズや課題の側面を知るため、社会福祉協議会で毎月開催されている関係者の連絡会「ふれあいミーティング」に司書も参加している。子ども食堂や困窮支援、隠れた問題など、具体的に町で起きている出来事をダイレクトに知る機会になると同時に、専門分野やその仕組みを理解する貴重な機会にもなっている。このような現場の声を聞く場は、図書館の就労相談会や医療、福祉関係の企画をおこなううえでも欠かせなくなっている。

7 十年経過して気づいたこと——すべてはコミュニケーションから

手探りで運営して十年、本から伝わるものだけではなく、人から伝わる情報も含め、地域ではあらゆる情報が必要だという実感が日に日に増している。若い人たちが都市に向かっていくのは、そこがメディアや人や活動という多種多様で刺激的な情報が存在している魅力的な場所だからである。そういった状況はなかなか地方ではつくれないことだが、地方だからこそできることがある。

地域にある知的好奇心を掘り起こして、知る喜びを獲得できる場、何かを生み出す場、そして、他者との距離が近く、地方だからこその面白いことや人、本物に出合え、どんな問題でも対話できる場を作ること。図書館はその役割を担うことができるのではと考えるようになった。

情報の洪水のなかでただただ「消費」するだけではなく、一人ひとりが自分の足元に根差した必要な情報は何かを考え、選び、「生産」や「創造」という行動までつながるようにすることも、図書館にはできると思う。

　町の人に寄り添うことで、図書館にできることが見えてきた。図書館のなかでも地域のなかでもすべては声をかけ、声を聴くという小さなコミュニケーションから始まる。人を、地域を知って、できることを始めたらきっと何かが動きだす。

　紫波町図書館は、町の人に寄り添う場所でありたい。これからも地域、世界、あらゆる情報と人をつなげ、いまと未来の人の幸せのために、図書館に何ができるかを考え続け、試行錯誤していきたい。

8　「未来準備」ワークショップでおこなったこと

　以上のような事例を紹介したあと、自分が勤務する自治体に置き換えて、実際の企画展示内容を考えてもらうワークショップをおこなった。

①アイスブレイク（五分）
「もっとあなたを知りたい！　なぜ司書になろうと思ったのですか？」……グループ内でお互いに司書になった理由を聞き合う。

② 「地域に出ていこう！　企画展示をつくろう！」

実際に紫波町図書館でおこなった四つの展示テーマ（AからD）について、グループごとに、もし自館でおこなうとしたらを想定（A：認知症、B：書店×図書館、C：映画、D：恋）。グループごとにテーマを選び、それぞれの役割（ファシリテーター、記録係、発表者など）を話し合って決める。まずは一人で企画案を考える。何のため、誰のための企画展示か、図書館がもつ強みは何か、関係者、当事者は誰かなど、思いつくかぎり付箋に書いていく。その後、みんなで案を出し合う。一人一つずつ案を出し合って三周し、今回の展示のゴール（文章で四十文字以内）を考える。最後にタイトルを決める。悩んだときは、ほかのグループの様子を偵察に動き回ってもいい。そして、各グループ三分以内で発表をおこなう。

ワークショップは以上のようにおこなったが、もちろん正解などはない。参加者が属する自治体もすべて違うため、どのような企画案でも自分ごととして想像し、実行しようとしてみること。関係者や関連機関が想定できなかったり、ゴールが見つけられなかったり、漠然とした内容になってしまったり、自己満足に陥っていないか不安になったりすることこそが大切だと思う。

「地域のこと、地域の人のことは、案外知らないことが多い」と気づく体験をすることを目的としたこのワークショップ。実際には、地域の人に会い、関係者を探し、地域で起こっていることを経験していくと、自然に道が開けていく。それも思いもかけない奥深くて多様な面白い道なので、全く何の心配もないことをお伝えした。

ワークショップ後、小さくても何か一つ、それまでの図書館のかたちにとらわれずに、町の人に声をかけ、耳を澄ませて、足を踏み出すことができたならうれしい。当館も、日々その小さな一歩を積み重ねていきたい。

補章

学び直しの機会と新たな試み

▼木村 瞳

1 図書館員の学び直しの機会

近年、社会人の学び直しが重要視され、いわゆるリスキリングへの社会的関心も以前より高くなった。社会の急速な進展に対応していくには、新たな知識やスキルを獲得しなければならず、オン・ザ・ジョブ・トレーニング（ＯＪＴ）だけではなく、様々な機会を活用して学び続ける必要がある。

まずはこれまでおこなわれてきた公共図書館の職員を対象とした学びの機会について、継続教育として展開されてきた種々の研修と、大学・大学院の取り組みについて概観してみる。

公共図書館員向けの研修

公共図書館職員の研修に関する検討としては、二〇〇八年の文部科学省「これからの図書館の在り方検討協力者会議」による「図書館職員の研修の充実方策について（報告）[1]」がある。そこで示されている「司書等の研修体系について[2]」には、研修の目的・狙い、おもな対象などが市町村、都道府県、全国レベルの段階に分けて示され、国立国会図書館や外部機関などへの要望も添えられている。ただし、これは一二年の司書科目（司書資格取得のために大学で履修すべき図書館に関する科目）改訂以前のものであり、また、序章「図書館員に今後求められる知識とスキル」（永田治樹）でもふれたように、このあと図書館専任職員は二〇数％まで落ち込み、その他の雇用形態の職員が多数を占めるようになった。状況を反映した新たな方策が必要になっているといえる。

現在実施されている、国や自治体の公立図書館・図書館協会などが主催する研修を、前述の「司書等の研修体系について」で示された三つのレベルに分けてみると、表1のようになる。

地域の研修（市町村・都道府県レベル）では、各自治体の図書館員を対象に、初任者・中堅などの経験別の実務全般についての研修や、各サービス担当者向けの専門的な研修を実施している。ほとんどの研修が、非正規職員を含めて雇用形態を問わず参加できる。

全国レベルの研修では、図書館勤務経験年数によってレベル分けをしているものが多い。文部科学省が主催する「図書館地区別研修」と日本図書館協会（ＪＬＡ）が主催する「中堅職員ステップアップ研修(1)」は、経験年数三年以上を目安としている。経験年数七年以上には、文部科学省と国

表1　公共図書館職員向けの研修一覧

<table>
<tr><th>目安
としての
経験年数</th><th>市町村レベル</th><th>都道府県レベル
（都道府県図書館協会などの関係機関を含む）</th><th>全国レベル
（日本図書館協会などの関係機関を含む）</th></tr>
<tr><td>1〜3年目</td><td>・初任者研修（図書館）
・初任者研修（自治体）
・レファレンス研修（基礎）</td><td>・新任職員研修
・レファレンスサービス（初級）
・児童サービス（初級）
・資料保存</td><td></td></tr>
<tr><td rowspan="2">3年以上</td><td rowspan="3">・レファレンス研修（専門）
・中堅職員研修</td><td colspan="2">・図書館地区別研修（文部科学省と開催都道府県・指定都市教育委員会との共催）</td></tr>
<tr><td>・中堅研修
・レファレンスサービス（中級）
・児童サービス（中級）
・郷土資料研修
・ビジネス支援サービス
・法律情報サービス
・障害者サービス</td><td>・図書館等職員著作権実務講習会（文化庁）
※中堅職員ステップアップ研修 (1)
※児童図書館員養成専門講座（経験年数5年以上）</td></tr>
<tr><td>7年以上</td><td>・上級者研修</td><td>・図書館司書専門講座（文部科学省と国立教育政策研究所社会教育実践研究センターの共催）
※中堅職員ステップアップ研修 (2)</td></tr>
<tr><td>館長・
管理職
など</td><td></td><td>・管理職研修
・市町村図書館長等研修</td><td>・新任図書館長研修</td></tr>
</table>

注1：都道府県による都道府県立図書館職員への研修については、市町村と同様の扱いとする。
注2：※は日本図書館協会（JLA）による研修。

（出典：「別紙2 図書館職員のキャリアパスのための研修モデル」〔これからの図書館の在り方検討協力者会議、2008年（https://www.mext.go.jp/a_menu/shougai/tosho/teigen/08073040/005.htm）〕と「公立図書館職員の研修モデル」〔「2007年度（平成19年度）公立図書館における図書館職員の研修に関する報告書」76ページ（https://www.library.metro.tokyo.lg.jp/pdf/15/pdf/2007_chap04.pdf）〕をもとに筆者作成）

立教育政策研究所社会教育実践研究センターが主催する「図書館司書専門講座」とJLAが主催する「中堅職員ステップアップ研修(2)」がある。また、「児童図書館員養成専門講座」は経験年数五年以上かつ児童サービス担当経験二年以上を応募資格としている。

そのほか、JLAは全国レベルの研修として、障害者サービス委員会、図書館施設委員会などの各委員会が担当する主題別、各サービス担当者向けの専門的な研修をしているが、これらの研修では経験年数は問われていない。さらに、非正規雇用職員に関する委員会が担当する「基礎講座」は、雇用形態に関係なく(一般市民を含む)誰でも受講することができる[3]。

館長・管理職向けの研修としては、文部科学省が主催する「新任図書館長研修」がある。おもに就任一年未満の公立図書館長などを対象に、図書館行政の動向、図書館サービスやネットワーク、図書館の現状と課題、公立図書館の基本知識に関する講義や図書館の実践報告など、図書館の管理・運営に必要なテーマを幅広く扱った講義・報告・パネルディスカッションがおこなわれている[4]。

大学・大学院の取り組み

大学などでの現職の図書館員向けの教育プログラムは、おもに大学院で展開されてきた(表2)。二〇〇〇年代初めから社会人向けの取り組みをおこなってきた筑波大学[5](表3)と慶應義塾大学[6](表4)のカリキュラムを掲載する。図書館経営や情報資源組織化などの図書館情報学の専門科目のほか、双方に基本的な研究方法の習得や新しい技術的な展開への対応、そしてデータ分析やアーカイブズに関連する科目がみられる。

表2　図書館情報学に関する課程がある大学院（五十音順）

大学名	研究科・専攻名
愛知淑徳大学 大学院	文化創造研究科図書館情報学専修
九州大学 大学院	統合新領域学府ライブラリーサイエンス専攻
京都大学 大学院	教育学研究科教育学環専攻教育社会学講座
京都ノートルダム女子大学 大学院	人間文化研究科人間文化専攻
慶應義塾大学 大学院	文学研究科図書館・情報学専攻 *
駿河台大学 大学院	総合政策研究科メディア情報学専攻
千葉大学 大学院	人文公共学府人文科学専攻
中央大学 大学院	文学研究科社会情報学専攻 *
筑波大学 大学院	人間総合科学学術院人間総合科学研究群情報学学位プログラム *
東京大学 大学院	教育学研究科生涯学習基盤経営コース／教育実践・政策学コース
東洋大学 大学院	社会学研究科社会学専攻メディアコミュニケーション学コース *

* は厚生労働省教育訓練給付制度の対象講座を含む（2023年5月1日時点）

（出典：根本彰監修、中村百合子／松本直樹／三浦太郎／吉田右子編著『図書館情報学教育の戦後史――資料が語る専門職養成制度の展開』〔ミネルヴァ書房、2015年〕921ページのリストから、現在募集停止しているものを削除し、研究科名などの変更があったものは修正した）

表3　筑波大学大学院情報学学位プログラム 2023年度カリキュラム（東京キャンパス）

<table>
<tr><th>区分</th><th>科目名</th><th>区分</th><th>科目名</th></tr>
<tr><td rowspan="14">講義科目</td><td>図書館メディア文化史</td><td rowspan="5">演習科目</td><td>文献調査法</td></tr>
<tr><td>パブリックサービス</td><td>研究法基礎</td></tr>
<tr><td>ライブラリーマネジメント</td><td>業務計画</td></tr>
<tr><td>学術情報基盤</td><td>記録情報管理</td></tr>
<tr><td>アーカイブズ</td><td>調査とデータ分析</td></tr>
<tr><td>博物館情報メディア</td><td rowspan="3">集中講義</td><td rowspan="3">ヒューマンコンピュータインタラクション</td></tr>
<tr><td>情報組織化</td></tr>
<tr><td>メディア教育</td></tr>
<tr><td>デジタルヒューマニティーズ</td><td></td><td></td></tr>
<tr><td>知的財産と情報の安全</td><td></td><td></td></tr>
<tr><td>コンテンツ開発</td><td></td><td></td></tr>
<tr><td>公共経営論</td><td></td><td></td></tr>
<tr><td>情報アクセス</td><td></td><td></td></tr>
<tr><td>知識情報分析</td><td></td><td></td></tr>
</table>

おもに社会人向けに上記の科目を東京キャンパスで平日夜間や休日に開講している（筑波キャンパス科目の受講も可能）（参考：「情報学学位プログラム（博士前期課程）時間割（2023年度）」「筑波大学 人間総合科学学術院 人間総合科学研究群 情報学学位プログラム」〔https://informatics.tsukuba.ac.jp/wp/wp-content/uploads/2023/03/2023jikanwari_info_J.pdf〕［2023年5月31日アクセス］）

とはいえ、大学院などで学ぶ図書館員の数は、図書館員全体のなかでみると少ないといわざるをえない。(7) 二〇一〇年ごろからは、図書館員向けの履修証明プログラム（社会人などの学生以外の者を対象に一定のまとまりがある学習プログラムを開設し、その修了者に対して履修証明書を交付するもの）などの取り組みも増えてきている。(8) 履修証明プログラムでは、一二年の司書科目の改訂で追加された科目（大学授業科目）を履修できるものが多いが、図書館経営管理者向けに大学院レベルの教育（表3の科目の一部）を提供する筑波大学の「図書館経営管理コース」(9) や、司書資格取得のための学

表4　慶應義塾大学大学院情報資源管理分野 2023年度カリキュラム

区分	科目名
論文指導	研究指導（研究会）
	論文要約発表
アカデミックスキル	学術論文演習
	統計データ処理演習
	図書館情報技術演習
専門科目	図書館経営論
	図書館制度論
	図書館評価論
	利用者サービスデザイン
	情報資源組織化
	学術コミュニケーション論
	デジタル書物学

（出典：「慶應義塾大学大学院文学研究科図書館・情報学専攻 情報資源管理分野 2023年度リーフレット」〔http://web.flet.keio.ac.jp/slis/img/top/leaflet2023i.pdf〕［2023年5月31日アクセス］）

部教育と大学院教育の中間に位置し、大学院教育へ発展する内容を扱った鶴見大学の「図書館員リカレント教育コース」(10)などの取り組みもあった。図書館員の実態を踏まえ、履修のしやすさに配慮した多様なプログラムの提供が求められている。

2 私たちの新たな試み――ワークショップ「図書館員の未来準備」

開催の経緯

前節でみたように、今日では職場や関連機関による研修だけではなく大学などでも学びの場が提供されているが、もっと気軽に参加でき、図書館員の実情に沿った多様な学びの機会がほしいという声も聞かれる。毎年繰り返される定型的なものではなく、これからの図書館員に求められる内容や自分の関心があるテーマについて、先行事例などを示唆してもらい、相互に議論し、交流できる場がほしいという願いもある。このような声を受けて、未来の図書館研究所では二〇一七年にワークショップ「図書館員の未来準備」を開講した。

参加が容易かどうかは、学ぶコースへの関心は無論のこと、日程や費用が大きく関わる。その点を考慮しながら、毎年テーマを選び直し（継続的に必要なものは残し）、日程は比較的短くかつ少し余裕をもって三日から五日間、科目は六科目から九科目で構成することにした。関心や受講生の都合を考慮し、全科目受講だけではなく、次項で示す三つの領域ごとの受講選択もできるようにしている。

内容は公共図書館をテーマに、対象は「図書館勤務経験者」とし、経験年数や司書資格の有無を問わず幅広く受け入れている。実施方法は基本的にワークショップ形式とし、それぞれ、ディスカッションの時間を確保している。科目によっては事前課題も設定している。したがって定員は二十人と小規模である。

なお、新型コロナウイルス感染症の感染拡大をきっかけに、二〇二〇年からはウェブ会議サービス「Zoom」も活用したオンライン開催（あるいは併用）としている（図1）。さらに、一部の講師には、ワークショップでの講演内容や関連する項目について「未来の図書館研究所調査・研究レポート」（未来の図書館研究所、二〇一七年―）に寄稿してもらい、ワークショップ受講者だけではなく図書館に関わる人々に広く活用されるよう記録を残している。[11]

図1　オンラインでの開催の様子

領域の設定とこれまでの実施テーマ

本書の序章で、専門職務の担い手の確保が今日の課題とされていて、レファレンスサービスの展開や先導的な改革の立案、デジタルトランスフォーメーション（DX）の推進やプログラム（イベント）企画に困難な状況があると述べた。

図2　科目「Webを活用した図書館サービス」実施の様子

そのような状況を踏まえ、本ワークショップでは、先導的な情報システムの立案やDXの推進、プログラム企画に関わる「図書館情報システム」領域と、図書館のサービス計画やプログラム企画に関わる「図書館の役割」領域の二つを設定した。さらに、コミュニティの社会機関として人々の活動を知的・社会的に鼓舞するはたらきが求められる図書館の役割を踏まえ、「図書館の役割」領域を、地域社会を育む「図書館とコミュニティ」と、知識を共創する「図書館と学び」の二つに分けて設定している。

①領域「図書館情報システム」

第一回ワークショップから継続的に開講している「Webを活用した図書館サービス」は、一人一台パソコンを使用し（図2）、ウェブページがどのように動くのかをプログラムにふれながら学び、Web APIを活用した図書館サービスの可能性について考える機会になっている。この詳細については、本書の第1章「ウェブ技術の深化とサービスの可能性」（川嶋斉／牧野雄二）を参照してほしい。

また、この領域では、次のような一連のテーマを展開している。

・AR（拡張現実）やVR（仮想現実）、IIIF（トリプルアイエフ）など、そのときどきに注目を集めている話題を取り上げ、図書館サービスシステムの新しい方向をワークショップ方式で議論する「図書館サービスの未来準備」（二〇一七—二〇年）。

・ソーシャルウェブ（ウェブ上の相互作用、協働、コンテンツ形成・共有、投稿や参加を促進するウェブサイト、ツールやサービスを包括的に指す用語）に対応する図書館情報システムを検討する「ソーシャル・デジタルライブラリー」[12]（二〇一八年）。

・地域資料・古典籍のアーカイブ構築と活用について考える「デジタルアーカイブ」[13]（二〇一九年）。

・貸出統計のサンプルデータを使ったMicrosoft Excel関数による集計の体験と、Pythonによる自動化例を参考に、利用統計の手法を考える「業務管理とサービスにおける統計」（二〇二一—二二年）。

・AIの代表的な手法や図書館での活用事例の紹介とともに、リアルタイム物体検出や来館者数予測などの体験を通してAIの可能性について考える「図書館で活用可能なAIを探る」（二〇二一—二二年）（本書第3章「先駆的技術の図書館サービスへの組み込み」〔中野良一／牧野雄二〕を参照）。

②領域「図書館の役割：図書館とコミュニティ」

図書館員が地域・コミュニティの人々を巻き込む手法を学ぶ機会として、図書館パートナーズによるファシリテーション講座（二〇一七—一八年）から着手した。図書館と市民の協働事例についての紹介のあと、ブレインストーミングや三分間アイデアソン（アイデアとマラソンを合わせた造語）など、多様なアイデア出しの手法やグループワークの体験などをおこなった。また、その事例として、図書館と地域を結ぶ協議会の太田剛氏による、幕別町図書館（北海道幕別町）での図書館改革や、ふみの森もてぎ（栃木県茂木町）、ゆすはら雲の上の図書館（高知県梼原町）での図書館づくりについてのワークショップ（二〇一九年）を実施した。

大串夏身氏による「まちづくりと図書館」（二〇二一―二二年）（本書第8章「まちづくりと図書館」〔大串夏身〕を参照）では、各地の図書館の事例を学ぶとともに、グループワークでは、まず事前課題「個々のサービスがまちづくりにおいてどんな意味をもつか」について考えたことをグループ内で共有し、それを踏まえて「図書館がまちづくりに貢献するための取り組みを進める企画案」を考え、最後にその企画について「住民にわかりやすく説明する広報資料の作成」までをおこない、サービス計画の方法を実践的に学んだ。

また、実際の取り組みを学び、それを自らの実践につなげることを狙い、これまでに岩手県紫波町図書館の複合施設との連携事業や町の産業・人々に寄り添ったサービス（二〇一七―一九年）（本書第10章「町と人に寄り添う図書館」〔手塚美希〕を参照）、千葉県山武市立図書館の市の各部署や市民との多様な連携事業[14]（二〇二〇年）、宮崎県都城市立図書館の新図書館での挑戦（二〇二〇年）、三重県多気町立勢和図書館の地域の学校や市民・団体と連携した「おまめさんかなぁプロジェクト[15]」（二〇二一年）、大阪府豊中市立図書館の市民とつくる「北摂アーカイブス[16]」（二〇二二年）などの取り組みを紹介してきた。

③領域「図書館の役割：図書館と学び」

住民の学びを支える場として、図書館にどのような機能が必要かを考えるため、二〇一七年は文化と学びの場をプロデュースする株式会社マナビノタネの森田秀之氏による、せんだいメディアテークや武蔵野プレイス、都城市立図書館でのプロジェクトに関する講演と事前課題についてのディスカッション（課題資料について「違和感や疑問に思った点」と「共感やいい気づきがあった点」を共有して議論）と、子どもたちの創造・表現活動の機会を提供してきたＮＰＯ法人CANVASによるワークショップ（CANVASの活動や「デジタル絵本」の紹介、紙粘土と三色の絵の具を使って色を混ぜ、様々な色の「いろだま」をつくる子ども向けの造形プログラム「いろいろコレクション」の体験）を実施した。

また、ファブラボ鎌倉の渡辺ゆうか氏による「新しい学びにチャレンジ」（二〇一八―二一年）、「図書館とファブラボの可能性を考える」（二〇二二年。本書第5章「図書館×メーカースペース――これまでとこれからに向けて」〔渡辺ゆうか〕を参照）は、アイデアスケッチ[17]やＩｏＴブロック「MESH」[18]を使ったプログラミング、３Ｄモデリングなどの様々な体験を通して、図書館での新しい学びの実践やメーカースペースの展開の可能性を考える機会になっている。

もちろん図書館の基本的な役割として読書活動推進の取り組みは不可欠である。読書活動推進については児童・青少年サービス分野を中心に、基礎から高度かつ専門的な内容まで、様々な機関で研修がおこなわれている。本ワークショップでは、児童・青少年サービスに限らない多様な読書活動支援の手法を学ぶ機会として、これまでに、子どもの読みの発達に合わせて読解力を育成するスペイン発のメソッド「読書へのアニマシオン」（二〇一七年）、「Life with Reading――読書の秘訣カ

図3　ワークショップ実施の様子

ード」を用いてこれからの読書とその支援について考える「創造的読書のパターン・ランゲージ[19]」（二〇一八―二〇年）、英語多読（簡単な英語で書かれた本を大量に読む学習方法）の公共図書館での展開について考える「英語多読と図書館」（二〇二一―二二年）をテーマに実施してきた。さらに、GIGAスクール構想の実現に向け、コロナ禍を経て急速に進んだ「一人一台端末」の整備を受け、二〇二二年には中山美由紀氏による「新たな図書館と学校の連携を探る」（本書第9章「学校との連携・協働」〔中山美由紀〕を参照）を追加し、リアルだけではなくデジタルも含む学校との連携の方法について考える機会とした。

ワークショップ受講者の状況

過去六回の受講者の所属は公共図書館員が八〇％以上で、そのうち民間職員が最も多い。また、自治体職員のうち四〇％が新館開館予定がある自治体からの受講者であることは、本ワークショップが新しいテーマを取り上げていることの表れかもしれない。しかし、最新の設備・機器がなければできないことを取り扱っているわけではなく、ウェブブラウザ上でできる3Dモデリングの体験やWeb APIなどの無料のツールの活用方法など、身近なところから実践可能な内容になっている。

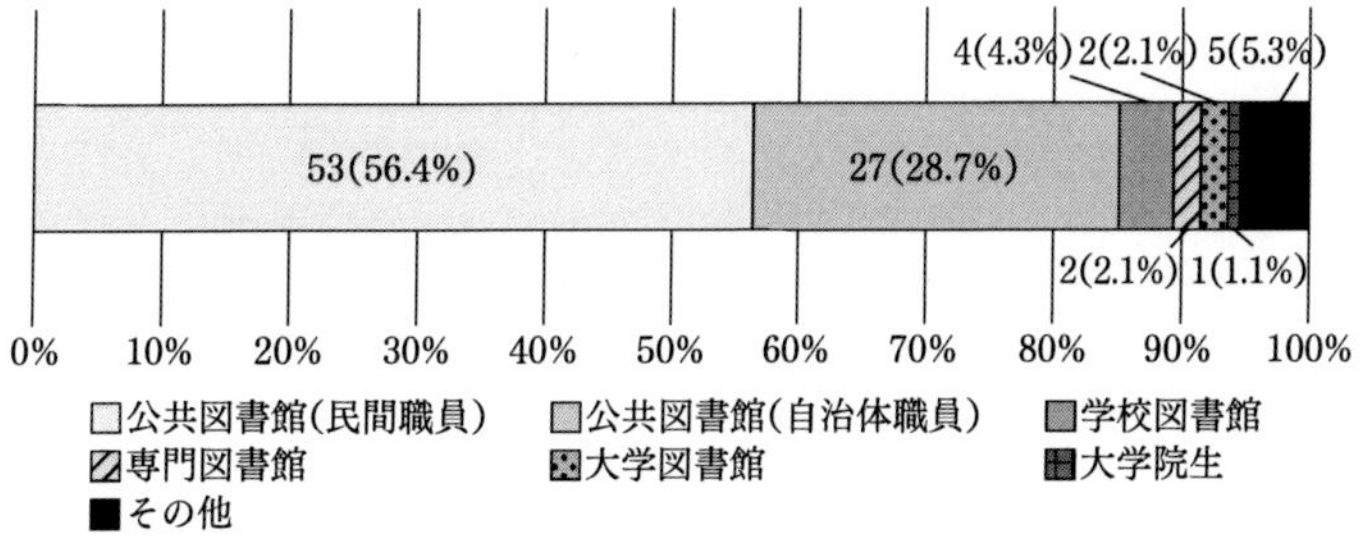

図4　過去6回のワークショップ受講者の所属別割合

ワークショップの結果と受講者のコメント

受講終了後の受講者アンケートの回答（表5）では、全体を通して「気づき」「学び」「交流」についての評価が高い。特に「ファブラボ」や「英語多読」など、自館には設備がない、サービスをおこなっていない受講者にとっては、受講前は関心が薄かったが、ワークショップで実際に体験することで実感が得られやすく、理解が深まったなどの意見がみられた。領域「図書館情報システム」についても、受講前は情報技術分野に苦手意識があった人などから、同様の回答があった。

3　まとめと今後の展望

新型コロナウイルスの感染が拡大した二〇二〇年、ほかの様々な研修が中止を余儀なくされるなか、本ワークショップを止めることなく続けてきた。今後は、遠方の人々も参加でき、受講環境を調整しやすいリモート会議システムのよさと、議論を活性化しやすく講

表5　受講者アンケートの意見

区分		受講者アンケートに寄せられた意見
全体について	気づき	・目からうろこだった ・実施したいではなく、実施するぞという気持ちにさせる大変中身の濃い時間だった ・図書館の問題点を職場で話し合う機会はあっても、未来の図書館について話すことはなかったので、いいきっかけになった
	学び	・企画を考えることの難しさと新しい発想を思いついたときの楽しさを学ぶことができた ・いろいろな分野、視点から図書館のことを学ぶことができてよかった ・実践例をもとに積み上げてこられた理論を多く学ばせてもらった
	講師・受講者との交流	・同じように図書館で働いていても、いろいろな考え方があることを学べたことがよかった ・自分にはない考えや経験を聞けてよかった ・多様な講師陣と参加者と交流していろんな意見にふれられた ・横のつながりができ、考える仲間ができ、大変心強く感じられた ・図書館業界に携わる様々な立場の方と交流でき、貴重なお話を聞く機会を得られた
領域別	図書館情報システム	・ウェブ上での図書館サービスについて実際に何ができそうなのか仕組みを通して学ぶことができた ・VR、AR についてまったく知識がない自分にとってもわかりやすかった ・具体的な作業をおこなったことで OPAC や Web API の理解が深まった ・まったくいままで関与していなかった分野なので、学べてよかった ・残念ながら、ホームページをいじったりなどできる立場にはないのですが、何ができるのかの一端でもわかるのはためになる ・苦手意識を持っていたが、基礎から学ぶことができ、実習の時間もあったのでしっかりと理解することができた
	図書館の役割（図書館とコミュニティ）	・図書館と地域の関わりを再確認できた ・先進的な図書館の事例を学びつつ、グループワークなどを通して仮想的にではあるが自分だったらどう取り入れるか考えることができた ・講義とグループワークを通じて図書館が地域活性のためにどのようなかたちで関わることができるのかをシミュレートするいい場になった
	図書館の役割（図書館と学び）	・実践につながり、また読むことについて考えるヒントをいただいた ・自分には縁遠いと思っていた分野の話だったが、自分ごととして聞け、興味をもてた ・現状でもできることがたくさんある ・思った以上に手軽にいろいろできる ・読みたい本がないから読まないわけでないという気づきがもてた ・読書に興味がない人を引き付ける方法を学べた

師や受講者同士の交流が期待できる対面のよさを考慮し、より柔軟性が高いものにしていく。パソコンを使用した実習などでは、受講者のレベルが一定でないために進度に差が出てしまうことがあり、自分のペースで進められる手法を併用した展開なども工夫していきたい。
図書館員のための学びの機会は、職場や公的な研修、大学などの取り組みだけではなく、仲間たちや同僚との勉強会など、様々な場があっていい。このワークショップ「図書館員の未来準備」もその一つでありたい。アメリカ図書館協会とその傘下の組織が展開している豊富な研修機会などを参考にしながら、多様な学びの機会が増えていき、図書館員が自らを育んでいけることを願う。

注

（1）これからの図書館の在り方検討協力者会議「図書館職員の研修の充実方策について（報告）」「文部科学省」（https://www.mext.go.jp/a_menu/shougai/tosho/teigen/08073040.htm）［二〇二三年五月三十一日アクセス］
（2）「別紙1 司書等の研修体系について」「文部科学省」（https://www.mext.go.jp/a_menu/shougai/tosho/teigen/08073040/004.htm）［二〇二三年五月三十一日アクセス］
（3）「非正規雇用職員に関する委員会」「日本図書館協会」（https://www.jla.or.jp/tabid/805/Default.aspx）［二〇二三年五月三十一日アクセス］
（4）「新任図書館長研修」「筑波大学図書館情報メディア系／筑波大学大学院図書館情報メディア研究科」（https://www.slis.tsukuba.ac.jp/grad/community/1505/）［二〇二三年五月三十一日アクセス］

（5）筑波大学大学院図書館情報メディア研究科（現在は情報学学位プログラム）の前身である図書館情報大学大学院で、二〇〇〇年に設置された。社会人に対応するものとして、入試での社会人特別選抜方式や東京地区のサテライト教室の設置、夜間と土曜開講など様々な配慮が施された。参考：中山伸一「筑波大学大学院図書館情報メディア研究科における図書館員を対象とした教育の現状」「情報の科学と技術」第五十九巻第二号、情報科学技術協会、二〇〇九年、六九―七三ページ（https://www.jstage.jst.go.jp/article/jkg/59/2/59_KJ00005189340/_pdf/-char/ja）［二〇二三年五月三十一日アクセス］

（6）情報資源管理分野は二〇〇四年に設置され、現職者向けに平日夜間と土曜日午後に開講している。平成二十七年度（二〇一五年度）文部科学省「職業実践力育成プログラム」に認定されている。参考：「情報資源管理分野」「慶應義塾大学大学院文学研究科」（https://www.gsl.keio.ac.jp/academics/information-resource-management/index.html）［二〇二三年五月三十一日アクセス］

（7）過去三年間の受講修了者数の合計は、慶應義塾大学情報資源管理コースが十八人、筑波大学情報学学位プログラムが六人、図書館経営管理コースが十六人（「教育訓練給付制度 厚生労働大臣指定教育訓練講座検索システム」［https://www.kyufu.mhlw.go.jp/kensaku/］［二〇二三年五月三十一日アクセス］の掲載情報から）。

（8）現職の図書館員向けの履修証明プログラムには、次のようなものがある。以下、大学名「プログラム名」（開講年度）。上田女子短期大学「図書館職員学び直し講座」（二〇〇九―一四年）、鶴見大学「図書館員リカレント教育コース」（二〇一五―一七年）、桃山学院大学「司書・司書補講習および司書課程修了者のための学び直し講座」（二〇一四年―）、松山大学「図書館ベーシック・プログラム」（二〇一七年）、聖徳大学「司書学びなおし講習」（二〇一九年―）、松本大学「司書学び直しコース」（二〇二〇年―）、愛知学院大学「司書学び直し講習」（二〇二二年―）、近畿大学「司書学び直しプログラム」（二〇二三年―）。

（9）もともとは図書館流通センターの寄付講座として二〇〇六年に開設され、一一年度から履修証明プログラムとして認定された。参考：緑川信之「筑波大学大学院図書館情報メディア研究科の現職者教育――図書館情報学キャリアアッププログラムと図書館経営管理コース」、日本図書館協会図書館雑誌編集委員会編「図書館雑誌」二〇一八年十月号、日本図書館協会、六七二―六七三ページ

（10）角田裕之／長塚隆／原田智子「鶴見大学履修証明プログラム「図書館員リカレント教育コース」の現状と課題」「情報の科学と技術」第六十七巻第八号、二〇一七年、四一〇―四一五ページ

（11）「未来の図書館研究所調査・研究レポート」は、第一号から第四号までは未来の図書館研究所ウェブサイト（https://www.miraitosyokan.jp/）にＰＤＦ版を掲載している。第五号以降は書籍として樹村房から発売している。

（12）常川真央「つながりっぱなしの日常に、『図書館』をいかに埋め込むか――ソーシャル・デジタルライブラリーの設計技法の確立に向けて」「未来の図書館研究所調査・研究レポート」第二号、未来の図書館研究所、二〇一九年、三九―四七ページ（https://www.miraitosyokan.jp/future_lib/annual_report/report_vol2.pdf）［二〇二三年五月三十一日アクセス］

（13）増井ゆう子「日本語の歴史的典籍のアーカイブ構築と活用」「未来の図書館研究所調査・研究レポート」第三号、未来の図書館研究所、二〇二〇年、三七―四七ページ（https://www.miraitosyokan.jp/future_lib/annual_report/report_vol3.pdf）［二〇二三年五月三十一日アクセス］

（14）豊山希巳江「「ツナガル。」から生まれる図書館の可能性」「未来の図書館研究所調査・研究レポート」第四号、未来の図書館研究所、二〇二一年、六三―六九ページ（https://www.miraitosyokan.jp/future_lib/annual_report/report_vol4.pdf）［二〇二三年五月三十一日アクセス］

(15)「おまめさんかなぁプロジェクト」「多気町勢和地域資源保全・活用協議会」(https://seiwashigen.jp/omame/)［二〇二三年五月三十一日アクセス］

(16) 青木みどり「「地域の記憶を 地域の記録へ」——地域住民と歩む北摂アーカイブスの取組み」、未来の図書館研究所編集『図書館とコミュニティアセット』(未来の図書館研究所調査・研究レポート) 所収、未来の図書館研究所、二〇二三年、一〇三—一一三ページ

(17) James Gibson／小林茂／鈴木宣也／赤羽亨『アイデアスケッチ——アイデアを〈醸成〉するためのワークショップ実践ガイド』ビー・エヌ・エヌ新社、二〇一七年、一四四ページ

(18)「MESH (メッシュ)」は「Make, Experience, SHare」の略。「MESH とは」「MESH」(https://meshprj.com/jp/feature/index.html)［二〇二三年五月三十一日アクセス］

(19) 庭井史絵「読書についての対話を創出する『Life with Reading 読書の秘訣カード』——パターン・ランゲージを用いた読書経験の共有」、日本図書館協会図書館雑誌編集委員会編「図書館雑誌」二〇一九年二月号、八八—八九ページ

あとがき

▼戸田あきら

未来の図書館研究所が開催している「図書館員の未来準備ワークショップ」を本にしないかという提案を青弓社からいただいたのは、二〇二二年九月である。所内で内容構成と執筆をお願いする方の検討をおこなったうえで、二三年一月にウェブで執筆者会議を開いた。そこから執筆に取りかかっていただいたが、それぞれ多くの仕事を抱えておられ、また様々なご事情があるにもかかわらず、すべての予定執筆者が短時間で原稿を仕上げてくださった。誠に感謝に堪えない。

また、青弓社の矢野恵二さんと担当の半澤泉さんには、本書の企画・編集について大変お世話になった。あらためて記して感謝の意を表したい。

日本の公共図書館は、今日、まちづくりの一角を担うなど新しい姿を現しつつある一方、多様な人々にとって十分に頼りになる、健全な知識社会のための確固たる基盤とはなりえていない。しばらくは模索の時代が続くと言っていいだろう。そのようななかで、本書が、図書館員および図書館に関係する人々がこれからの図書館を考えるきっかけになれば望外の喜びである。

（編集担当／未来の図書館研究所副所長）

付録　「ALA コア・コンピテンス2022」

これは、アメリカ図書館協会（ALA Council）の評議会で2023年1月に承認され、採択された「ALA コア・コンピテンス」である。ALA では1999年以来、図書館専門職のあり方についての検討に着手し、2006年に最初の文書を発表した。これはそれを引き継いだ更新版である。ALA は図書館専門職を養成するライブラリー・スクールに対してその課程を認証する基準を示しているが、このコア・コンピテンスは、個々の図書館専門職が保持すべき要件を示したものである。

以下は、ALA の許諾を得てそれを日本語に訳出し、表にしたものである。なお、原文はアメリカ図書館協会のウェブサイトで読むことができる。

原文：“ALA’s Core Competences of Librarianship”（https://www.ala.org/educationcareers/careers/corecomp/corecompetences）［2023年9月24日アクセス］

注
- 便宜的に、左欄に各事項とその論拠を、右欄に個別のコンピテンスを配置した。左欄の各事項についての説明は、2009年版にはない。
- 右欄の記述では、相当部分表現が書き加えられている。下線を施した部分は、そのうち2009年には存在しなかった議論などが明確に示唆されているものである。

1. 当初から備えておく知識 図書館専門職は、ALA によって認証された図書館情報学課程、または ALA/AASL の専門職基準を満たした課程を修了した者で、図書館や情報の専門職に就く準備ができている。このコンピテンスは、図書館専門職が現場で展開すべきスキルと知識を表している。以下のコンピテンスを実現するために、図書館専門職は、<u>特定の肩書や役割に関係なく</u>（この下線の文言は、繰り返されるが以下では省略する）、右の基本的なスキルと理解を備えている必要がある。	1A. 図書館専門職の倫理、価値基準、基本原則に則ること。 1B. 民主主義の原則と知的自由（表現、思想、良心の自由など）の推進。 1C. 図書館と図書館職（ライブラリアンシップ）の歴史、そして社会でのその役割の検討。 1D. あらゆる形態の情報の歴史、保存、普及、および図書館へのその影響についての認識。 1E. 現在の種類（学校、公共、学術、専門など）の図書館および密接に関連する情報機関（博物館、文書館、美術館など）の把握。

	1F. 地方、広域、国内、国際のレベルで、図書館情報専門職にとって重要な社会・公共・情報・経済・文化政策とそれらの趨勢の把握。 1G. 著作権とフェアユース、プライバシー、表現の自由、平等の権利（アメリカ障害者法など）、オープンアクセス、知的財産権に関する法律など、図書館が運営される法的枠組みの熟知。 1H. 特にマーケティング、資金集め、アウトリーチの活動の観点から、図書館、図書館員、その他の図書館雇用者、利用者、そしてサービスを効果的に推奨（アドボケイト）すること。 1I. 複雑な問題を特定し、体系化し、分析するための技法を用い、図書館環境において適切で協調的な解法を作成すること。 1J. ビデオ、ライブチャット、電子メールといった電子的なコミュニケーションを含む、効果がある口頭および書面によるコミュニケーション手法を実証すること。 1K. 図書館専門職の最新の認定資格、学位、および／または特定領域についての免許要件の保持。
2. 情報資源 図書館専門職は、いろいろな段階の様々な容量の情報資源を扱う。新たな情報資源は常に図書館やその情報提供活動を更新する。すべての図書館専門職は各種の情報資源を記述し、取り扱えなければならず、右の基本的なスキルと知識を備えている必要がある。	2A. 創作から各利用の段階を通じて、記録された知識と情報のライフサイクルにおける問題を、資料形式（フォーマット）と領域（ジャンル）との関連のなかで検討すること。

	2B. コレクション管理の考え方に則り、問題を解き、適切な手法で対応すること（コレクション管理には、資料の評価から長期保存、およびその他の処理〔収集、選定、購入、整理、保管、および廃棄を含むが、これらだけに限定されない〕に至るライフサイクルが含まれる）。 2C. 新たな形式（フォーマット）や領域（ジャンル）の情報資源を含めること、またこれらが情報コミュニティの多様で文化的なニーズとどのように交差し、それを反映しているかをコレクションの管理を通して理解すること。
3. 生涯学習と継続教育 図書館と図書館がサービス対象とするコミュニティは継続的に進化している。したがって、継続教育、職務能力の向上、生涯学習への関与は、見識をもった図書館専門職の重要な要素である。 図書館専門職は、右の基本的なスキルと理解を備えている必要がある。	3A. コミュニティにサービスをよりよく提供できるように、現行の職務能力の向上に参画し、先導すること。 3B. 継続教育と生涯学習の取り組みでの図書館の役割についての認識。 3C. 生涯学習を促進するために、学習に際して人々の好みや傾向を考慮し、多様な手法を用いること。 3D. 確立された学習理論とともに新たな理論や、批判的・包摂的教育学の原則、指導方法、学習成果のアセスメント*方法を理解する。そして、情報の提供環境が整った教育的取り組みにそれらを利用すること。
4. 管理運営 図書館専門職は、管理運営のメンバーやそのチームと協力して、情報の提供環境がコミュニティのニーズと合致していることを保証する。図書館専門職は、右の基本的なスキルと理解を備えている必要がある。	4A. 責任を負える（fiduciary）計画と管理の原則で対応すること。 4B. 効果的で公正な監督と人的資源経営、研修、および人材開発の原則の適用。 4C. 図書館サービスとその成果のアセスメントと評価の考え方と方法の実行。

	4D. すべての利害関係者やコンソーシアムの、ならびにサービス対象コミュニティ内での、多様で公平な協力関係、連携、ネットワーク、そしてその他の仕組みをつくり、それを支持すること。 4E. ほかのリーダーシップの考え方に合わせて、原則に基づく、変革経営のリーダーシップの、背後にある考え方、問題点、方法を採用すること。 4F. リーダーシップの考え方を用いて、プロジェクトを効果的に計画、管理、実施、完了すること。 4G. 組織やコミュニティのあらゆる同僚との戦略的コミュニケーションに関与すること。
5. 記録された知識と情報の整理 すべての図書館専門職は、文化や同一性（アイデンティティ）を横断して、情報と知識の組織化と表現の原則、方法、手段、目標を理解している必要がある。図書館専門職は、技術的な変化に応じて記述／分類の基準を改訂し、問題を解決し、記録された知識と情報に基づいて倫理にかなう決定を下すための不可欠なスキルを有していなければならない。図書館専門職は、右の基本的なスキルと理解を備えている必要がある。	5A. 記録された知識と情報の組織化と表現に関わる原則、方式、動向、目標の熟知。 5B. 記録された知識と情報を組織化するために必要とされる、展開、記述、分析、評価のスキルの実行。 5C. 目録作成、収集、メタデータ付与、索引付け、分類の基準と構造方式を維持する。また、それらを適用し、作成して、記録された知識と情報を発見するために用いる方法を実行し、これらの弱点と強みを把握すること。 5D. 文化的なバイアス（先入見）が記録された知識と情報の収集や記述にどのような影響を及ぼすかを認識すること。

6. レファレンス・利用者サービス レファレンス・利用者サービスは、どのタイプの図書館でも、またどんな状況でも、図書館利用者と図書館が提供する情報とコレクション、およびサービスとの間をつなぐものである。 図書館専門職は、右の基本的なスキルと理解を備えている必要がある。	6A. 様々な利用者集団や情報提供環境での利用に対し、多様な資源から情報を発見、検索、評価、統合するのに使われる手法を用いること。 6B. あらゆる利用者集団と情報の提供環境に対して、記録された知識と情報を使って相談、仲介、指導、案内をおこなうために必要な方法と実務を理解し、適用する。レファレンス・インタビューの過程で情報のニーズを判断するのに、問題解決スキルを重視すること。 6C. レファレンス・利用者サービスの倫理的な実践に「RUSA（レファレンス・利用者サービス協会）の行動コンピテンシー」を適用すること。 6D. コミュニティの情報ニーズを理解し、アセスメントの原則や考え方、手法を使い、そのニーズを満たすために図書館が支援し協力できる手立てを把握すること。 6E. 対象コミュニティからの意見などを取り込んで、プログラム、サービス、協力に対するアセスメントと評価に携わること。 6F. 図書館のレファレンス・利用者サービスを計画、提供、評価をおこなう際には、教養ある謙虚さをわきまえること。

7. 調査・研究と根拠に基づいた実践 図書館専門職は、自分の機関、職務、および／または自身の専門能力の向上を支える取り組みに関連して、調査・研究するべきことを見つけ、解明し、新たなものをつくることができる必要がある。図書館専門職は、ある領域のデータや根拠（エビデンス）および当該の研究スキルを実証できることが望ましい。これには、研究の設計と方法、データ分析の方法や研究ツールの活用の理解が含まれるが、これらに限定されない。図書館専門職は、右の基本的なスキルと理解を備えている必要がある。	7A. 情報に関する様々な問題点に学際的な観点から、その分野の既存研究を見つけて、取り組み、統合し、自身の職務能力向上、および／または機関のニーズに関連する知見に結び付けること。 7B. データの生成、分析、評価、説明や研究ツールの利用など、その分野での主要な研究方法、手法、設計の倫理的で適切な適用を認識すること。 7C. 専門的で文化的な価値観が研究ライフサイクルの各段階にどのような影響を及ぼすかの認識、研究へのアクセスに関わる障壁、研究と実務への応用との間の緊張など、研究とともに進展する原理と問題点を理解すること。 7D. 職務能力の継続的な向上、知識そして共有を可能にする研究基盤や学術コミュニケーションに関与することの重要性を理解すること。
8. 社会的公正 社会的公正は、すべての図書館利用者に公平なアクセスと参加を促す図書館のコレクション、サービス、人材、施設、プログラムを図書館専門職が作り上げるのに必要な知識とスキルが関わるプロセスと目標の双方の面で定義される。社会的公正、公平性、多様性、包摂性、および反人種差別主義のコンピテンスは、図書館専門職が図書館内の過去と現在の不平等を正し、図書館内および図書館とそのコミュニティの間の抑圧、特権、権力の問題に取り組むことを要求する。図書館専門職は、右の基本的なスキルと知識を備えている必要がある。	8A. 権力、特権、抑圧に関わる立場など、自分自身の文化的同一性 ** とそれがコミュニティとのやりとりや意思決定者の間でどのような影響を与えるかを理解すること。 8B. 支配的な秩序を維持してほかの試みを排除してきた従来の慣行、サービス、プログラムなどを認識し、異議を挟み、変更すること。 8C. 社会的公正、公平性、多様性、包摂性を促進する取り組みを奨励、支援、評価し、それに報いる組織風土づくりに貢献すること。

	8D. コレクション（購入、分類、記述）や職員、プログラム、サービスを包摂性が高いものに引き上げるために、多様なグループやコミュニティへのアウトリーチ活動や協力関係を通じて、社会的公正と包括性を専門的な実践に組み込むこと。 8E. 図書館職員、コレクション、施設の設備・備品をすべての利用者コミュニティに公平に分配すること。 8F. 権力、特権、抑圧の問題に対処するべく認識を高め、戦略を策定するための職務能力向上の継続的な努力。
9. テクノロジーの知識とスキル 情報の提供環境は、サービスや資源を供給する様々なテクノロジーに依存している。 テクノロジーの実装はそれぞれの図書館によって異なる。図書館専門職は、右の基本的なスキルと理解を備えている必要がある。	9A. 図書館のサービスや資源へのアクセスなど人々の利用を支える適切なテクノロジーと用途についての把握。 9B. テクノロジーを図書館のサービスや資源に適用する際に、倫理的および文化的に配慮すべき事項や、図書館とコミュニティのメンバーへの影響を理解し、運用すること。 9C. アクセシビリティー、実用性、持続可能性、有効性の観点から、既存および新たに出現したテクノロジーと、それらが図書館のサービスおよび資源に与える影響の定期的な評価を実施すること。

* アセスメントとは、調査に基づいて客観的に評価すること。
** 文化的同一性は、言語や行動のあり方など、自己像になる文化的な特徴として捉えられる。その人が属する国、民族、階級、世代、地域などで影響を受ける。

中山美由紀（なかやま みゆき）
1958年、東京都生まれ
東京学芸大学教育学部卒業。成城学園高等学校専任司書教諭退職後いったん家庭に入る。1998年に千葉市学校図書館指導員として社会復帰、東京学芸大学附属小金井小学校司書を経て、立教大学兼任講師
2009年に文部科学省受託事業のウェブサイト「先生のための授業に役立つ学校図書館活用データベース」を東京学芸大学学校図書館運営専門委員会のメンバーとして構築
共編著に『学校図書館の挑戦と可能性』（悠光堂）、共著に『図書館を語る』（青弓社）、『学習指導と学校図書館』（全国学校図書館協議会）など

手塚美希（てづか みき）
1975年、秋田県生まれ
浦安市立中央図書館、秋田市立中央図書館、秋田県立図書館を経て、2010年から紫波町図書館の開館準備に携わる。開館後の現在、紫波町図書館主任司書。19年、アメリカ図書館協会（ALA）年次大会ジャパンセッションで事例発表

木村 瞳（きむら ひとみ）
1984年、茨城県生まれ
筑波大学図書館情報専門学群卒業後、練馬区立図書館勤務などを経て、未来の図書館研究所研究員
ワークショップ「図書館員の未来準備」の運営に携わる

共著に『図書館情報学を学ぶ人のために』(世界思想社)、『図書館制度・経営論』(日本図書館協会)、『世界のラーニング・コモンズ』(樹村房) など

渡辺ゆうか (わたなべ ゆうか)

1978年、神奈川県生まれ
国際 STEM 学習協会代表理事、ファブラボ鎌倉代表、慶應義塾大学 SFC 研究所訪問研究員
高校卒業後、渡米。帰国後、多摩美術大学美術学部環境デザイン学科に入学。2011年5月、東アジア初のファブラボの一つであるファブラボ鎌倉を田中浩也氏と共同設立。12年にファブラボ鎌倉を法人化して代表になり現在に至る
共著に『FAB に何が可能か』(フィルムアート社)、『図書館とポスト真実』(未来の図書館研究所) など

村井麻衣子 (むらい まいこ)

筑波大学図書館情報メディア系准教授
専攻は知的財産法、著作権法
共著に『図書館とポスト真実』(未来の図書館研究所)、論文に「フェア・ユースにおける市場の失敗理論と変容的利用の理論 (1) ~ (9) ——日本著作権法の制限規定に対する示唆」(「知的財産法政策学研究」第45号—51号、54号、61号) など

磯部ゆき江 (いそべ ゆきえ)

日本図書館協会事務局次長兼総務部長を経て、未来の図書館研究所研究員、二松学舎大学非常勤講師
共著に『図書館とコミュニティアセット』(未来の図書館研究所)、論文に「公共図書館への電子書籍サービス導入」(「日本図書館情報学会誌」第60巻第4号)、「都道府県・政令市図書館の医療健康情報サービス」(「現代の図書館」第56巻第2号) など

大串夏身 (おおぐし なつみ)

1948年、東京都生まれ
早稲田大学文学部卒業後、東京都立中央図書館勤務、特別区協議会調査部、東京都企画審議室調査部をへて、昭和女子大学へ。現在、昭和女子大学名誉教授
著書に『レファレンスと図書館』(皓星社)、『まちづくりと図書館』『図書館のこれまでとこれから』『挑戦する図書館』『調べるって楽しい!』『これからの図書館・増補版』『図書館の可能性』『文科系学生の情報術』『世界文学を DVD 映画で楽しもう!』『DVD 映画で楽しむ世界史』、編著に『江戸・東京学研究文献案内』『読書と図書館』、共著に『触発する図書館』(いずれも青弓社) など

［著者略歴］

永田治樹（ながた はるき）
1944年、愛知県生まれ
筑波大学名誉教授、未来の図書館研究所所長
専攻は図書館情報学
著書に『公共図書館を育てる』（青弓社）、『学術情報と図書館』（丸善）、編著に『図書館制度・経営論』（日本図書館協会）、共著に『世界のラーニング・コモンズ』（樹村房）、訳書に Peter Hernon ／ John R. Whitman『図書館の評価を高める』（丸善）、共訳書に英国文化・メディア・スポーツ省編『将来に向けての基本的考え方』、英国図書館情報委員会情報技術ワーキング・グループ『新しい図書館』（ともに日本図書館協会）など

川嶋 斉（かわしま ひとし）
1976年、宮城県生まれ
野田市立興風図書館勤務
共著に『新着雑誌記事速報から始めてみよう』（日本図書館協会）、『図書館情報技術論』（ミネルヴァ書房）など

牧野雄二（まきの ゆうじ）
1984年、栃木県生まれ
筑波大学図書館情報専門学群を卒業後、茨城県結城市ゆうき図書館勤務などを経て、未来の図書館研究所主任研究員
共著に『新着雑誌記事速報から始めてみよう』（日本図書館協会）など

中野良一（なかの りょういち）
1956年、東京都生まれ
フリーランス
中央大学理工学部卒業後、日本科学技術振興財団（科学技術館）で科学技術に興味・関心をもってもらう活動に従事。定年退職後、AI を猛勉強し G 検定、E 資格を取得。専門学校の講師や子どもたちに AI を教える活動を展開中

宇陀則彦（うだ のりひこ）
1965年、大阪府生まれ
筑波大学図書館情報メディア系教授、筑波大学附属図書館研究開発室員
担当授業：「知識情報概論」「ディジタルライブラリ」「デジタルヒューマニティーズ」
筑波大学電子図書館システムの更新に関わり、日本で最初期にディスカバリーサービスを導入した

［編者略歴］

未来の図書館研究所（みらいのとしょかんけんきゅうじょ）

2016年4月設立。「図書館を通じて人々の夢を実現する」を経営理念に掲げ、図書館の本来のあり方を大切にしながら、社会の変化をとらえた新しい価値も視野に入れた図書館像を追求している。様々なトピックに関するシンポジウムやワークショップの開催、図書館の動向に関する調査・研究のほか、図書館計画に関するコンサルティングや人材育成事業などもおこなっている。『未来の図書館研究所調査・研究レポート』（現在まで6号刊行、第5号から樹村房から発売）、「未来の図書館研究所 NEWS LETTER」などで研究成果を発信している

図書館員《としょかんいん》の未来《みらい》カリキュラム

発行――2023年10月26日　第1刷
2024年10月 7 日　第2刷

定価――2800円＋税

編者――未来の図書館研究所

発行者――矢野未知生

発行所――株式会社青弓社
〒162-0801 東京都新宿区山吹町337
電話 03-3268-0381（代）
https://www.seikyusha.co.jp

印刷所――大村紙業

製本所――大村紙業

ISBN978-4-7872-0084-6　C0000